沙区生态产业理论与实践丛书

沙区生态产业理论体系研究与构建

杜凤莲　贾志斌　杨伟民　等　著

科学出版社
北　京

内 容 简 介

本书通过分析沙区自然地理概况和资源禀赋,发现沙区生态产业具有公共产品和准公共产品特征。在厘清沙产业和沙区生态产业的概念与内涵的基础上,系统地总结了沙区生态产业的理论基础和研究方法,探讨了沙区生态产业发展的约束条件,如生态保护红线、环境容量、资源承载力等,解析了沙区生态产业纵向闭合、横向耦合、区域联合、产业融合的转型升级路径,为实现沙区生态产业可持续发展,提出了需要设计和实施的科技、法律、行政、经济及生态文明教育等宏观政策调控体系。

本书适用的读者人群是生态产业和沙产业的关注者、研究者和践行者,也适用于沙区生态产业发展政策的制定者。

图书在版编目(CIP)数据

沙区生态产业理论体系研究与构建/杜凤莲等著. —北京:科学出版社,2021.12

(沙区生态产业理论与实践丛书)

ISBN 978-7-03-071121-2

Ⅰ. ①沙⋯ Ⅱ. ①杜⋯ Ⅲ. ①沙漠治理–生态经济–产业发展–研究–中国 Ⅳ. ①F323.211

中国版本图书馆 CIP 数据核字(2021)第 262080 号

责任编辑:朱 丽 董 墨 白 丹 / 责任校对:何艳萍
责任印制:吴兆东 / 封面设计:无极书装

科学出版社 出版

北京东黄城根北街 16 号
邮政编码:100717
http://www.sciencep.com

北京建宏印刷有限公司 印刷

科学出版社发行 各地新华书店经销

*

2021 年 12 月第 一 版　开本:B5(720×1000)
2021 年 12 月第一次印刷　印张:16 1/2
字数:321 000

定价:178.00 元
(如有印装质量问题,我社负责调换)

"沙区生态产业理论与实践丛书"
编委会

顾问委员会

  赵新全 赵学勇 李秀彬 丁国栋 王　堃 杨　屹
  吴新宏 甄江红 牛建明 梁存柱 高　永

主　编

  赵　吉

副主编

  杜凤莲 秦富仓 钱贵霞 许端阳 张铜会 孙永强

编　委（按姓氏汉语拼音排序）

  包英爽 程磊磊 崔向新 杜凤莲 郭月峰 贾云洁
  贾志斌 李　琳 李　龙 李钢铁 李金花 李友东
  刘东伟 刘瑞香 刘新平 刘艳琦 罗亚勇 马　慧
  潘　韬 钱贵霞 秦富仓 饶良懿 孙永强 孙志宏
  田　欣 王　越 王锋正 温　璐 乌义汉 许端阳
  薛继亮 杨　超 杨伟民 杨志坚 张　洁 张　雷
  张建成 张启锋 张铜会 张唯佳 张晓娅 张旭光
  赵　吉 赵卉琳

主要著者简介

杜凤莲 北京大学经济学专业博士,内蒙古大学经济学教授(二级),博士研究生导师,内蒙古大学经济管理学院院长,内蒙古首位中美富布赖特访问学者。享受国务院政府特殊津贴专家,入选国家百千万人才工程,被授予"国家有突出贡献中青年专家"荣誉称号;教育部"新世纪优秀人才支持计划"入选者,宝钢优秀教师奖获得者;内蒙古自治区杰出人才,内蒙古自治区"草原英才",内蒙古自治区"新世纪321人才工程"第一层次人选,内蒙古自治区高等学校优秀青年科技领军人才。中国人民政治协商会议内蒙古自治区第十二届委员会常委。

研究领域是劳动力市场问题和区域产业发展,任中国劳动学会教育分会常务理事,中国区域科学协会理事。在《经济发展与文化变迁》、《世界经济》、《中国人口·资源与环境》和《经济学动态》等SSCI、CSSCI期刊发表学术论文60余篇。主持国家自然科学基金、教育部人文社会科学重点研究基地重大项目、科技部国家重点研发项目等课题30余项。论文《战略性资源关税的替代性政策研究——以稀土出口为例》、专著《时间都去哪儿了?中国时间利用调查研究报告》分别获内蒙古自治区哲学社会科学优秀成果奖(政府奖)一等奖。

贾志斌 内蒙古大学生命科学学院生态学博士,生态与环境学院教授,内蒙古自然资源学会副理事长。主要从事环境、资源与生态系统管理,可持续发展评价,产业生态学等领域的科学研究和教学工作。主要讲授"环境科学概论""环境管理学""环境规划学""环境工程学""生态学""恢复生态学""生态工程学""生态旅游学"等本科课程和"高级环境管理学""产业生态学与清洁生产""可持续发展评价"等研究生课程。先后参加国家"九五"重点科技攻关项目05课题"黄土高原水土流失区农业发展技术研究"、01专题"北部多沙丘陵区(准噶尔)风蚀水蚀防治与农牧业综合开发研究"、国家自然科学基金重大项目"中国东部陆地农业生态系统与全球变化相互作用机理研究"子课题"中温型和暖温型两个草原站点植物群落与共有种对比研究"、国家自然科学基金重点项目"黄河上中游内蒙古段生态环境建设的生态学机制研究"和内蒙古自然科学基金重点项目"鄂尔多斯高原生态用水及其机理研究",主持内蒙古自然科学基金项目多项。合作出版学术专著《黄河皇甫川流域土壤侵蚀系统及治理模式》、《砒砂岩区水土保持与农牧业发展研究》和《沙漠化过程中植物的适应对策及植被稳定性机理》3 部，发表学术论文 40 余篇。主持完成的"水土保持经济效益分析计算研究"获内蒙古自治区科技进步奖。

杨伟民 管理学博士，内蒙古大学经济管理工商管理系教师，主要从事农业产业链、市场营销等方面的科研与教学工作，主持完成国家自然科学基金项目"规模化进程中的西部牧区小奶户的决策行为"，内蒙古自然科学基金资助项目"内蒙古乳业供应链组织模式研究"，参与完成国家社会科学基金资助项目"西部特色产业中小企业集群化成长的政策体系研究"，发表 40 余篇论文，出版 4 本专著，研究成果获得内蒙古第三届哲学社会科学优秀成果奖一等奖。

李金花 环境科学博士，内蒙古大学生态与环境学院讲师，硕士生导师。主要从事产业生态学、环境规划与管理、可持续发展等方面的科研及教学工作。主持国家自然科学基金"沙产业园区产业共生评价及多目标优化研究——以乌兰布和生态沙产业示范区为例"、内蒙古自然科学基金"基于生命周期评价的沙产业可持续性评估研究"等项目，参与国家重点研发计划、国家自然科学基金等科研项目多项，在 Journal of Cleaner Production、Journal of Industrial Ecology、The International Journal of Life Cycle Assessment 等国内外学术刊物发表论文 10 余篇。

温　璐 内蒙古大学副教授，硕士生导师。世界自然保护联盟（IUCN）生态系统管理委员会（CEM）东北亚地区副主席。主要从事生态系统恢复与管理、生态系统养分循环、生态环境评价与规划方面的教学与科研工作。主持完成国家自然基金课题"温带典型草原植被—土壤界面氮素转化过程对退化与恢复的响应机制"、博士后科学基金项目"温带典型草原退化对土壤氮素转化微生物群落结构的影响"和内蒙古自治区自然科学基金项目"土地利用变化对温带典型草原植被—土壤界面碳转化过程的影响"。主持国家自然科学基金项目"中国北方典型湖泊湖滨带湿地植被—土壤系统氮磷转化规律对退化与恢复的响应机制"。参与科技部"十二五"科技支撑项目、环保部环保公益项目、内蒙古自治区重大专项等科研课题。发表论文近 50 篇，参编专著 1 部。

张晓娅 内蒙古大学民族学与社会学学院在读博士，内蒙古财经大学商务学院讲师。主要从事产业经济、民族经济以及中蒙俄贸易方面研究。主持省部级课题 1 项，参与国家级及省部级课题近 10 项，参与专著编写 2 部，发表论文 7 篇。

薛继亮 内蒙古大学经管学院副院长、教授，博士生导师，主要从事劳动经济学方面的研究。主持国家自然科学基金面上项目 2 项，主持教育部人文社科一般项目 2 项，其他省部级课题 10 项，发表在《民族研究》、《中国人口科学》等 CSSCI 期刊（源刊）论文 50 余篇，出版专著 3 部。

丛 书 序

中华文明传承五千多年，积淀了丰富的生态智慧。习近平生态文明思想是新时代我国生态文明建设的科学指南，为沙区生态产业发展提供了根本遵循。我国西北地区沙地与沙漠是独特的自然景观，在干旱、半干旱地区具有防风固沙重要的生态功能，同时是非常宝贵的自然资源，属天然地下水库和生物多样性宝库，构成"沙"与"湖"的生命共同体，也是沙产业发展的自然资源基础。沙区生态产业高质量发展，对于探索生态优先、绿色发展的高质量发展新路径，构建新空间经济带和新发展格局，推动生态、经济、社会的可持续发展，维护我国西北地区生态安全屏障意义重大，推动生态文明建设都有重要理论意义和实践价值。沙区资源的合理利用与开发，将资源环境禀赋转变为经济发展动力，将生态优势转化为特色产业优势，拓展沙区生态产业发展空间，亦是黄河流域生态保护与高质量发展这一国家战略的关键路径。

近年来，我国荒漠化防治工作得到了国际社会充分肯定。我国荒漠化和沙化土地主要集中在西北干旱半干旱区地区，长期存在着生态环境脆弱和产业发展滞后的"两难"问题。沙区生态建设要量水而行，要走出高效利用水资源的绿色发展之路。沙区生态产业刚刚起步，正在呼唤新产业、新业态和新模式。但发展过程中仍存在诸多体制机制障碍，制约了其健康快速发展。诸如：沙区生态安全与生态系统服务功能被弱化，荒漠化治理技术产业化发展滞后，沙区生态产业有待生态化与绿色化升级、相关理论体系与政策保障机制尚不健全等。

国家重点研发计划项目"沙区生态产业技术推广模式及政策研究"，由内蒙古大学联合八家单位共同承担。该项目以沙区生态产业理论体系为基础，构建市场导向的沙区生态产业绿色技术创新体系，优化与调控沙区生态产业结构与功能，创新沙区生态产业技术推广与商业模式，培育新产业模式、新业态模式、新商业模式，推进荒漠化防治技术创新的政策与管理机制，主导服务于以乌兰布和沙漠和科尔沁沙地为示范的产业园区，系统集成典型沙区生态治理、生态产业、生态富民相结合的技术与管理方案。

"沙区生态产业理论与实践丛书"重点涵盖沙区生态产业的理论体系与产业创新、技术推广与商业模式，荒漠化治理技术产业化的理论与实践、政策与管理等内容。全书以"理论、模式、政策、实践"为主线，以政策驱动市场、市场主导治理、技术培育业态、模式引领商业、商业带动产业为理念。在理论上，构建沙区生态产业理论体系；在技术上，创新研发并培育生态产业新业态；在推广上，建立沙区生态产业技术推广及商业模式；在政策上，构建荒漠化治理技术产业化和促进生态产业发展的政策机制体系；在实践方面，主导园区试点并对政策、技术和理论进行探索验证。通过多学科交叉，将理论创新、技术推广、业态培育、产业扶贫、政策驱动、园区示范等深度融合，提出沙区生态产业可持续发展新路径。

多年来，我国沙产业发展已经取得许多重大成就，荒漠化治理技术产业化方面也积累了诸多宝贵经验，为沙区生态产业发展打下良好基础。沙区生态产业健康发展可以有力推动沙区生态环境治理，助推科技、经济融合发展及有效协同，实现沙区农牧民增收致富，成为落实生态文明战略部署、践行"两山理论"、统筹"山水林田湖草沙"综合治理的科学实践，践行"生态产业化、产业生态化"，建立生存、生态、生活、生产"四生协同"的新型模式，推动在沙区形成以生态化、知识化、规模化、网络化和商业化为特征的新一轮产业革命。

在项目执行和丛书撰写过程中，项目组得到了咨询专家组赵新全、赵学勇、李秀彬、丁国栋、王堃、杨屹、吴新宏、甄江红等专家学者的倾力支持，跟踪专家李秀彬、赵学勇始终给与悉心帮助，傅伯杰院士等中期检查和评估专家给出了诸多有益的指导意见。科技部管理部门和中国 21 世纪议程管理中心生态专项对本项目的执行给予了指导和监督。项目组全体研究人员和各课题负责人杜凤莲、秦富仓、钱贵霞、许端阳、张铜会、孙永强等积极配合，通力合作，为书稿完成付出辛勤工作和创新贡献。在此，一并表示衷心的感谢！

本丛书汇集了项目层面各个课题的最新研究成果，其内容涉及诸多领域，由于作者知识水平所限，书中存在错误和纰漏在所难免，恳请指正！丛书出版以期对沙区生态产业发展起到示范和引领作用，为生态学、环境科学、经济学、管理学以及荒漠化防治、沙区创新产业等领域的研究工作者和科普人员提供科学借鉴。

"沙区生态产业技术推广模式及政策研究"项目组

2020 年 12 月于呼和浩特

◆ 前 言

　　中国是世界上沙漠分布最多的国家之一，我国也是世界上受风沙和沙漠化危害最严重的国家之一。在防沙治沙领域，中国取得了显著成绩。1978年我国政府批准建设三北防护林体系工程，被誉为"世界生态工程之最"。目前由于荒漠化治理技术的应用、重大生态工程的实施，沙区土地治理取得了举世瞩目的成就，有效控制了沙漠化发展势头，沙区生态环境发生了明显改善。基于风沙物理学原理的工程固沙技术和基于生态学原理的植物修复技术所形成的组合技术体系，开辟了沙区退化植被恢复和土地沙化治理的全新领域，在防沙治沙理论与对策、模式和技术等方面取得了众多研究成果。

　　党的十八大以来，秉持"绿水青山就是金山银山""保护生态环境就是保护生产力，改善生态环境就是发展生产力"的绿色发展观，党和政府非常关注荒漠化治理。习近平总书记强调："中国高度重视生态文明建设，荒漠化防治取得显著成效。库布齐沙漠治理为国际社会治理环境生态、落实2030年议程提供了中国经验。""库布齐生态财富创造模式"创新了"治沙、生态、经济、民生"平衡驱动的商业模式，构建了"政府政策性支持、企业商业化投资、农牧民市场化参与"的沙漠生态循环产业体系，实现了"投资有收益，产品有市场，农民有收入，政府有税收，生态环境有保障"的可持续发展模式。

　　2019年中央一号文件提出了统筹推进山水林田湖草系统治理。在2019年7月27日第七届库布齐国际沙漠论坛，习近平总书记致贺信指出："人类只有一个地球家园。荒漠化防治是关系人类永续发展的伟大事业。国际社会应该携手努力，加强防沙治沙国际合作，推动全球环境治理，全面落实2030年可持续发展议程，还自然以和谐美丽，为人民谋幸福安康。"2020年8月31日，习近平总书记召开中共中央政治局会议，审议了《黄河流域生态保护和高质量发展规划纲要》，并指出要贯彻新发展理念，遵循自然规律和客观规律，统筹推进山水林田湖草沙综合治理、系统治理、源头治理。从"山水林田湖草"到"山水林田湖草沙"的延伸，折射出党和国家生态治理理念的升华，对荒漠化治理和沙产业发展提出了新要求。2021年3月5日，习近平总书记在参加内蒙古代表团审议时，谈到要保护好内蒙古生态环境，筑牢祖国北方生态安全屏障，习近平总书记强调了"统筹"二字。长期以来,他一直强调"统筹山水林田湖草沙系统治理",这次专门把治沙问题纳入其中。

如何在荒漠化防治的基础上,通过自然资源的开发利用,促进沙区绿色产业发展和人类福祉提升,成为全球关注的新热点。沙产业是沙漠地区生态保护、经济发展和人民脱贫致富等多重目标相结合的载体。随着生态产业化、产业生态化的实践,沙产业的内涵和外延都发生了变化,本书中所定义的沙区生态产业是立足于沙区特色资源、环境特点、经济区位和生态系统服务,依托可持续发展、沙产业、产业生态学和生态经济学等理论,根据沙区资源承载力和环境容量所建立起来的产业形态,包括沙区生态农业、沙区生态工业、沙区生态服务业、沙区生态修复产业以及以上各类产业之间的融合。其目标是推进资源能源高效利用,实现废弃物最小化,达到生态效益、环境效益、经济效益和社会效益的统一,是一种可持续发展的产业。

《沙区生态产业理论体系研究与构建》是国家重点研发计划项目"沙区生态产业技术推广模式及政策研究"中课题一"沙区生态产业理论体系研究与构建"的研究成果。本书试图通过分析沙区资源禀赋及相关发展条件,构建沙区生态产业理论框架体系。该框架由理论基础、发展前提、组合设计原则、沙区生态产业体系、调控体系及发展目标 6 个层次的内容构建而成。沙区生态产业的理论基础主要由可持续发展理论、沙产业理论、产业生态学理论和生态经济学理论四大理论组成。沙区生态产业发展是以沙区生态红线、沙区资源承载力及沙区环境容量为前提的,由沙区生态农业、沙区生态工业、沙区生态服务业和沙区生态修复业,通过纵向闭合、横向耦合、区域联合、产业融合、社会复合等途径实现经济、社会、生态与环境协调发展。沙区生态产业具有公共产品和准公共产品特征,其健康发展需要完善的宏观政策调控体系,包括绿色科学技术、法律、行政、经济及生态文明教育等。

本书所依托的国家重点研发计划项目"沙区生态产业技术推广模式及政策研究"于 2017 年获批,由内蒙古大学联合北京师范大学共同承担课题一"沙区生态产业理论体系研究与构建",课题组成员包括经济学、管理学、生态学及环境科学专家和相关专业研究生,大家虚心学习跨专业知识,联合调研、协同攻关。最终本书得以付梓。

本书第 1 章由温璐、张雪峰、费陶、宋洁主笔;第 2 章由李金花、温璐、贾志斌、杨伟民、张晓娅、吴冬青、于茜、康小颖主笔;第 3 章由杨伟民、张铜会、孙永强主笔;第 4 章由杨伟民、李金花、贾志斌、温璐、张晓娅、薛继亮、杜凤莲、宋洁、姜世忠、吴冬青、于茜、康小颖主笔;第 5 章由张晓娅、李金花、贾志斌、温璐、杨伟民、杜凤莲、薛继亮、于莉、贾慧、宋洁、吴冬青、于茜、康小颖主笔;第 6 章由温璐、宋洁、张雪峰、费陶主笔;第 7 章由贾志斌、杨伟民、李金花、张晓娅、杜凤莲、吴冬青、于茜、康小颖主笔；第8章由杜凤莲、张晓娅、杨伟民、薛继亮主笔。杜凤莲、贾志斌、杨伟民对全书框架、章节安排进行统一设计，并对全稿进行了统一修订完善。

感谢项目跟踪专家李秀彬教授、赵学勇教授与课题组反复沟通，确定研究框架和研究思路。同时也感谢内蒙古自治区生态环境厅厅长杨劼教授、美国亚利桑那州立大学邬建国教授、内蒙古大学牛建明教授和梁存柱教授对本课题提出的建设性意见。课题的完成还得到了许多评审专家和评估专家的建议，在此不再一一列出。没有他（她）们的支持和鼓励，就不会有本书的出版。

特别要感谢三年来参与课题调研的师生们，也要感谢孙永强教授和张铜会教授为调研顺利开展而进行的细致安排；更要感谢乌兰布和沙漠和科尔沁沙地两个研究区的领导、所在盟（市、旗、县）行业主管部门、驻区企业、沙区农户为课题组提供的便利条件和鲜活素材。

完稿之际，感觉还存在许多缺憾。由于知识总是落后于实践，在如火如荼的沙区治理和生态产业发展进程中，很多经验、教训和新鲜的视域还没有总结、吸收到书稿当中；很多讨论、切磋、争辩观点还未能提炼并转化成为文字。因为作者知识水平有限，不足之处在所难免，尽管说文责自负，也恳请读者能够不吝赐教，给予指正。

目 录

丛书序
前言
第1章 沙区自然地理概况 ··· 1
  1.1 荒漠生态系统与沙区 ·· 2
    1.1.1 荒漠生态系统 ·· 2
    1.1.2 沙区的定义 ··· 3
  1.2 沙漠生态系统 ·· 3
    1.2.1 塔克拉玛干沙漠 ··· 4
    1.2.2 古尔班通古特沙漠 ··· 5
    1.2.3 巴丹吉林沙漠 ·· 7
    1.2.4 腾格里沙漠 ··· 8
    1.2.5 柴达木盆地沙漠 ··· 10
    1.2.6 库姆塔格沙漠 ·· 11
    1.2.7 库布齐沙漠 ··· 12
    1.2.8 乌兰布和沙漠 ·· 14
  1.3 沙地生态系统 ·· 15
    1.3.1 科尔沁沙地 ··· 16
    1.3.2 毛乌素沙地 ··· 17
    1.3.3 浑善达克沙地 ·· 19
    1.3.4 呼伦贝尔沙地 ·· 20
第2章 沙产业和沙区生态产业的概念与内涵 ································· 23
  2.1 沙产业理论基础 ·· 24
    2.1.1 沙产业的概念与特征 ·· 24
    2.1.2 沙产业的发展阶段概述 ··· 29

2.2 全国沙产业概况 ··· 31
    2.2.1 中国沙产业及沙区生态产业概况 ·· 31
    2.2.2 甘肃省沙产业及沙区生态产业概况 ··· 33
    2.2.3 宁夏沙产业及沙区生态产业概况 ·· 33
    2.2.4 新疆沙产业及沙区生态产业概况 ·· 34
    2.2.5 陕西省沙产业及沙区生态产业概况 ··· 36
    2.2.6 青海省沙产业及沙区生态产业概况 ··· 37
    2.2.7 辽宁省沙产业及沙区生态产业概况 ··· 38
    2.2.8 吉林省沙产业及沙区生态产业概况 ··· 39
    2.2.9 内蒙古沙产业及沙区生态产业概况 ··· 39
2.3 沙区生态产业理论体系框架 ··· 41
    2.3.1 生态产业的概念与内涵 ·· 41
    2.3.2 沙区生态产业的概念与内涵 ··· 42
    2.3.3 沙区生态产业的理论框架构建 ·· 43
    2.3.4 沙区生态产业评价指标体系 ··· 44

第3章 实验点沙区生态产业概况 ··· 49

3.1 乌兰布和沙漠的生态产业 ··· 50
    3.1.1 乌兰布和沙漠的生态农业 ··· 50
    3.1.2 乌兰布和沙漠的生态工业 ··· 52
    3.1.3 乌兰布和沙漠的生态服务业 ··· 54
3.2 科尔沁沙地的生态产业 ··· 56
    3.2.1 科尔沁沙地的生态农业 ·· 57
    3.2.2 科尔沁沙地的生态工业 ·· 61
    3.2.3 科尔沁沙地的生态服务业 ··· 62

第4章 沙区生态产业的理论基础 ··· 65

4.1 产业生态学理论 ··· 66
    4.1.1 生态学理论 ·· 66
    4.1.2 产业代谢理论 ·· 70
    4.1.3 产业群聚理论 ·· 70
    4.1.4 产业共生与产业生态位理论 ··· 75

4.1.5　产业生态学的应用 78
4.2　可持续性科学 79
　　4.2.1　可持续性科学的基本内涵 79
　　4.2.2　可持续性科学的发展过程 82
　　4.2.3　可持续性科学的发展形态 83
　　4.2.4　探索可持续性转变 88
4.3　生态经济学理论 89
　　4.3.1　生态经济学的概念 89
　　4.3.2　生态经济学的发展 90
　　4.3.3　生态经济学的特点 92
　　4.3.4　生态经济学的矛盾 92
4.4　公共产品理论 94
　　4.4.1　公共产品的定义 94
　　4.4.2　公共产品的本质特征 95
　　4.4.3　公共产品的主要类别 95
　　4.4.4　公共产品的供给方式 96
4.5　区位理论 98
　　4.5.1　以成本或市场为导向的区位理论 99
　　4.5.2　中心地理论 107
　　4.5.3　杜能的农业区位论 111
　　4.5.4　农牧业区位理论对沙产业的影响 115
4.6　福利经济学 116
　　4.6.1　福利界定 116
　　4.6.2　福利标准 117
　　4.6.3　福利改进 117

第5章　沙区生态产业研究方法 119
5.1　案例分析 120
　　5.1.1　案例研究的概念与特征 120
　　5.1.2　案例研究的分类 120
　　5.1.3　案例研究的优势和不足 123
5.2　产业生态学的方法 123

    5.2.1 产业代谢分析 124
    5.2.2 生命周期评价 129
    5.2.3 生态效率与资源生产力 134
    5.2.4 园区层面的产业共生设计 142
    5.2.5 面向环境的设计 147
    5.2.6 产品导向环境政策 149
    5.2.7 产业生态学方法的应用 150
5.3 荒漠生态系统服务评估方法 152
    5.3.1 生态系统服务能值分析法 153
    5.3.2 生态系统服务物质量评估法 153
    5.3.3 生态系统服务价值量评估法 153
    5.3.4 常见的荒漠生态系统服务类型及评估方法 154
5.4 生态补偿 155
    5.4.1 生态补偿概念 155
    5.4.2 生态补偿交易方式 155
    5.4.3 补偿支付原则 156
    5.4.4 生态补偿标准计算方法 157
5.5 夏普利值法 163
    5.5.1 夏普利值法的基本原理 163
    5.5.2 夏普利值法的优势和不足 164
5.6 区位理论研究方法 165
    5.6.1 古典区位理论 165
    5.6.2 杜能的农业区位论 165
    5.6.3 韦伯的工业区位论方法 166
    5.6.4 克里斯塔勒的中心地理论方法 166
    5.6.5 胡佛的运费最小区位分析方法 167
    5.6.6 动态分析的区位理论 167
    5.6.7 现代区位理论方法 168
    5.6.8 个体主观因素的群体客观分析法 168
    5.6.9 空间行为法和行为空间法 168
    5.6.10 一般均衡分析方法 168

5.7 荒漠地区人类福祉的评估方法·······169
    5.7.1 主观调查法·······169
    5.7.2 客观指标评价法·······170

5.8 资源承载力的评估·······170
    5.8.1 资源承载力评价指标体系·······170
    5.8.2 资源承载力评价方法·······172

第6章 沙区生态产业发展的前提条件·······175

6.1 生态保护红线·······176
    6.1.1 生态保护红线概述·······176
    6.1.2 我国生态保护红线制定的发展历程·······177
    6.1.3 生态保护红线的划定·······179
    6.1.4 沙区生态保护红线研究·······181

6.2 环境容量·······182
    6.2.1 环境容量起源与发展·······182
    6.2.2 环境容量的定义·······183
    6.2.3 环境容量的分类与特征·······184

6.3 资源承载力·······185
    6.3.1 资源承载力概述·······185
    6.3.2 沙区资源的特点及承载力现状·······186

第7章 沙区生态产业转型的生态整合途径·······189

7.1 沙区生态产业的转型升级·······190
    7.1.1 产业转型升级的概念及内涵·······190
    7.1.2 产业转型升级的目标与途径·······190
    7.1.3 沙区生态产业的新业态·······193

7.2 沙区生态产业纵向闭合·······197
    7.2.1 沙区生态产业纵向闭合的概念及内涵·······197
    7.2.2 沙区生态产业纵向闭合的动因机制分析·······198
    7.2.3 沙区生态产业纵向闭合的应用·······199

7.3 沙区生态产业横向耦合·······200
    7.3.1 沙区生态产业横向耦合的概念及内涵·······200
    7.3.2 沙区生态产业横向耦合的动因机制分析·······201

7.3.3 沙区生态产业横向耦合的应用 202
7.4 沙区生态产业区域联合 203
7.4.1 沙区生态产业区域联合的内涵 203
7.4.2 沙区生态产业区域联合的动因机制分析 204
7.4.3 沙区生态产业区域联合的应用 206
7.5 沙区生态产业融合发展模式 206
7.5.1 沙区生态产业融合的内涵 206
7.5.2 沙产业融合动因与机制分析 207
7.5.3 沙区生态产业融合的应用 210
7.6 沙区生态产业的社会复合 212
7.6.1 沙区生态产业社会复合的内涵 212
7.6.2 沙区生态产业社会复合的动因机制分析 213
7.6.3 沙区生态产业社会复合的应用 214

第8章 沙区生态产业调控体系 215
8.1 沙区生态产业调控必要性 216
8.1.1 沙区生态产业调控体系 216
8.1.2 对沙区产业的生态化进行调控 216
8.1.3 对沙区生态产业的企业分类调控 217
8.1.4 沙区生态产业调控政策体系 220
8.2 沙区生态产业调控机制 221
8.2.1 共生理论在沙产业分类中运用 221
8.2.2 沙产业类型 223
8.3 沙区生态产业调控政策 224
8.3.1 互惠型沙产业政策需求 224
8.3.2 生态型沙产业政策需求 224
8.3.3 经济型沙产业政策需求 225

参考文献 227

后记 241

第1章

沙区自然地理概况

1.1 荒漠生态系统与沙区

1.1.1 荒漠生态系统

不同的学科对于荒漠的解释有所不同。从自然地理学的角度来讲，凡是气候干旱、降雨稀少、植被低矮稀疏、土壤贫瘠的区域都可称为荒漠。在地植物学和植被分类中，荒漠以气候干旱、雨水稀少、土壤贫瘠、生物生产量极低为特征，与森林、草原、苔原等一样，被列为陆地生态系统或生物带。从普通生态学的角度讲，荒漠是指植物稀疏及人口密度很低的干旱荒凉地区（赵哈林，2012）。《荒漠生态系统功能评估与服务价值研究》（荒漠生态系统服务功能监测与评估技术研究项目组，2014）中认为荒漠生态系统是由旱生、超旱生的小乔木、灌木、半灌木和小半灌木，以及与其相适应的动物和微生物等所构成的生物群落，与其生境共同形成物质循环和能量流动的动态系统。荒漠生态系统的环境相对严酷，具有以下特点：终年少雨或无雨，年降水量一般少于 250mm，降水为阵性，越向荒漠中心越少；气温、地温的日较差和年较差大，多晴天，日照时间长；风沙活动频繁，地表干燥、裸露，沙砾易被吹扬，常形成沙暴，冬季更多（蒋高明，2017）。

根据地表的物质组成，荒漠可以分为岩漠、砾漠、沙质荒漠（沙漠）、泥漠、盐漠和沙质草地。其中，岩漠又称石质荒漠，是指基岩裸露受到干燥剥蚀形成的荒漠，主要分布于山前地带；砾漠又称砾石荒漠，是指地表以大小砾石覆盖的荒漠，主要分布于冲积扇或洪积平原地区；地表为大片流沙或沙丘覆盖的荒漠称为沙漠，主要分布于河湖沉积盆地或台地；地表以龟裂土、盐土覆盖的荒漠分别称为土漠、盐漠，主要分布于平原地区或低湿地；表层被沙所覆盖，几乎无植被的土地称为沙地；在沙地上由旱生到中生的草本、半灌木和灌木构成的草地称为沙质草地。

陈昌笃（1987）从气候–植被–土壤系统角度，将中国的荒漠分为三类，即极旱荒漠、普通荒漠和半荒漠。极旱荒漠是指年降水量低于 50mm，植被覆盖度不到 10%，常出现裸露地段，强旱生植物也极为稀少。普通荒漠是指年降水量 50～100mm，植被覆盖度为 20%～40%，强旱生荒漠木质化或半木质化植物种类占优势，没有或很少有草原种类出现。半荒漠是指年降水量 100～200mm，植被覆盖度 40%～50%，生物对环境的改造作用显著，除强旱生荒漠植物外，尚有大量旱生草原草本植物参加，也称为草原化荒漠（陈昌笃和林文棋，2009）。

在整个生物圈中，荒漠生态系统是分布最广的生态系统类型之一，也是我国陆地生态系统的最主要组成部分之一，更是我国西北地区最为重要的生态系统类型。我国的荒漠生态系统主要分布于西北干旱区，位于欧亚大陆中心，东起贺兰山一线，南至阿尔金山-昆仑山一线，大致涵盖我国西北内陆四大盆地、八大沙漠、土地总面积约 165 万 km^2，约占国土总面积的 17.2%。该地区气候干旱，降水稀少，风大沙多，植被稀疏，是我国自然地理条件最为严酷、生态环境最为脆弱的地区之一，也是沙尘暴的主要发生地和尘源区（赵哈林，2012）。

1.1.2 沙区的定义

沙区泛指沙物质广泛分布的区域，主要指沙漠、沙地两类荒漠生态系统的分布区。中国沙漠、沙地按其地理位置、干旱程度与沉积组合特征等的异同，可划分为 4 个主要沙区（吴正，2009）。大致从阴山山脉西端的狼山起，北至中蒙国境线内，南起贺兰山、乌鞘岭、都兰和青海湖，最后抵扎陵湖。以此线为界，其以东的沙漠、沙地称为东部沙区。因其所受东亚夏季风影响较大，又称"季风沙区"。界线以西者，可以天山及其东支的博格达山为界，其北部和南部的沙漠分别称为西北部沙区和西部沙区。弱水以东、狼山—贺兰山以西，河西走廊及其以北的沙漠为中部沙区。除季风沙区外，其他沙区可笼统称为非季风沙区。

1.2 沙漠生态系统

关于"沙漠"的定义，目前有较多的解释。例如，我国著名沙漠和沙漠化防治专家朱震达等（1980）给出的定义是沙漠系指"干旱地区地表为大片沙丘覆盖的沙质荒漠，也包括沙漠化土地和半干旱地区的沙漠"。由全国科学技术名词审定委员会审定公布的沙漠定义有两个，分别为"沙漠是指流沙、沙丘覆盖的地区"与"沙漠是地表干旱气候的产物，一般是指年平均降水量小于 250mm，植被稀疏，地表径流少，风力作用明显，产生了独特的地貌形态，如各种沙丘、风蚀劣地等。"在一些文献中，把干草原地带地表被沙丘覆盖的区域也泛称为"沙漠"。

目前较为公认的沙漠的定义具有广义和狭义之分。广义的沙漠就是荒漠，包括砾漠、岩漠、沙漠、土漠、盐漠、沙地和沙质草地等。狭义的沙漠仅指地面被大片沙丘或风沙土覆盖的地区，属于荒漠的一种，又称沙质荒漠。我国在对沙漠命名时，多使用狭义沙漠的概念，即只指被沙丘或风沙土覆盖的区域，并不包括周边的砾漠、岩漠、土漠和盐漠，而是把砾漠、岩漠、土漠和盐漠归为戈壁（赵哈林，2012）。沙漠生态系统属于陆地生态系统的一种，沙漠地区气候干旱、土壤贫瘠、风沙活动强烈、植被稀疏、净初级生产力低下，导致其生态系统结构简单、物质循环缓慢、能量流动不畅，成为陆地生态系统中最为特殊的一类生态系统。

我国拥有八大沙漠、四大沙地，对于沙漠地区的研究，需要在对其所在地区的地理位置、地形地貌、气候条件和植被类型评估时，有一个严谨清晰的研究体系（吴正，2009）。

1.2.1 塔克拉玛干沙漠

1. 地理位置

塔克拉玛干沙漠位于新疆南部塔里木盆地中心，北为天山，西为帕米尔高原，南为昆仑山和阿尔金山，东为罗布泊洼地。东西长约 1000km，南北宽约 400km，面积达 $33.76\times10^4 km^2$，是我国面积最大的沙漠，也是世界上第二大流动沙漠。行政范围包括阿克苏地区、喀什地区、和田地区及巴音郭楞蒙古自治州。

2. 地形与地貌特征

塔克拉玛干沙漠所处的塔里木盆地，从其地质结构来看，是一个古老的地块，它的周围为一系列晚期隆起的地槽型褶皱山系所环绕。盆地南面为昆仑褶皱系，北面为天山褶皱系。塔里木盆地为高原式的封闭盆地。总的地势是四周高，中间低。四周山地的海拔一般都在 4000～5000m，而中间盆地的平均高度也有 1000m。盆地内的地形表现为西高东低及南高北低的趋势，因而盆地的最低处位于东北部。盆地的西部和西南部地面海拔标高 1200～1400m，东部和东北部为 815～875m，最低的罗布泊仅有 760m。

盆地的地貌景观分布呈现显著的有规则的环状特征：盆地外围接近山麓的地带是一个宽广的洪积扇和冲积—洪积扇所组成的山前缓倾斜平原。昆仑山北麓的山前倾斜平原由源自昆仑山的十多条较大河流的冲积—洪积扇互相联结而成。西部昆仑山在第四纪时期发生间隙隆起作用，因此大河在山前形成的冲积扇都具有多级冲积扇（不同年龄）叠置的特点。

天山南麓的冲积—洪积倾斜平原，地表组成物质和分布规律与昆仑山北麓相似，但规模较小，向平原地区伸入长度有限，其最大宽度仅 50～90km。一方面这是由于天山南部山前地区在第四纪时期不断地凹陷，凹陷区的地势从西向东倾斜，使河流出山口以后很快转向东；也可能是第四纪时期天山南坡植被较昆仑山北坡生长更好，河流挟沙量少；还与天山许多山间盆地（如拜城盆地、焉耆盆地）截留大河一部分沉积有关。

塔里木盆地内部为一广大的古冲积平原。这一平原由两部分组成，大致以 40°N 为界，南部为昆仑山北麓诸河的古代干三角洲，北部则为塔里木河冲积平原。古冲积平原大部分已被沙漠所覆盖。塔里木盆地的东部，即塔里木河和孔雀河下游的罗布泊地区，是整个盆地的集水中心，是一个巨大的古代湖盆（吴正，2009）。

3. 气候条件

塔克拉玛干沙漠地处暖温带，三面环山的盆地地形和独特的下垫面使该区呈现极端干旱的大陆性气候。其多年平均气温为 10～20℃，1 月平均气温在-10～-5℃，极端最低气温为-30℃，7 月平均气温为 24～27℃，极端最高气温（塔中站）达 44.1℃。塔克拉玛干沙漠的水汽输送，主要是西风气流由西部进入，其次为西南季风气流翻越青藏高原后从和田一带进入（袁国映，2003）。沙漠地区年降水量一般在 15～60mm，沙漠腹地并非降水最少的中心区，降水量最少的地区在沙漠的东南部。年蒸发量为 3200mm 以上，干燥度在 20 以上。区内云量稀少，日照时数长，全年实际日照时数达 2550～3500h，太阳辐射总量为 6～6.5 GJ/m^2，光照资源丰富。每年 3～5 月为风季，盛行风向大致以克里雅河为界，西部多西北风，东部以东北风为主。全年 8 级的大风日数为 4～8d，沙尘暴每年 30～40d 以上。年平均浮尘日数达 150d 以上，最大达 230d。该区≥10℃的年积温可达 4130～4680℃（高前兆，2003）。

4. 植被类型

塔克拉玛干沙漠植被极端稀少，几乎整个地区都缺乏植物覆盖。在沙丘间的凹地中，地下水离地表不超过 3～5m，可见稀疏的塔克拉玛干柽柳（*Tamarix taklamakanensis*）、塔克拉玛干沙拐枣（*Calligonum roborovskil*）和芦苇（*Phragmites australis*）。然而，厚厚的流沙层阻碍了这种植被的扩散。植被在沙漠边缘的沙丘与河谷及三角洲相会的地区、地下水相对接近地表的地区较为丰富。在那里，除了上述植物外，尚可见一些河谷特有的品种：胡杨（*Populus euphratica*）、胡颓子（*Elaeagnus pungens*）、骆驼刺（*Alhagi sparsifolia*）、蒺藜（*Tribulus terrestris*）及猪毛菜（*Kali collinum*）。冈上沙丘常围绕灌丛形成。沙漠四周生长发育着密集的胡杨林和柽柳灌木，特别是纵贯沙漠的和阗河两岸，长生芦苇（*Phragmites australis*）、胡杨等多种沙生植物。

1.2.2 古尔班通古特沙漠

1. 地理位置

古尔班通古特沙漠位于新疆北部准噶尔盆地中央，面积为 $4.88×10^4 km^2$，是我国面积最大的固定、半固定沙漠。行政范围包括昌吉回族自治州、塔城地区、博尔塔拉蒙古自治州和阿尔泰地区，介于 44°15′～46°50′N、84°50′～91°20′E。古尔班通古特沙漠由 4 片沙漠组成，西部为索布古尔布格莱沙漠，东部为霍景涅里辛沙漠，中部为德佐索腾艾里松沙漠，其北为阔布北—阿克库姆沙漠。

2. 地形与地貌特征

古尔班通古特沙漠所处的准噶尔盆地是一个三面被海西、加里东褶皱山系所围绕的巨大山间盆地，东北为阿尔泰褶皱系，西北为准噶尔褶皱系，南为天山褶皱系。华力西运动以后，天山、阿尔泰地槽体系褶皱隆起成山，变为陆地，准噶尔盆地的轮廓则相对形成，并成为一单独的构造单元。喜马拉雅运动，特别是新近纪末的垂直上升运动，使盆地周围的天山、阿尔泰山再度上升，从而阻隔了印度洋与北冰洋的水汽来源，这就使准噶尔盆地成为一个荒漠性的内陆盆地。新构造运动继承了地质历史发展的特点，使周围山系继续隆升，而在依傍山地的盆地边缘形成巨大的凹陷，尤其是南部、西部和西北部形成一系列凹陷地带，堆积了巨厚的第四纪沉积物，形成广阔的冲积平原与湖积平原；盆地的北半部和东部下降较浅，甚至因阿尔泰山间歇性抬升的影响，发生轻微的断裂上升，而使地面处于剥蚀作用的情况下，形成剥蚀平原特征，缺少深厚的第四纪地层的覆盖（赵运昌，1964）。

上述构造运动的性质使盆地的整个地势向西、西北缓倾，如扇形铺展。东部最高部分海拔在 1000m 左右（奇台附近），西部最低仅 189m（艾比湖面），西北部亦多在 250～400m。这种受地质构造制约所造成的地势特征，影响了整个盆地水系的分布和沉积的性质。盆地外围接近山麓的地带为一宽广的山前洪积倾斜平原，其内侧逐渐为巨大冲积平原所代替，而在盆地的西部和西北部最低洼的地域则分布着湖积平原。这些洪积、冲积和湖积平原巨厚的第四纪沉积物，为古尔班通古特沙漠的形成提供了丰富的沙源（吴正，1962）。

3. 气候条件

准噶尔盆地深居大陆中心，四周高山环绕，因此具有典型的大陆性气候。年平均气温为 4～9℃，冬季 1 月平均气温在 –20～–15℃，夏季 7 月平均气温为 24～27℃，绝对最高、最低气温均在 ±40℃ 以上；气温年较差平均在 30～40℃，车排子 1956 年曾达 55.0℃；绝对年较差在 60～80℃。日照时数 2700～3100h，无霜期 135～150d，≥10℃年积温 3000～3500℃。年降水量在沙漠边缘为 100～200mm，沙漠腹地仅有 70～100mm；降水季节分配以春夏季略高于秋冬季，其中 4～7 月的降水量占全年的 47.6%。此外，冬春尚有较丰富的降雪和积雪，降雪日 30d 以上，积雪时间可达 4 个月。年蒸发量为 1400～2000mm，为降水量的 8～10 倍，干燥度 5~10（陈恩久，1962）。控制该区的风系主要是西风环流和蒙古高压形成的西北和东北风系，起沙风集中于 4~9 月，以 4~7 月最为强盛，其中 4 月、5 月、6 月、7 月四个月平均风速分别达到 4.2m/s、4.7m/s、3.7m/s 和 3.9m/s；在此期间大风日数也占全年大风日数的 55%~80%（王雪芹等，2004）。

4. 植被类型

沙漠的西部和中部以中亚荒漠植被区系的种类占优势，广泛分布以白梭梭（*Haloxylon persicum*）、梭梭（*Haloxylon ammodendron*）、苦艾蒿（*Artemisia santolina*）、白蒿（*Artemisia kanashiroi*）、膜果麻黄（*Ephedra przewalskii*）、囊果薹草（*Carex physodes*）和多种短命植物等；沙漠西缘有甘家湖梭梭林自然保护区，为中国唯一以保护荒漠植被而建立的自然保护区，面积上千公顷。古尔班通古特沙漠的梭梭分布面积达 $100×10^4 hm^2$，在古湖积平原和河流下游三角洲上形成"荒漠丛林"。

1.2.3 巴丹吉林沙漠

1. 地理位置

巴丹吉林沙漠位于内蒙古自治区西部的银额盆地底部，地处阿拉善高平原的西部，地理位置为 39°30′N，98°30′~104°N。行政区包括额济纳旗和阿拉善右旗的部分地区，东西长约 270km，南北宽约 220km，如今面积达到了 $5.50×10^4 km^2$。一般海拔在 1200~1700m，沙山相对高度≥500m，为世界沙漠之最，被称为"沙漠珠穆朗玛峰"。

2. 地形与地貌特征

巴丹吉林沙漠地质构造属于阿拉善古老台块中的坳陷盆地。在地貌上，巴丹吉林沙漠略呈"工"字形，坐落在四周高山环绕的巨型盆地之中。地势总的变化规律是南高北低、东高西低，由南部海拔 1800~2300m、东部海拔 1300~2200m，分别向北、向西逐渐降低至海拔 970~1200m。区内绝大部分被沙漠所占据，其总的特征是高大沙丘、剥蚀山丘、湖海（俗称海子）盆地交错分布（孙培善和孙德钦，1964）。

3. 气候条件

巴丹吉林沙漠在自然地带上处于阿拉善荒漠的中心，属于典型大陆性气候，具有冬季干燥寒冷，夏季酷热，春秋两季短促，年降水量小，蒸发强烈，相对湿度小，气温年较差、日较差大，日照强烈等特点。区内的年平均温度为 8～9℃，1 月平均气温为–10～20℃，7 月平均气温为 23～26℃，最高可达 41℃；气温年较差达 35℃以上，日较差一般在 10～20℃。≥10℃积温为 3400～3700℃，无霜期为 140～163d，年日照时数为 3200～3300h。多年平均降水量由东南向西北减少，东南部为 100mm 左右，西北部不足 40mm；降水季节分配不均，多集中于 6～8 月，占全年降水量的 62%。年蒸发量东部一般在 2400～2800mm，西部高达 3500～4000mm，大于降水量 30～60 倍。干燥度为 7～12，气候极为干旱。巴丹吉林沙漠终年盛行西北风和西风，年平均风速为 3.0～4.5m/s，由东向西逐渐加强；年大风日数为 40～60d。

4. 植被类型

西半部沙漠的植物以沙拐枣（*Calligonum mongolicum*）和籽蒿（*Artemisia sphaerocephala*）占优势，伴生有相当数量的细枝岩黄芪（*Hedysarum scoparium*）、霸王（*Zygophyllum xanthoxylon*）、木蓼（*Atraphaxis frutescens*）、膜果麻黄（*Ephedra przewalskii*）及一年生的沙蓬（*Agriophyllum squarrosum*）、碟果虫实（*Corispermum patelliforme*）等。东半部建群种有些改变，沙拐枣已不起太大作用，籽蒿和多年生根茎禾本科植物沙竹（*Psammochloa mongolica*）成为建群种，此外伴生植物有沙米（*Agriophyllum arenarium*）、沙拐枣、花棒（*Hedysarum scoparium*）等。植物主要分布在迎风坡和背风坡下部，有时也可见于斜坡的上部；总盖度在 5%～12%，个别低平地段可达 20%。在湖盆周围，植被环湖边呈带状分布，滨水为沼泽化盐生草甸，宽数米至十几米，植物种类较多，低矮而茂密，起建群作用的有海韭菜（*Triglochin maritima*）、海乳草（*Glaux maritima*）、獐茅（*Aeluropus littoralis* var. *sinensis*）等；往外为盐生草甸，宽 5～6m 至数十米，植物高大茂密，总盖度过 60%或更大，建群种为芨芨草和芦苇，伴生植物较少；再往外围，主要为白刺灌丛，形成高 1～3m 的沙堆（于守忠等，1962）。此外，巴丹吉林沙漠的边缘，主要在古鲁乃湖、库乃头庙和拐子湖附近等地，还分布有成片的梭梭林，约有 30×10^{4}hm^2。在沙漠西部的东、西河两岸，分布着面积达 4×10^{4}hm^2 的原始胡杨林，林下还分布有黑果枸杞（*Lycium ruthenicum* Murr.）和寄生在根部的名贵中药材苁蓉和锁阳等。

1.2.4 腾格里沙漠

1. 地理位置

腾格里沙漠位于内蒙古自治区阿拉善左旗西南部和甘肃省中部边境，地理位置为 37°30′～40°N，102°20′～106°E。南越长城，东抵贺兰山，西至雅布赖山。

南北长 240km，东西宽 160km，总面积约 $4.30×10^4 km^2$，为中国第四大沙漠，是阿拉善沙漠的东部，在银额盆地底部。腾格里沙漠行政区划主要属阿拉善左旗，西部和东南边缘分别属于甘肃武威市民勤县和宁夏的中卫市。沙漠包括北部的南吉岭和南部的腾格里两部分，习惯统称腾格里沙漠。

2. 地形与地貌特征

腾格里沙漠的地质构造属于阿拉善台块中潮水–腾格里边缘拗陷的一部分。在加里东运动时连同祁连山产生褶皱隆起，同时伴有深大断裂产生；海西运动再度褶皱断裂，岩浆侵入；燕山运动又使古老断裂复活，两侧山区急剧上升，形成山间构造盆地，接受了侏罗、白垩及第三纪的内陆湖相沉积，沉积厚度达 3500～4000m。在新近纪末至第四纪初受喜马拉雅运动影响，产生轻微隆起，经受剥蚀；西部民勤一带则相对下降，早更新世至晚更新世连续堆积洪积湖积相碎属物；而腾格里沙漠内部直到中上更新世才沉积了厚度不足 50m 的冲积–洪积物（孙培善和孙德钦，1964）。沙漠内部沙丘、湖盆、山地、平地交错分布。其中沙丘占71%，湖盆占7%，山地残丘及平地占22%。在沙丘中，流动沙丘占93%，其余为固定、半固定沙丘。高度一般为 10～20m，主要为格状沙丘及格状沙丘链，新月形沙丘分布在边缘地区。高大复合型沙丘链则见于沙漠东北部，高度为 50～100m。

3. 气候条件

气候终年为西风环流控制，属于中温带典型的大陆性气候，降水稀少，年平均降水量为 102.9mm，最大年降水量为 150.3mm，最小年降水量为 33.3mm，年均气温 7.8℃，绝对最高气温 39℃，绝对最低气温 –29.6℃，年均蒸发量 2258.8mm，无霜期 168d，光照 3181h，太阳辐射 $150kcal/cm^2$，$\geqslant 10℃$的有效积温 3289.1℃，终年盛行西南风，主要害风为西北风，风势强烈，风沙危害为主要自然灾害，但光热资源丰富，发展规模化养殖业有潜在优势。腾格里沙漠具有显著的大陆性气候特征；靠近湖盆和河流地段，水分条件较好。腾格里沙漠干燥度 4～12，年平均气温 7～9℃，为内蒙古和宁夏光照最长、积温最高的地区之一。

4. 植被类型

腾格里沙漠植被生活型以多刺旱生及沙生的灌木及半灌木占优势，疏丛禾本科植物也占有很大的比例。植物种类单纯，覆盖稀疏，结构简单。大片高大的流动沙丘上几乎不生长植物，在较低的流动沙丘的迎风坡及背风坡的下部生长有稀疏的植物，盖度只有 1%～2%。生长的主要植物有圆头蒿（Artemisia sphaerocephala）、沙拐枣、细枝岩黄芪（Hedysarum scoparium）、沙鞭（Psammochloa villosa）；有的地方还有野茴香（Peucedanum rigidum）、野麻（Datisca cannabina)、沙蓬（*Agriophyllum squarrosum*）、沙芥（*Pugionium cornutum*）等分布。固定、半固定沙丘上的植物主要为膜果麻黄（*Ephedra przewalskii*）及黑沙蒿（*Artemisia ordosica*）群丛，当地称为"麻岗"。油蒿在腾格里沙漠广泛分布，是固定、半固定沙丘的优势建群种，常与其组成群丛的其他伴生的沙生灌木和草本植物有猫头刺（*Oxytropis aciphylla*）、小叶锦鸡儿（*Caragana microphylla*）、胡枝子（*Lespedeza bicolor*）、沙鞭、细枝岩黄芪、沙拐枣；个别地区与白刺混生。在沙漠西部的石头海子和东部札克图附近的半固定沙丘上，尚有小面积的梭梭林分布，林下灌木和草本植物有白刺、沙蓬、沙鞭、砂蓝刺头（*Echinops gmelinii*）、虫实（*Corispermum*）等。半固定沙丘的植被覆盖度一般为15%～20%，固定沙丘可达50%以上。

1.2.5 柴达木盆地沙漠

1. 地理位置

柴达木盆地沙漠位于青藏高原东北部的一个巨大的内陆盆地柴达木盆地的腹地。该沙漠主要分布在盆地的东南部、南部和西南部的边缘地区，是我国沙漠分布最高的地区。目前总面积为 $3.49\times10^4 km^2$，海拔2500～3000m，是我国海拔最高的沙漠。柴达木盆地沙漠是中国第五大沙漠。

2. 地形与地貌特征

柴达木盆地中地貌呈现出风蚀地、沙丘、戈壁、盐湖和盐土平原相互交错分布的景观。其风沙地貌的主要特色是沙丘的分布比较零散，并多与戈壁交错分布于山前洪积平原。主要分布在：①盆地西南部边缘的祁漫塔格山北麓，西起宗斯库勒湖，东至中灶火河，呈西北–东南走向断续带状分布；平均宽10～12km，长度达300km。②台吉乃尔湖以南，那棱格勒河与格尔木河河间地带。③盆地东南边缘，西起铁圭，东至夏日哈镇，北起牦牛山南麓，南到香日德河一带。风蚀地广泛发育，主要分布于老茫崖–三湖沉陷区以北和格尔木–大柴旦公路以西的盆地西北部地区，由褶皱而隆起和因断裂而破碎的裸露古近纪近水平产状地层，经长期风力吹蚀作用形成的多种残丘地形。

3. 气候条件

柴达木盆地具有典型的高原大陆性气候特点：冬寒夏凉，干旱少雨，风大且多。年平均气温为1～5℃。1月平均气温为–15～–8℃，极端最低气温可达–36.4℃；7月平均气温为15～18℃，极端最高气温为32.1℃。盆地常年盛行西风。夏季西南季风携带水汽越过横断山后，其尾闾可伸长到盆地东南部，在与西风气流的辐合带上，形成为数不多的降水。西风输入的水汽数量很少，而西南季风携带的水汽是盆地降水的主要来源。因此，降水自东而西减少。以怀头他拉镇至香日德镇一线为界，以东降水量约150~180mm，以西迅速降至40~50mm，甚至不足20mm（如冷湖仅为17.6mm）。年蒸发量东部为2000~2500mm，干燥度2.1~9.0；西部年蒸发量则在3000mm以上，干燥度达9.0~20。盆地高空终年盛行西风，而地面风由于地形影响，西风环流在山地两侧转变成地方性山谷风环流，因而山地和盆地间地方性环流盛行。

4. 植被类型

柴达木盆地的植物种类组成贫乏，结构简单，覆盖度小。有天然植物约计193种，分属于38科133属。其中最大的科是藜科、豆科、禾本科、菊科等；分布最广的是旱柳（*Salix matsudana*）、泡泡刺（*Nitraria sphaerocarpa*）、红砂（*Reaumuria soongarica*）、驼绒藜（*Krascheninnikovia ceratoides*）、芦苇、厚穗赖草（*Leymus secalinus*）等。盆地植物除了种属组成贫乏外，在地域分布上，由东向西种属逐渐减少也是一种显著的特征。据统计，盆地东部有植物33科119属169种，而盆地西部仅有植物12科36属45种，这与盆地内部自然环境条件的区域性差异是一致的。

1.2.6 库姆塔格沙漠

1. 地理位置

库姆塔格沙漠位于新疆南部东端，罗布泊以南、以东，阿尔金山以北，北临阿奇克谷地，向东可延伸至甘肃敦煌以西的玉门关附近。地理位置为 90°27′~94°48′E，39°00′~40°47′N。目前总面积 $2.20×10^4km^2$。它与鄯善县城毗邻，东西长约65km，南北宽约32km。库姆塔格沙漠静卧在我国海拔最低的盆地——吐鲁番盆地之中，区域内海拔一般高约500m。

2. 地形与地貌特征

由于沙漠深居内陆中心，湿润气流不易到达，降水稀少，极为干旱，植被稀疏，流动沙丘占绝对优势，占沙漠面积的96%。沙丘除覆盖在海拔1250~2000m高的石质山地斜坡上外，还覆盖在古代洪积—冲积或河湖相平原上。沙丘主要形态类型有羽毛状沙垄、金字塔沙丘、新月形沙丘链、复合型沙垄和灌丛沙丘等。库姆塔格沙漠北部主要为羽毛状沙垄分布区，面积约4000km²，约占整个沙漠面积的 1/5。羽毛状沙垄在受东北风的影响下，向东北—西南方向顺山坡向上延伸，高度一般为 10～20m，两侧坡度一般在 15°～20°；垄体顶部宽 50～100m，垄间凹地宽 500～1000 m，长 12km 至数十千米；在垄间凹地和两侧坡上有小沙坡与沙垄成直角相交，小沙坡高 3～5m；沙坡好似鸟羽的"羽管"，沙坡好似羽管两侧的羽毛，从而形成独特的羽毛状沙垄。金字塔沙丘主要分布在库姆塔格沙漠南部，阿尔金山山麓山前丘陵和台地上，沙丘除受东北风作用外，还受阿尔金山局部气流的影响，一般有 3～4 个棱面，丘体都很高大，一般高度为 50～80m，也有 100～200m 的，甚至高达 300m 以上的。有时做单个的孤立分布，有时也聚集成金字塔沙丘群。在库姆塔格沙漠北缘和三陇沙一线，分布有新月形沙丘和新月形沙丘链。沙丘一般高 3～5m，也有高达数十米的。复合型沙垄主要分布在库姆塔格沙漠中南部，排列方向与主风向平行或做 30°左右的交角，是由数道沙垄叠置而成的，面积为 16000km^2，构成库姆塔格沙漠的主体。库姆塔格沙漠北缘为阿奇克谷地，地下水位较高，生长有红柳、沙拐枣、白刺等植物，形成灌丛沙丘。

3. 气候条件

库姆塔格沙漠属于极端干旱大陆性气候，年降水量 10mm 以下，年蒸发量为 2800～3000 mm。沙漠年平均气温 10℃左右，1 月平均气温–8℃，7 月平均气温 28℃。主风向为强劲的东北风，年平均风速达 5.94m/s，8 级以上大风日数≥100d。

4. 植被类型

地带性植被为温带荒漠植被，沙漠东北部沙丘上无任何植物生长；沙漠腹地植被仅分布在洪切沟末间，植物物种单一，仅有多枝柽柳和刺沙蓬；沙漠南部的沙漠戈壁过渡带主要有梭梭、沙拐枣、膜果麻黄、合头草（*Sympegma regelii*）、红砂、霸王和裸果木（*Gymnocarpos przewalskii*）等，植物群落结构比较单一；生存有国家保护的野生动物野骆驼（*Camelus bactrianus ferus*）、鹅喉羚（*Gazella subgutturosa*）等。

1.2.7 库布齐沙漠

1. 地理位置

库布齐沙漠位于黄河中游的河套平原以南，鄂尔多斯高原的北部边缘地带。目前总面积约 1.86×10^{4}km^2。它长 400km，宽 50km，沙丘高 10～60m，像一条黄龙横卧在鄂尔多斯高原北部，横跨鄂尔多斯市的三个旗，在行政区划上属于内蒙古鄂尔多斯市的杭锦旗、达拉特旗和准格尔旗的部分地区。库布齐沙漠是中国第七大沙漠，也是距离北京最近的沙漠。

2. 地形与地貌特征

库布齐沙漠南与鄂尔多斯台地相连。该台地是古老陆台的一部分，在构造单元上属于鄂尔多斯台向斜。长期以来，在前震旦纪结晶岩基础上沉积了巨厚的震旦纪、古生代、中生代与古近纪地层。新近纪末，受喜马拉雅运动的影响，鄂尔多斯逐渐隆起为高原，直到第四纪仍继续上升。黄河逐渐下切，形成三级阶地及河漫滩。库布齐沙漠的沙丘几乎全部覆盖在鄂尔多斯高原北部边缘的黄河阶地上，海拔 1000～1400m，地势由北向南呈阶梯状抬升。源于鄂尔多斯高原上的河流，将沙漠切割成几块。因下伏地貌、堆积物的厚度、组成物质、胶结程度和水分条件等不同，所形成的沙丘形态、高度和活动程度等也有差异。库布齐沙漠不像毛乌素沙地那样，分布有较多的固定及半固定沙丘，而是以流动沙丘的分布占优势，占整个沙漠面积的 61%。沙丘形态以沙丘链和格状沙丘为主，其次是复合型沙丘链；半固定沙丘占 12.5%，固定沙丘占 26.5%。沙丘形态有抛物线沙丘、梁窝状沙丘、沙垄和灌丛沙堆。固定和半固定沙丘多分布于沙漠边缘，并以南部为主。

3. 气候条件

库布齐沙漠东部属于半干旱区，降水较多，年降水量为 250～400mm；西部跨入了干旱区，降水少，仅 150～250mm。雨量分布主要集中在 7、8 两个月，且多以暴雨的形式降落。年蒸发量 2100～2700mm，为降水量的 6（东部）～17 倍（西部）；干燥度 1.5～4.0。年平均气温为 6～7.5℃，东低西高。温差大，年较差平均达 50℃，最大 65℃以上；日较差 15℃左右，寒暖剧变。年日照时数为 3000～3200h，>10℃积温 3000～3200℃。年平均风速为 3.5m/s，春季个别地区可增大到 4.9m/s。全年大风日数 25～35d，其中一半出现于春季（特别是 4 月）。盛行西北风、北风和东南风。

4. 植被类型

区内为地带性植被，东部为干草原植被类型，西部为荒漠草原植被类型，西北部为草原化荒漠植被类型。干草原植被类型以多年生禾科植物占优势，建群种为贝加尔针茅（*Stipa baicalensis*）、糙隐子草（*Cleistogenes squarrosa*）、羊草（*Leymus chinensis*）等；伴生有小灌木百里香（*Thymus mongolicus*）等。草群组成较丰富，植被总盖度 25%～40%。除上述建群植物外，尚有相当数量的兴安胡枝子（*Lespedeza davurica*）、碱韭（*Allium polyrhizum*）、泡泡头、沙芦草（*Agropyron mongolicum*）、阿尔泰紫菀（*Heteropappus altaicus*）、黄芩（*Scutellaria baicalensis*）、草木樨状黄芪（*Astragalus melilotoides*）、茵陈蒿（*Artemisia capillaris*）等。荒漠草原植被类型的建群种为狭叶锦鸡儿（*Caragana stenophylla*）、毛刺锦鸡儿（*Caragana tibetica*）、红砂、绵刺（*Potaninia mongolica*）、四合木（*Tetraena mongolica*）、驼绒藜（*Krascheninnikovia ceratoides*）、松叶猪毛菜（*Salsola laricifolia*）、珍珠猪毛菜（*Salsola passerina*）及沙生针茅（*Stipa caucasica subsp. glareosa*）、碱韭（*Allium polyrhizum*）等。北部河漫滩生长着大面积的盐生草甸和零星的白茨沙堆。在盐生草甸中，以芨芨草（*Neotrinia splendens*）群系为代表，分布很广。沙生植被方面，流动沙丘上很少有植物生长，仅在沙丘下部和丘间低地上生长有零星的圆头蒿（*Artemisia sphaerocephala*）、杨柴（*Hedysarum mongolicum*）、木蓼（*Atraphaxis frutescens*）、沙蓬（*Agriophyllum squarrosum*）、沙鞭、碟果虫实等。在西部，沙拐枣也是流沙上的建群植物。半固定沙丘上，东部以黑沙蒿、小叶锦鸡儿（*Caragana microphylla*）、沙蓬、沙鞭、白草（*Pennisetum flaccidum*）等为主；西部以大籽蒿（*Artemisia sieversiana*）、柠条、霸王、沙冬青（*Ammopiptanthus mongolicus*）等为主，伴生有刺沙蓬（*Salsola ruthenica*）、碟果虫实、沙蓬、沙鞭等。固定沙丘上，东、西部都以油蒿为建群种；东部还有冷蒿（*Artemisia frigida*）、阿尔泰紫菀（*Heteropappus altaicus*）、达乌里胡枝子、白草等，华北白前（*Cynanchum mongolicum*）也有一定数量；西部则有沙蓬、毛果绳虫实（*Corispermum declinatum* var. *tylocarpum*）、小画眉草（*Eragrostis minor*）等（李博等，1962）。

1.2.8 乌兰布和沙漠

1. 地理位置

乌兰布和沙漠位于内蒙古巴彦淖尔市和阿拉善盟东北部，河套平原的西南部，东临黄河，西傍巴彦乌拉山。在行政区划上属于内蒙古巴彦淖尔盟和阿拉善盟的阿拉善左旗。北至狼山，东近黄河，南至贺兰山麓，西至吉兰泰盐池，面积近10000km^2。现在的土地类型由沙丘、沙荒地、耕地和小片草原组成。

2. 地形与地貌特征

乌兰布和沙漠的地形是四周高、中间低，西侧巴彦乌拉山海拔1400～1600m，西北侧狼山海拔 1400～1800m，东南侧的贺兰山海拔 1600～2300m，最高峰达2663m。沙漠区海拔一般在1200～1300m，整个沙漠地势自东南向西北逐渐降低，吉兰泰盐池是区内最低处，海拔1030m。沙漠内流动沙丘约占总面积的36.9%，半固定沙丘占33.3%，固定沙丘占29.8%，各类沙丘所占的比例相差不大。该地区主要有新月形沙丘及沙丘链、格状沙丘、梁窝状沙丘、复合型沙丘链、沙垄和复合型沙垄等。

3. 气候条件

乌兰布和沙漠地处我国西北干旱荒漠区的东缘，大陆性气候显著（贾铁飞等，2003）。年平均气温7.5～8.5℃；1月平均气温-11℃左右，极端最低气温-31.2℃；7月平均气温23.8～25.3℃，极端最高气温40.9℃；≥10℃积温3200～3500℃，无霜期136～144d，年日照时数3100～3300h。年降水量100～140mm，主要集中于7～9月；年蒸发量高达3500mm，是降水量的25～35倍。年平均风速3～3.7m/s，大风日数20～40d（张庆琼等，2001）。

4. 植被类型

该区是阿拉善荒漠向草原过渡的草原化荒漠（半荒漠）地带。据目前调查，分布在本区的植物种类有252种，分属于51科112属，有耐旱生灌木与半灌木，也有旱生多年生草本植物，一年生植物种类比较丰富。在沙漠边缘，油蒿植丛生长较密集，盖度约30%，伴生有一年生草本雾冰藜（*Bassia dasyphylla*）、沙蓬。沙漠边缘的一些半固定沙丘上分布有灌木霸王、沙冬青，伴生少量草本植物，半灌木有猫头刺（*Oxytropis aciphylla*）、刺旋花（*Convolvulus tragacanthoides*）等，如管丝韭（*Allium semenovii*）、沙鞭、蓝刺头（*Echinops sphaerocephalus*）、雾冰藜等，植被总盖度在5%～30%。沙漠北部是柠条，伴生植物有籽蒿、木蓼、变异黄芪（*Astragalus variabilis*）、沙鞭等。白刺沙堆较为普遍，梭梭树则在沙漠西部和西南部湖盆边缘的固定、半固定沙丘上形成群落。沙漠北部还有少量胡杨林分布（朱宗元等，2000）。

1.3 沙地生态系统

在《土地利用现状分类》中对于沙地的定义是表层为沙覆盖，基本无植被的土地，不包括滩涂中的沙地。沙地作为独特的地貌类型在中国广为分布。在中国早期的沙地研究中，沙地被定义为分布在荒漠地带以外的半干旱、半湿润草原地区的地表被沙丘覆盖的土地，因沙地性质（尤其在地貌上）与沙漠相类似，一般习惯上也泛称为沙漠（闫峰和吴波，2013）。随着沙地研究的不断深入，朱震达等指出中国南方也存在着以海滨沙质平原和湖滨及河流下游冲积平原为基础的风成沙地；川滇间的干热河谷及川西干旱河谷中亦分布有风成沙地。此外，青藏地区的荒漠化研究也表明藏南河谷湖盆区和藏东南三江河谷区存在严重的土地荒漠化现象。因此，中国沙地在空间分布上除了北方半干旱、半湿润的草原地区外，还应包括青藏高原及濒海（河、湖）沿岸的广大地区（闫峰和丛日春，2015）。

中国的四大沙地分别是科尔沁沙地、毛乌素沙地、浑善达克沙地和呼伦贝尔沙地。

1.3.1 科尔沁沙地

1. 地理位置

科尔沁沙地位于大兴安岭、努鲁儿虎山和松嫩平原之间，散布于西辽河下游干、支流沿岸的冲积平原上；沙地的北部也有一部分分布在大兴安岭的山间河谷地带和山前洪积台地上。行政区域涉及内蒙古赤峰和通辽两市、吉林西部、辽宁西北部，面积为 $6.36×10^4 km^2$。由于气候变化及过垦过牧，生态环境严重失衡。

2. 地形与地貌特征

科尔沁沙地是松辽沉降带的一部分，位于松辽沉降带西部地区。这一沉降带受两大构造体系控制，西北部是新华夏系第三隆起带的大兴安岭北东向构造带，南部是燕山山系的东延部分，以及努鲁儿虎山东西向构造带；两大构造体系在敖汉一带呈 $40°\sim45°$ 交角复合截接。科尔沁沙地位于两大构造体系交角地带，呈三角形展布。科尔沁沙地分布于南北隆起、西高东低的半封闭式环形盆地内，海拔 $120\sim800m$。南、北分别为燕山北部和大兴安岭南端的山地丘陵，两山丘于西部会接，形成高平原区；北、西、南三面是西辽河水系的发源地，河流自西向东横贯沙地中部，形成了冲积平原；平原东端科尔沁左翼后旗境内海拔不到100m，最低海拔81.8m，是内蒙古的最低点。

3. 气候条件

科尔沁沙地属于温带半干旱、半湿润地区，为温带半干旱大陆性季风气候区。总的气候特征是春季较干旱多风，夏季炎热多雨，秋季凉爽、温差较大，冬季漫长干冷。由于地域广阔，东西狭长，受地形、地势、纬度及大气环流等因素的交错影响，沙区及其周围的气候有一定的区域性差异。科尔沁沙地由于距海洋较近，易受湿润气流的影响，降水较丰富，其年均降水量为 $350\sim500mm$，其中70%集中于夏季，且南多北少。同时降水变率较大，丰雨年易水涝成害，枯雨年干旱为灾。年蒸发量为1500~2500mm，干燥度为1.0~1.8，相对湿度为50%~60%。沙地年平均气温为3~7℃。最冷月（1月）平均气温为-17~-12℃，最热月（7月）平均气温为20~24℃，≥10℃积温为2200~3200℃。无霜期90~140d，年日照时数2900~3200h，热量较多，光照时间充沛。风向以西北风为主，年均风速3.4~4.4m/s，春季平均风速为4.2~5.9m/s。大风日数20~40d，多发生于4~5月，春季大风日数约占全年大风日数的50%左右（赵哈林等，2003）。

4. 植被类型

沙地主要植被类型有草甸草原、典型草原、草甸、沼泽、盐生、沙生等植被，原生植被为典型草原到森林草原过渡类型的疏林草原。建群种有羊草、毛秆野古草（*Arundinella hirta*）、冷蒿、达乌里胡枝子、虎尾草（*Chloris virgata*）等。沙生植物分布在固定、半固定沙丘上，流动沙丘也有部分沙生先锋植物生长。固定沙丘植物群落由灌木、半灌木及草本植物组成，也有少部分乔木。西部松树山生长有油松（*Pinus tabuliformis*），东南部有以蒙古栎（*Quercus mongolica*）为主的阔叶乔木林。沙地普遍生长有榆树（*Ulmus pumila*），并与灌丛、禾草组成沙地疏林草原。除乔木外，灌木和半灌木种类也很多，主要有小叶锦鸡儿、黄柳（*Salix gordejevii*）、小穗柳（*Salix microstachya*）、百里香、兴安胡枝子（*Lespedeza daurica*）、东北木蓼（*Atraphaxis manshurica*）、稠李（*Padus avium*）、欧李（*Cerasus humilis*）、鼠李（*Rhamnus davurica*）、西伯利亚杏（*Prunus sibirica* var. *pubescens*）等。草本植物有沙生冰草（*Agropyron desertorum*）、羊草、白草、狗尾草（*Setaria viridis*）、白头翁（*Pulsatilla chinensis*）等。半固定沙丘开始活化或流动沙丘逐渐固定时，一般没有乔木生长，只有稀疏地生长沙生半灌木和草本植物。常见的有盐蒿（*Artemisia halodendron*）、三芒草（*Aristida adscensionis*）、隐子草、雾冰藜、猪毛菜、刺蓬等。流动沙丘地表裸露，只生长沙生先锋植物，主要有小黄柳（*Salix flavida*）、木岩黄芪（*Hedysarum mongolicum* var. *lignosum*）、乌丹蒿（*Artemisia wudanica*）、沙芥、虫实等。沙区榆树疏林、蒙古栎疏林、差不嘎蒿（*Artemisia halodendron*）群落是科尔沁沙地重要的景观特色。

1.3.2 毛乌素沙地

1. 地理位置

毛乌素沙地位于鄂尔多斯高原东南部和黄土高原北部区域。该区位于37°27.5′~39°22.5′N，107°20′~111°30′E，面积5.55×10^{4}km^2。行政区域涉及内蒙古鄂尔多斯市、陕西榆林市、宁夏银川市（兴庆区）、石嘴山市和吴忠市。与其他沙地相比，毛乌素沙地属于经济相对发达的地区。

2. 地形与地貌特征

沙地的地势自西北向东南倾斜，其海拔为 1200～1600m。地貌呈现梁地、滩地、河谷阶地、沙丘和湖泊交互排列的独特景观。梁地主要分布在沙地的西北部，多由白垩纪紫红色砂岩和侏罗纪灰绿色砂岩的水平岩层所构成，称为硬梁。这些梁地梁面相对平坦，由于遭受割切，梁面间形成若干谷地。本区南部基岩构成的梁地前端常常还分布着由第四纪沉积物——细砂和粉砂携有大量的碳酸钙团结物质和结核构成的梁地，其高度低于基岩构成的硬梁，称为软梁。滩地自西北向东南倾斜，根据内外流分异、土壤性状及地下水盐分的组成情况，可将滩地分为内流滩地和外流滩地。内流滩地一般略含盐或碱，面积较小。它又可分为三个类型，即淡水湖滨滩地、内流盐湖滩地和内流碱湖湖滨滩地。外流滩地一般都分布在河流沿岸，呈带状分布。

3. 气候条件

毛乌素沙地位于我国季风区的西陲，属于典型的温带半干旱大陆性气候。水分条件较我国西部的各大沙漠优越。其年平均降水量由东南部的 400～450mm，向西北递减为 250mm 左右。7～9 月集中全年降水量的 60%～70%，降水强度较大，常以暴雨形式出现。年降水变率大，一般多雨年可为少雨年的 2～3 倍。多年平均蒸发量为 2100～2600mm，干燥度 1.6～2.0。年日照时数为 2800～3100h。年均温在 6～9℃，最冷月（1 月）为 –12～–8.5℃，最热月（7 月）为 20～24℃。≥10℃积温为 2500～3645℃，无霜期 130～160d。沙地在冬季盛行西北风，夏季则盛行东南风，因而这里具有典型的季风气候特点。多年平均风速 2.9～3.5m/s，多年平均大风日数为 20～40d。

4. 植被类型

整个毛乌素沙地植物区系属于泛北极植物区系，具有多方面来源和过渡性特点。沙区的绝大部分，占面积 70%以上的中部和东部处于典型草原亚带以内，只有西部的边缘地区属于荒漠草原亚带。在有利的水热条件下，自然植被生长良好，种类较多。沙地典型草原地带以长芒草（*Stipa bungeana*）和百里香群落为主；荒漠化草原地带以戈壁针茅（*Stipa tianschanica* Roshev. var. *gobica*）、短花针茅（*Stipa breviflora*）、狭叶锦鸡儿群落为主。沙生半灌木植被油蒿群落是毛乌素沙地的主要建群种，占有最大的面积，占据了大部分沙丘和覆沙梁地。

1.3.3 浑善达克沙地

1. 地理位置

浑善达克沙地位于内蒙古锡林郭勒高原中部，主要涉及内蒙古锡林郭勒盟、赤峰市克什克腾旗和河北承德市围场县的一部分。东起大兴安岭南段西麓达来诺尔，向西一直延伸到集二铁路沿线；东西长约400km，南北最宽处约为120km，面积$2.14×10^4km^2$。

2. 地形与地貌特征

浑善达克沙地在地质构造上是蒙古地槽古生代褶皱带的一部分。海西运动时上升为陆地，以后则进入长期的剥蚀夷平作用时期。燕山运动以来经历了缓和的振荡式构造运动，在挠曲作用形成的宽浅盆地中，沉积了白垩纪及古近纪湖相水平地层。沙地北侧有西拉木伦—乌日根达拉大断裂，南侧有阴山东西向复杂构造北缘的大断裂，因此，沙地本身为一个地堑式凹陷带。古近纪早期，该区发生沉降，沦为规模巨大的内陆湖盆，广泛堆积了厚100～200m的古近纪湖相沉积地层。新近纪晚期全区又上升，形成高平原地貌。浑善达克沙地的地势东高西低，由南向北缓降，海拔1150～1500m，地面起伏不大。沙地边缘为剥蚀低山、丘陵；沙地内的沙丘间具有较广阔的丘间低地，当地称其为塔拉；植物生长繁茂，覆盖度常在50%以上，成为当地主要牧场，而且还有不少的湖泊分布其间，形成特殊的景色。

3. 气候条件

浑善达克沙地地处中纬度西风带，属于温带半干旱大陆性季风气候。基本特点是：冬季漫长寒冷，长约5个月（11月～次年3月），1月平均气温为−17℃；夏季短促温和少雨，7月气温最高平均21℃。年平均气温为0～3℃，年较差35～42℃，日较差12～16℃。沙地光能资源充足，年均日照时数2900～3100h，日照率为65%。无霜期100～130d，≥10℃积温2000～2600℃。年降水量大部分地区为200～350mm，自东向西递减，西部最少为110～150mm。降水量季节分配不均，年变率较大，雨量多集中在7、8两月，这两月的雨量占全年的一半左右。该区的蒸发量大，年蒸发量在2000～2700mm。干燥度在1.2～2，年平均相对湿度在60%以下。

4. 植被类型

本区地带性植被主要为典型草原，多年生植物的总盖度不超过5%。植被以沙漠化植被为主，多为禾本科和菊科，群落结构简单种类少，以耐旱的草本植物和沙生灌木植物为主。森林植被资源以天然次生森林为主，树种以白榆（*Celtis pumila*）、小红柳（*Salix microstachya* var. *bordensis*）、黄柳为主，多为疏林、散生木与草本植物混合分布，形成自然类型的稀疏灌丛沙区。乔木有沙地白扦（*Picea meyeri*）、蒙古栎及沙地榆（*Ulmus pumila*）；灌木有黄柳、沙竹（*Psammochloa mongolica*）和刺梅；草本植物有沙米、沙蒿及杂草等。主要建群种有榆（*Ulmus pumila*）、褐沙蒿（*Artemisia halodendron*）、小叶锦鸡儿、大针茅（*Stipa grandis*）、西北针茅（*Stipa sareptana* var. *krylovii*）、羊草、冰草（*Agropyron cristatum*）、沙蒿（*Artemisia salsoloides*）、沙米等。

1.3.4 呼伦贝尔沙地

1. 地理位置

呼伦贝尔沙地位于内蒙古东北部呼伦贝尔高原，东接大兴安岭西麓丘陵，西至呼伦湖东岸。主要分布在呼伦贝尔市的鄂温克族自治旗、新巴尔虎左旗、新巴尔虎右旗、陈巴尔虎旗、海拉尔区境内，面积约 $0.72\times10^4 km^2$。

2. 地形与地貌特征

呼伦贝尔沙地的地质和地貌可分两部分：一是呼伦贝尔高平原，即广阔的内蒙古高原的东北边缘部分，地质构造上属于内陆新华夏系沉降带，在古近纪初期呈起伏不大的准平原形态，二是大兴安岭西北麓低山丘陵区，地质构造属于大兴安岭新华夏系隆起带的西北边缘部分。沙地主要覆盖在冲积、湖积平原上，地貌为平坦的砂质高平原，地势由东向西逐渐降低，且南部高于北部，微有波状起伏。海拔在 600~800m，以呼伦湖最低，海拔 545m。

3. 气候条件

呼伦贝尔沙地气候属中温带半湿润、半干旱气候。其特点为：春季干燥多风，夏季温和短暂，秋季晴朗而气爽，冬季严寒漫长，因为地处纬度偏高，年平均气温较低，为-2.5~0℃。1月平均温度-28℃，绝对最低温可在-49℃；7月平均温度 20.9℃，绝对最高温度达 40℃。无霜期 90~110d，≥10℃的积温为 1800~2200℃，年日照时数 2900~3200h。年降水量 280~400mm，集中于 7、8 月。年蒸发量为 1042~1623mm，年蒸发量是年降水量的 5~7 倍。春季多大风，大风日数为 20~40d，年平均风速 3~4m/s。

4. 植被类型

呼伦贝尔沙地地处森林、草原两个植被自然带。该区植被主要是由贝加尔针茅（*Stipa baicalensis*）、羊草（*Leymus chinensis*）、线叶菊（*Filifolium sibiricum*）等构成的草甸草原和大针茅、新疆针茅（*Stipa sareptana*）、冷蒿（*Artemisia frigida*）、糙隐子草构成的典型草原，与大兴安岭西麓山地植被和内蒙古高原东部草原植被形成有着极为密切的联系。沙地的植被按区域特征可分为 3 个类型：①沙地东部大兴安岭西麓森林草原植被；②沙地中部典型草原植被；③沙地西部典型草原植被。

第 2 章

沙产业和沙区生态产业的概念与内涵

2.1 沙产业理论基础

2.1.1 沙产业的概念与特征

1. 沙产业的概念

中国是世界上沙漠面积最大、土地沙漠化最快、受沙漠化危害最深的国家（王岳等，2019）。中国是世界上沙质荒漠（沙漠）分布最多的国家之一，面积有 $80.89×10^4 km^2$，约占国土面积的 8.4%。沙漠的面积仅次于澳大利亚（$113.6×10^4 km^2$）和沙特阿拉伯（$86.22×10^4 km^2$），列世界第三位。我国也是世界上受风沙和沙漠化严重危害的国家之一。中国有八大沙漠：塔克拉玛干沙漠、古尔班通古特沙漠、库姆塔格沙漠、柴达木沙漠、巴丹吉林沙漠、腾格里沙漠、乌兰布和沙漠、库布齐沙漠；有四大沙地：浑善达克沙地、科尔沁沙地、毛乌素沙地、呼伦贝尔沙地。荒漠化防治是全球关注的热点问题之一。我国沙区面积约 $170×10^4 km^2$，占国土面积的 17.9%。其中，以内蒙古为代表的"三北"地区，是全国沙漠、沙地和荒漠化土地最为集中、生态环境最为脆弱、受风沙危害最为严重的区域。内蒙古境内分布着巴丹吉林沙漠、腾格里沙漠、乌兰布和沙漠、库布齐沙漠、巴音温都尔沙漠和呼伦贝尔沙地、科尔沁沙地、泽达克沙地、毛乌素沙地、乌珠穆沁沙地，沙化土地总面积为 $40.79×10^4 km^2$，占全区总面积的 34.48%，生态环境极度脆弱。如何在荒漠化防治的基础上，通过自然资源的开发利用，促进沙区的绿色产业发展和人类福祉提升，成为全球关注的新热点。

国际上，埃及等国家在干旱、高温、缺水和土地贫瘠等极端严酷的自然条件下，沙产业发展取得了显著成就；肯尼亚等国家开展了以固沙造林为主的绿化工程；印度在拉贾斯坦沙漠实施了固沙林、畜牧林、薪炭林和各类防护林工程建设项目，进行沙漠绿化。美国和以色列在节水方面走在了前列，以色列目前在沙漠上创造了节水灌溉技术和高效荒漠农业开发技术，利用咸水滴灌在内盖夫沙漠种植土豆、香瓜、葡萄，并培育出适宜本国沙漠地区咸水生长的洋葱、番茄和灌木植被及用这种灌木作为主要饲料的畜牧品种。

绿色是生命的象征、大自然的底色。秉持"绿水青山就是金山银山""保护生态环境就是保护生产力，改善生态环境就是发展生产力"的绿色发展观，党和政府非常关注荒漠化治理。习近平总书记在 2019 年 7 月 27 日第七届库布齐国际沙漠论坛的贺信中指出："人类只有一个地球家园。荒漠化防治是关系人类永续发展的伟大事业。国际社会应该携手努力，加强防沙治沙国际合作，推动全球环境治理，全面落实 2030 年可持续发展议程，还自然以和谐美丽，为人民谋幸福安康。"习近平强调："中国高度重视生态文明建设，荒漠化防治取得显著成效。库布齐沙漠治理为国际社会治理环境生态、落实 2030 年议程提供了中国经验。中国积极推动'一带一路'国际合作与落实 2030 年议程深度对接。面向未来，中国愿同各方一道，坚持走绿色发展之路，共筑生态文明之基，携手推进全球环境治理保护，为建设美丽清洁的世界作出积极贡献。"

近几十年来，我国在生态防沙治沙研究方面取得了显著成绩，总结出适合当地自然条件的沙害防治模式。1978 年我国政府批准建设三北防护林体系工程，被誉为"世界生态工程之最"。目前在荒漠化治理技术的应用、重大生态工程的实施方面，沙区土地治理方面取得了举世瞩目的成就，有效控制了沙漠化发展势头，沙区生态环境发生了明显改善。基于风沙物理学原理的工程固沙技术和基于生物生态学原理的植物修复技术所形成的组合技术体系，开辟了沙区退化植被恢复和土地沙化治理的全新领域；防沙治沙理论与对策、模式和技术等方面取得了众多研究成果，初步构建起我国独具特色的沙漠生态治理技术体系和理论构架。"库布齐生态财富创造模式"创新了"治沙、生态、经济、民生"平衡驱动的商业模式，构建了"政府政策性支持、企业商业化投资、农牧民市场化参与"的沙漠生态循环产业体系，实现了"投资有收益，产品有市场，农民有收入，政府有税收，生态环境有保障"的可持续发展模式。

在治理沙漠的过程中，多数地区以工程治理的方式，例如利用植树造林、铺设沙障、封山禁牧等方法减少已沙漠化的土地面积，但实践证明，防沙治沙如果不与区域发展、产业发展、人民福祉关联起来，沙漠化治理往往陷于"点上治理、面上破坏，局部好转、总体恶化"的境地。只有通过产业发展的方式，减少人类生存对沙漠环境的压力，实现沙漠地区的环境和产业的可持续，才能真正从源头防治荒漠化，由此才会出现沙产业这一概念。

"鱼逐水草而居，鸟择良木而栖"，加强生态环境保护可以为经济与产业发展提供良好的基础，产业是城乡经济发展的动力和支柱，也是加快生态保护的重要基础。加快经济发展又可以为生态环境保护提供坚强的保障。生态问题不能用停止发展的办法解决，保护优先不是反对发展，其核心是要正确处理生态环境保护与经济发展的关系，在发展中保护生态环境，用良好的生态环境保证可持续发展。在生态脆弱的沙区，一方面要发展适合当地资源和市场的产业，改变落后状态，消除贫困现象，提高当地人民的福祉；另一方面也要坚守生态环境的保护，不能因为发展而破坏生态，走不可持续的先发展后治理的前工业化道路，也不能选择边发展边治理的方式。在这样的背景下，发展沙产业必须秉持以节约自然资源和改善生态环境为理念的经济发展模式，力求实现经济效益、生态效益和社会效益的统一。将生态环境优势转化为生态农业、生态工业、生态旅游等生态产业的优势，绿水青山也就变成了金山银山。

沙产业是沙漠地区生态保护、经济发展和人民脱贫致富等多重目标结合的产物。沙产业源远流长。发展沙产业的理论构想是我国著名科学家钱学森院士于1984年提出来的。关于沙产业的理论内涵，钱学森在1984年提出"农业型的产业"的概念，即一种直接以太阳光为能源，依靠地面植物的光合作用生产产品的体系，同时他强调，这种产业是知识密集型的，是结合高新科技的产业，依据其产业中的某一具体的生产活动，将其分为农、林、草、海、沙五类产业，沙产业的概念被首次提出。钱学森（1985）认为，以前的防沙治沙固然好，但是没有从积极层面去开发、利用，没有结合高科技以充分提升沙漠的价值。在随后对沙产业概念的完善过程中，钱学森（2000）提出"沙产业就是在'不毛之地'的戈壁滩上搞农业生产，充分利用戈壁滩上的日照和温差等有利条件，推广使用节水技术，搞知识密集型的现代化农业"。可见，在钱学森的视野里，沙产业已经不再是简单地在沙漠中搞农业，而是一个通过生物转化充分利用光热水条件，既要发展生产，又要保护环境；既是一个知识密集型的产业，又是一个高效益的产业链。

　　樊胜岳和李斌（1999）的关注点在于沙与产业的融合，1999年提出"'沙'是指沙漠化的防治，'产'是指可持续发展前提下的生产，'业'是指生产和市场的营销要形成的规模。因此，沙产业是指在沙漠和沙漠化地区，在可持续发展前提下的现代农业和农产品加工业"，将沙产业的空间概念扩展到了半干旱和部分湿润地区在内的沙漠化地区，将产业概念扩展到农业及其加工业，将沙产业发展的前提确定为可持续发展。李发明等（2012）认为沙产业就是在沙漠和沙漠化地区，结合人类活动和资源特点，针对现实问题，立足于生态环境建设，科学地组合技术和产业，以促进沙区生态、经济、社会的可持续发展。其他从事沙产业研究学者更多地从产业特征上定义沙产业，刘恕（2003）认为沙产业是融合阳光和高新技术，并在市场机制引导下的现代化经营产业。刘恕（2005）提出提高植物光合作用效率可以从两个方面进行，一是改善光合作用的环境条件，二是优化或置换太阳能转化器。朱俊凤（2003）提出沙产业的特征与核心，主要从空间、定位、核心和经营四个方面进行了分析。张睿蕾（2016）通过对内蒙古沙产业的研究，提出"沙产业是以高新技术为依托，以市场为导向，采用龙头企业带动和'公司+基地+农（牧）户'的产业经营模式"。

　　还有学者根据沙产业的利用对象定义沙产业。李毓民（2018）认为沙产业是"利用荒漠地区独有的优势，对荒漠地区进行经济开发，融入各个领域的高新技术，使荒漠地区可以进行自我循环的经济运行活动"。高德占（2011）认为，现在所说的沙产业，就是以利用沙生植物（主要是各种沙生灌木）为前提的产业，一是直接利用，如做能源燃料和工业造纸原料等；二是进行深加工加以利用，生产食品、药品、保健品等。这些沙生植物，如沙柳、柠条、梭梭、沙棘、沙枣、甘草、麻黄、苁蓉、紫穗槐等不下上百种，有的是自然野生的，有的是人工在沙地种植的。

总而言之，沙产业的概念是在沙区开展的乔灌木产品采集、野生动植物采集猎捕、种植培育、养殖繁育、生物质资源的延伸加工利用、沙质资源、风能及太阳能资源的加工利用、沙漠景观旅游与休闲服务及相应的科学研究、技术服务和公共管理等所形成的全部经济活动的集合。

沙产业的外延划为狭义和广义两类：狭义即严格以钱学森提出的概念为核心，专指充分利用沙漠地区空间广阔、太阳能资源丰富、温差大等有利自然条件，通过知识密集型高新技术，提高植物光合作用的效率和节水效率，进行的可持续、高产出的现代农业产业项目。

广义的沙产业除了以上农业生产外，还包括与农业发展相关的工业和其他产业，如风能、光能等清洁能源产业以及中药材、葡萄酒等农产品加工产业、旅游业及生态服务业等。例如利用毛乌素沙地上植物平茬材料燃烧发电的生物质能源产业虽不能生产农产品，但其生产空间在沙漠地区，为治沙而造林，促进具有萌蘖效应的植物生长，发电的同时减排二氧化碳，达到了生态效益和经济效益的统一，因而属于沙产业的范畴。再如内蒙古西部沙区碱湖资源丰富，这些碱湖中含有丰富的 $NaHCO_3$ 和 Na_2CO_3，利用天然碱湖养殖螺旋藻可极大地降低成本又没有环境污染问题。该地区地广人稀、土地生产力低下，在湖周围无法放牧和耕作的沙丘上建立螺旋藻生产厂，还可利用沙区资源（碱湖、螺旋藻、光能等），保护耕地和生态环境，从防沙、治沙发展到新的沙产业类型。

总之，沙产业内涵包括：一是沙产业应该成为协调地区生态建设与经济社会发展的有效杠杆；二是沙产业应该是促进防沙治沙的产业，是可持续发展的产业，是促进绿色增长的产业，沙产业体系运行的目标是"可持续"和"绿色"发展；三是沙产业的产业体系在不断形成和完善的过程中，生产经营也正由单一化向综合性过渡，不仅包括"增加植被改善生态的种植业"和"生产产品创造经济价值的畜牧业、加工制造业"，也还应该包括服务型的"第三沙产业"，即沙漠旅游与休闲服务业、沙产业科学研究、技术服务和公共管理，继而逐渐形成一个结构合理、门类综合的产业体系；四是沙产业具有吸纳高新技术性的特点，沙产业属于新兴产业，是随着科技创新而不断发展，是随着科技水平提高而不断延伸；五是沙产业中一些具体内容可以与现有产业类别重合，产业体系上既有独特性，又有融合性，具体指标上，与相关产业的指标可以各纳其中，各表其功。

2. 沙产业的特征

通过上文分析，可知沙产业具有以下几个重要特征。

1) 空间范围

沙产业必须是在荒漠、沙漠、沙地等干旱地区开展的产业项目，此类区域太阳能、水、原生物种、生产空间等资源和环境，是沙产业发展依赖的条件。

2）技术手段

利用科学成果、使用高新技术是沙产业的首要标志，通过最新的科学技术可以充分发挥沙漠地区光热丰富的优势，克服水资源匮乏的劣势，对原生物种持续进行改良升级等，实现特色、高效、现代化的生产。

3）产业类型

沙产业以农业生产为主要内容，但其生产过程必须形成工厂式的高效率链条，销售过程则需与市场紧密衔接，因而是有机融合了农业、工业、服务业三大产业的综合产业，实现了三产融合。

4）产品类型

最初提出沙产业时，将其概念严格限定为通过植物光合作用进行太阳能转化的农业型生产，即只有生产农产品的项目才属于沙产业。但随着产业融合程度的提高，沙产业生产过程中往往伴随着太阳能发电、平茬材料发电、植物材料加工、特色旅游等其他类型的沙产业类型。这些沙产业已经成为沙区经济发展的主要组成部分，也应纳入沙产业范畴。

5）发展目标

绿水青山就是生产力。自然是有价值的，保护自然，就是增值自然价值和自然资本的过程，就是保护和发展生产力。马克思（1867）在《资本论》中指出："劳动生产率是同自然条件相联系的，这些自然条件都可以归结为人本身的自然（如人种等）和人的周围的自然。外界自然条件在经济上可以分为两大类：生活资料的自然富源，例如土壤的肥力、渔产丰富的水域等；劳动资料的自然富源，如奔腾的瀑布、可以航行的河流、森林、金属、煤炭等。在文化初期，第一类自然富源具有决定性的意义；在较高的发展阶段，第二类自然富源具有决定性的意义。"保护生态环境就是保护生产力，改善生态环境就是发展生产力。克服把保护生态与发展生产力对立起来的传统思维，更加重视生态环境这一生产力的要素，更加尊重自然生态的发展规律，保护和利用好生态环境，才能更好地发展生产力，在更高层次上实现人与自然的和谐。只要金山银山不顾绿水青山，甚至牺牲绿水青山换取金山银山，无异于竭泽而渔、饮鸩止渴。

绿水青山不仅是经济问题，也是政治问题。欧美发达国家在发展中付出了沉重的生态环境代价，经历了"先污染后治理"的历程。沙产业既为产业，就要以市场为其导向，生产出符合市场需求的商品，形成可持续的、健康的生产和销售过程，取得良好的经济效益；同时沙产业还应具有生态功能，实现沙漠治理的目标。沙产业的生态功能和经济效益并无前后之分，产业发展获得经济回报本身就是减轻人口生存给土地带来压力的过程，即实现生态建设产业化、产业发展生态化。而这一过程所需的周期相对较长，初期的资金、人员、资源投入量极大，对技术的要求也很高。一些沙区为尽快实现产业效果往往会偏重经济效益而忽视了生态保护，反而借沙产业之名造成了沙漠地区环境的进一步恶化。因此，沙产业虽名为产业，但本质上具有一定的公益性，最终的目标应该是生态、环境、经济和社会协同可持续发展。

2.1.2 沙产业的发展阶段概述

沙产业是一种既不同于传统农业生产方式，又不同于现代农业生产方式的知识密集型产业，是对包括干旱区、半干旱区、亚湿润干旱区在内的沙漠化土地的一切资源和能源所进行的经济和科研活动的集合，以提高光合作用转化效率为目的，以充分利用各种现代化科技技术、人工控制环境为特点，以保持生态与经济效益双赢为根本原则。

1. 沙产业发展阶段和类型划分

1）起步阶段——探索性阶段（20 世纪 50～70 年代初）

20 世纪 50 年代开始，中国政府就启动一系列防沙治沙工作。从 1952 年起，陆续开展了沙漠综合考察、风沙物理研究及局部的风沙危害治理。代表性的事件有：1952 年开展的辽宁省章古台樟子松造林固沙研究、包兰线腾格里沙漠南缘治沙研究、沙坡头建立我国最早的风沙观测站。1959 年中国科学院治沙队成立并组织开展了主要沙漠（地）综合考察，编制了防沙治沙规划；1959 年在内蒙古及西北五省（自治区）建立 6 个治沙综合试验站，共建几十家治沙站（林场）。

由于防沙治沙的理论研究才开始，干旱、半干旱地区的资源家底还没有摸清，缺乏科技支撑，这一阶段的治理成效较差。

2）发展阶段——因地制宜阶段（20 世纪 70～90 年代初）

1977 年，联合国防治荒漠化会议制定了《向沙漠化进行战斗的行动纲领》，中国也积极启动了"三北"防护林工程；标志性的科技进步有：绿洲防护体系；沙坡头等交通干线的五位一体交通干线的防护体系；沙漠或者沙地周边的防治体系（即锁边治理），强调灌木在治沙中的应用。启动了"三北"防护林工程等标志性工程。但当时对沙漠化的过程及其成因缺乏足够的认识，对干旱、半干旱的水土及制备特征研究不透彻。

3）快速发展阶段——按成因治沙阶段（20 世纪 90 年代中期～21 世纪初）

中国政府签署了《联合国防治荒漠化公约》，防沙治沙与国际接轨，进一步加大了沙漠化力度，新启动了六大林业工程，基本摸清我国沙漠化成因，按成因开展防沙治沙工作。封育、飞播成为防沙主要手段。

这一阶段，基本摸清了我国沙漠化的成因及机理；提出了不同类型沙化土地的治理对策与技术；国家造林技术规程中，把"三北"风沙区单独列出来，造林密度在 110 株/亩①以上；封育和飞播已经成为防沙治沙中的重要技术；并建成了京津沙源治理、退耕还林（草）、退牧舍饲、天然林保护等六大林业工程等标志性工程。

这一阶段由于尚未建立起荒漠化生态理论，植树造林密度大、水资源利用不合理，适地适树理论缺乏，植被衰枯现象严重。

4）科学发展新阶段——尊重自然，天人合一（现今）

科技治沙越来越被国家和生产部门重视，科技进步与防沙治沙思路得到跨越式发展，"尊重自然，天人合一"成为防沙治沙的主导思路。

标志性科技治沙：《沙漠资源学》的出版；"低覆盖度治沙理论提出"；《国家造林技术规程》的修订，突出了旱区部分，并进一步按照极端干旱、干旱、半干旱 3 个区分别制定造林密度林分配置及验收等标准；生态监测网络的体系逐步完善。新启动了沙漠公园、封禁保护区建设工程；正在筹建"丝绸之路"防沙治沙工程等标志性工程。不足之处是低覆盖度范畴内的研发技术、模式比较少，尚需进一步研发；土壤、微生物、人工林和自然修复之间的复合机理需要研究。

2. 按照发展阶段的类型划分

1）绿洲型沙产业

1949 年中华人民共和国成立后，西北地区的沙区是以经营绿洲发展沙区沙产业为主。塔里木河流域兴修 80 多座水库，主要集中在干流的源流区，在黑河干流及大小支流都修建了不少水利工程，为绿洲的产业发展做出了重要贡献。与此同时，开采地下水和引黄灌溉发展绿洲产业也投入了大量人力、物力，当时也取得了很好的经济成果。但是不合理的资源利用和无序经营也给当地环境和绿洲建设带来了严重的后果。

2）生态型沙产业

这一阶段以生态建设为主。中华人民共和国成立初期，国民经济发展处在百

---

① 1 亩≈666.67m²，全书同。

业待兴，沙区人民的第一项任务是治沙、抵御风沙等自然灾害。为了保护农田，在地处乌兰布和沙漠的磴口县建立了防沙带。中华人民共和国成立后，也先后在多个地区营造防风固沙林。此时生态环境有了很大的改善。

3）生态经济型沙产业

三北防护林建设二期工程于 1986~1995 年开展。此工程开启了由单一的生态型走向生态经济型防护林体系建设的路子。工程建设过程中，明确提出了长远利益与近期利益的结合，生态效益与经济效益的结合，防护林建设要与农牧民脱贫致富相结合。为此，该工程在保证生态环境的同时，不断调整林种树种结构，加重经济林比重，产生了巨大的经济、社会效益。

4）知识密集型沙产业

1984 年 5 月，我国著名科学家钱学森提出"创建农业型的知识密集产业——农业、林业、草业、海业和沙业"。20 年来，各地区不断实践发展知识密集型沙产业，提升高科技的发展程度和成果推广应用水平。知识密集型沙产业不是独立的，而是关联着许多技术和产业。沙产业当中的节水灌溉、日光温室栽培及绿色产品加工的开发就属于这一类型。

当前，中国已建成了具有一定规模的沙产业示范基地，已有沙产业加工企业几千家，开发了沙棘、沙柳、甘草、肉苁蓉等植物的种、养、加工以及光伏发电、生物质发电等多条产业链，带动了上百万牧民增收致富，促使沙产业成为沙区新的经济增长点。内蒙古自治区在发展沙产业方面取得了一定成效，第四次全国荒漠化和沙化监测结果与 2004 年相比，荒漠化和沙化土地面积分别减少了 4672 km^2、1253 km^2，重点治理的科尔沁沙地、毛乌素沙地、浑善达克沙地、呼伦贝尔沙地、京津风沙源治理工程区等区域生态环境明显改善。

目前，沙产业生产实践工作在内蒙古、甘肃、陕西、宁夏和新疆等地均有开展，但从发展知识密集型沙产业的角度看，主要问题是布局分散、产业融合度不足、辐射能力弱、产业集群区较少等；沙产业企业普遍规模较小，缺乏具有带动效应的龙头企业，科技投入不足限制了肉苁蓉、麻黄、螺旋藻等具有特色但尚未进行规模开发的新产业的发展。

2.2　全国沙产业概况

2.2.1　中国沙产业及沙区生态产业概况

中国是世界上沙漠面积最大、土地沙漠化最快、受沙漠化危害最深的国家，根据最新发布的 2015 年中国荒漠化和沙化状况公报（国家林业和草原局，2015）中的第五次全国荒漠化和沙化监测结果显示，截至 2014 年，全国荒漠化土地面积 $2.6116\times10^6 km^2$，占国土面积的 27.20%；分布于北京、天津、河北、山西、内蒙古、辽宁、吉林、山东、河南、海南、四川、云南、西藏、陕西、甘肃、青海、宁夏、新疆 18 个省（自治区、直辖市）的 528 个县（旗、市、区）。其中分布在新疆、内蒙古、西藏、甘肃、青海 5 省（自治区）荒漠化土地面积占全国荒漠化土地总面积的 95.64%；其他 13 省（自治区、直辖市）占 4.36%。截至 2014 年，全国沙化土地总面积 $1.7212\times10^6 km^2$，占国土总面积的 17.93%，分布在除上海、台湾及香港和澳门特别行政区外的 30 个省（自治区、直辖市）的 920 个县（旗、区）。其中分布在新疆、内蒙古、西藏、青海、甘肃 5 省（自治区）沙化土地面积占全国沙化土地总面积的 93.95%；其他 25 省（自治区、直辖市）占 6.05%。

沙漠被称为"地球癌症"，一直被视为生命的禁区，人类在防沙的同时也在寻求各种有效的方法治沙。直到 1984 年，我国著名科学家钱学森第一次提出了沙产业理论和第六次产业革命理论。钱学森认为，西北沙漠地区独特的地理条件和充足的太阳能资源是发展新型产业的有利条件，未来这里可以创造出上千亿元的产值（国家林业和草原局，2017），并将沙产业视为第六次产业革命中的重要环节（内蒙古沙草产业协会，2011）。自该理论提出后，全国各地深入贯彻新的治沙理念，制定并出台了一系列行之有效的政策措施，因地制宜地进行了诸多沙产业建设和摸索工程（吴迪等，2020），使得沙产业的实践获得了快速的发展。近年来，我国沙产业快速发展，逐渐突破现代农业范畴，并呈现出第一、第二、第三产业融合的态势；而沙产业的发展也进一步促进沙区生物、能源、土地等自然资源的高效、集约利用及沙区生态系统的恢复（许端阳，2019）。甘肃省河西走廊地区率先开展了试验性的沙产业生产项目（王岳等，2019），并在该地区的试验点和示范基地获得了成功。内蒙古、新疆和宁夏等地的生态环境恶劣的沙漠化地区也在国家的倡导和政府的扶持下，相继进行了沙产业的有益的实践，建立了沙产业的示范区和示范点，一些地区还建立了种植业、养殖业、加工业和物流业的沙产业产、供、销一体化的经济开发区，通过政策扶持、招商引资等一系列方法，培育了一批规模以上的大型的从事沙产业中多种项目的龙头企业，通过多种方式使沙产业逐步改变了粗放型的经营方式，转变为集约型的发展方式（吴琼，2010）。目前，沙产业在内蒙古、甘肃、陕西、宁夏、新疆等地区落地生根，形成了具有当地特色的产业链体系（吴迪等，2020），探索出了特色经济林业、知识密集型农业、精深加工业、生态旅游业等各具特色的产业化治沙之路，辐射带动了成千上万的农牧民从事沙产业的生产实践工作，培育了一批带动力强、影响力大且高新技术配套的示范区及龙头企业。截至目前，我国从事沙产业的企业已达 7000 余家，贡献的年产值近 2000 亿元（吴琼，2010）。经过 30 多年的发展，沙产业理论已逐渐形成了以防沙治沙、合理利用水资源和可持续发展为重要内容的生态理论，以农业产业化为主的沙产业经济理论，以高效利用沙漠地区资源为主的技术创新理论（陈亮和胡涵锦，2017）为特色的新兴产业理论。沙产业的产、供、销一体化的产业链逐步形成，沙产业已初具规模，进入了全面大规模开发沙产业、研究沙产业先进适用科技、促使沙产业快速发展的新阶段（吴迪等，2020）。沙产业已然成为沙漠地区发展社会经济、改善生态环境的重要措施，为我国沙漠地区实现"经济+生态"的双赢模式积累了宝贵经验，为全球沙漠防治提供了"中国方案"（吴琼，2010）。

2.2.2　甘肃省沙产业及沙区生态产业概况

甘肃省位于黄河上游，地处黄土高原、内蒙古高原和青藏高原的交汇处，有山地、高原、河谷、平川、沙漠、戈壁等多种地貌类型，地势自西南向东北倾斜，地形呈狭长状，东西长 1655km，南北宽 530km，总面积为 $4.258 \times 10^5 km^2$，分为陇南山地、陇中黄土高原、甘南高原、河西走廊、祁连山地和河西走廊及以北地区，其中沙漠、戈壁及沙漠化土地主要分布在河西走廊及河西走廊以北地带，巴丹吉林沙漠、腾格里沙漠、库姆塔格沙漠、戈壁流沙和内陆河形成的沙漠是主要沙源。此外甘肃省庆阳市环县的沙源主要来自毛乌素沙地；甘南玛曲高寒草原沙化草地的沙源主要是就地起沙。据第五次全国荒漠化和沙化监测，甘肃省 11 个市（州）的 38 个县（市、区）的荒漠化土地面积为 $1.9502 \times 10^7 hm^2$，沙化土地面积为 $1.21702 \times 10^7 hm^2$，与第四次监测结果相比，荒漠化土地、沙化土地面积呈减少趋势，程度呈减轻趋势，土地荒漠化扩展的态势得到了遏制。但全省仍有 $1.7755 \times 10^6 hm^2$ 有明显沙化趋势的土地，而且已治理的半固定和固定沙丘（地），林草植被尚处于巩固和恢复阶段，易遭受破坏和退化，沙漠治理任务还很繁重，防沙治沙任重而道远（徐先英，2019）。甘肃沙多土少、光多水少、动植物种类多、森林资源少、生态建设瓶颈短板多、治理资金投入少。土地沙漠化是最严重的生态问题。全省沙化土地总面积为 $1.217 \times 10^7 hm^2$，其中河西走廊 $1.19361 \times 10^7 hm^2$、河东黄河流域 $2.339 \times 10^5 hm^2$，治沙的重点在河西走廊和黄河上游的甘南玛曲县。经过多年的沙产业实践，在河西走廊正在形成以苜蓿等草产业、甘草等中药产业、马铃薯产业、棉花产业以及肉羊、奶牛、瘦肉猪等畜产业为主的沙产业经济带（辛爱民，2014）。

2.2.3　宁夏沙产业及沙区生态产业概况

宁夏地处中国内陆，位于西北地区东部，地处半干旱区向干旱区的过渡带，是中国典型的农牧交错区和生态脆弱区（信忠保，2005；林年丰，2001）。宁夏回族自治区中水土流失面积占75%，土壤沙化面积占24.19%，是我国水土流失和土地沙化严重地区之一。宁夏由于地理位置，土地资源类型和质量差别极其显著。从耕地类型来看，由于降水量因素的影响，旱作农业不稳定，而且近年来降水量不断减少，目前耕地中旱地占比70.5%，根据土地资源调查结果，土壤肥力较高的灌淤土占11.7%，引黄灌区中高产土地面积仅占1/2，土壤肥力较低的灰黄绵土、风沙土、新积土、粗骨土等占78.0%（国土资源部，2009）。宁夏由于地处东部季风区域与西北干旱区域的过渡地带，其自然条件的过渡性、多样性使得其地貌、地质特征也呈现多样性，表现为山岳、河流、森林、草原、戈壁、沙漠、沼泽、湖泊、绿洲等景观复合镶嵌分布的综合性特点。宁夏民勤县是典型的干旱、半干旱过渡带，西部为腾格里沙漠，北部为乌兰布和沙漠，东部被毛乌素沙漠包围，中部和北部以干旱地区风蚀为主。宁夏地区地表形态多样，为经济发展的多样性提供了发展基础。宁夏未利用土地面积大，为沙产业中各种措施的实施提供了配置的空间，同时也为沙产业的模式选择提供了多样性。全区荒漠化面积为$2.974×10^6 hm^2$，占宁夏总面积的57.2%（谢增武，2013）。宁夏是荒漠化和沙化较为严重的地区，建设黄河流域生态保护和高质量发展先行区是习近平总书记赋予宁夏的时代重任，也是提升宁夏发展质量效益的必然选择。目前，宁夏坚决扛起生态保护修复的重大政治责任，坚持顺应自然、尊重规律，守好改善生态环境生命线。坚持防"沙之害"，总结推广宁夏治沙成功经验，持续推进全国防沙治沙示范区建设，实施规模化防沙治沙试点项目，按照"草为主、灌为护、零星植乔木，封为主、造为辅、重点抓修复"的策略，流动、半流动沙地扎设草方格种植灌草，地下水分条件较好的区域乔、灌、草呈疏林状搭配形成绿洲，大力治理流动、半流动沙丘。腾格里沙漠边缘、黄河两岸、道路两侧建绿带、织绿网，"锁边"防止沙漠"南侵"；毛乌素沙地围栏封育巩固治沙成果、人工造林种草促进植被恢复，提升生态功能；中部干旱带荒漠化及风蚀水蚀区禁牧封育、补播改良，开展沙化土地综合治理，减轻水土流失危害、减少输入黄河的泥沙量。坚持用"沙之利"，把握好人进沙退的度，充分利用沙区光热资源丰富的有利条件，发展枸杞、葡萄等绿色产业。拓展沙区自然景观、历史文化，开辟沙区旅游、休闲康养等文旅产业，实现沙漠生态功能的转化增值。发挥"三北防护林体系工程——中国防沙治沙博物馆"全国爱国主义教育示范基地的作用，开展科普宣传和生态文明教育。

2.2.4 新疆沙产业及沙区生态产业概况

新疆是全国沙漠面积占有量最大的省份，沙化面积达$74.67×10^4 km^2$，占全疆面积的44.84%，占中国沙漠面积的60%。在中国沙产业发展的近30多年中，新疆凭借丰富的沙漠资源，积极改良沙生物种，强化对沙产业的政策支持，提高沙区资源利用率,推动沙产业的发展(张红丽和李平衡,2015)。新疆处于我国干旱和极干旱地区,面积较大的沙漠一共有 10 个,其中,塔里木盆地内的塔克拉玛干沙漠和准噶尔盆地内的古尔班通古特沙漠的面积为最大,分别达到 $3.376×10^5 km^2$ 和 $4.88×10^4 km^2$,分别位居我国各大沙漠的第一和第二位,是世界第二大流动性沙漠和我国最大的固定、半固定沙漠。新疆沙质土地(含沙漠和沙漠化土地)总面积 $4.33×10^5 km^2$。其中,流动沙地面积为 $2.849×10^5 km^2$,占沙质土地总面积的 65.80%;半固定沙地面积为 $8.08×10^4 km^2$,占沙质土地总面积的 18.65%。在全疆 88 个县市中,有沙漠或沙漠化土地分布的县市有 68 个,占 77.27%,所以充分利用新疆沙区丰富的土地资源,大面积地发展多采光、少用水、新技术、高效益的阳光农业,具有非常大的发展潜力(土尔逊托合提·买土送和阿依古丽·克力毛拉,2013)。新疆光能资源丰富,比同纬度的其他地区日照时间长、≥10℃积温多、气温日较差大、无霜期长,这样的气候特点对农作物的生长十分有利。在沙漠、戈壁冬季降雪少,少阴天,当年 10 月至次年 2 月阳光充足,适合发展设施农业。因此,在新疆发展太阳能、特色林果业、绿色农业、有机食品条件得天独厚,只要科学用水、合理施肥,就能获得高产(土尔逊托合提·买土送和阿依古丽·克力毛拉,2013)。作为我国西部战略屏障和对外开放的重要门户,新疆是我国重要的能源资源战略基地、特色农业基地和维护祖国稳定的前沿阵地,在我国社会经济发展和国家安全大局中具有特殊重要的战略地位。发展沙产业对于维护和建设和谐新疆,确保社会、经济可持续发展意义重大,研究新疆沙产业发展区域差异性,分析沙产业发展与环境、经济之间的关系,对加深全社会及相关部门对沙产业的认识具有一定的促进作用,也能够在一定程度上促进沙产业本身的良性发展,同时提出针对性的对策建议,以期通过合理的沙产业开发来促进生态建设和地区经济的可持续发展(周义才等,2015)。

近年来,新疆各地充分利用广大沙区丰富的光、热、水、土资源,突出以促进农牧民增收为重点,防沙、治沙生态建设与沙产业有机结合,已初步形成了以特色林果业、维吾尔药材、沙漠旅游、设施农业、新能源开发等为重点的沙区特色产业,并带动了其他相关产业的发展。沙产业发展为沙区农牧民增收,加快区域经济发展发挥了积极作用(土尔逊托合提·买土送和阿依古丽·克力毛拉,2013)。

沙产业的发展虽然增加了沙区农民的收入,对新疆区域经济发挥了积极作用,但还存在一些问题制约着新疆沙产业的发展。一是不全面的发展体系,导致对沙区的胡乱开采,无序开发现象的发生对动植物资源产生破坏;二是生产技术相对落后,以至市场竞争抗击风险的能力较弱;三是政府扶持不到位,出现开放沙产区的经济能力受限和开发力度受限,不能发展成为龙头产业;四是缺少统一的规划,缺乏科学的管理引导,资源的无序开发必将会阻碍沙产业的发展方向,一个产业的发展科学的管理理念不可或缺（高新生，2017）；五是初级产品多，深加工产品少，以原材料和初级产品为主导的格局未改变，优势产品集中在传统产业，并且资源浪费多；六是缺乏经济效益和生态效益，传统沙漠化治理无法调动各方面积极性，无法产生合适的经济效益，同时传统沙漠治理生态效益不高。在实际的沙漠化治理过程中，沙漠化治理和沙产业发展之间的联系并不紧密，各级基层政府并没有将沙产业发展理念与沙漠化治理相结合，传统的沙漠化治理方式无法产生合适的经济效益，其生态效益也较低，无法吸引农户、企业及外来资金等主体的积极性。因此，新疆沙产业发展与沙漠化治理协同发展的关键在于产生持续的经济效益，调动各个参与主体的积极性，吸引外来资金进入，实现沙产业的规模化发展（彭保华和刘维忠，2016）。

2.2.5　陕西省沙产业及沙区生态产业概况

陕西省地处祖国内陆腹地，地跨长江、黄河两大流域，是连接中国东南与西北的重要纽带。全省总面积 $2.056×10^5 km^2$，林地面积多于 $1.2×10^7 hm^2$，森林面积多于 $7.6×10^6 hm^2$，森林覆盖率 37.26%，辖 11 个市（区）107 个县（市、区），总人口为 $3.705×10^7$ 人，由南向北纵跨北亚热带、暖温带、中温带三个气候带，分属秦巴山区、关中平原区、黄土高原区、长城沿线风沙区四个地貌类型区，是我国土地荒漠化和沙化危害较为严重的省份之一，是阻挡中国西北风沙东越、南侵的最后一道防线，是建设"绿色陕西、生态陕西"的重点和难点，也是中国重要的能源重化工基地和矿产资源开发区。陕西省荒漠化和沙化土地集中分布在延安以北的榆林地区和北部长城沿线附近，关中平原东部黄河、渭河、洛河三河交汇地带有少量的冲积沙地分布。全省沙化土地涉及榆林市的定边县、靖边县、横山区、榆阳区、神木市、府谷县、佳县、米脂县，延安市的吴起县，渭南市的大荔县共 10 个县（市、区）162 个乡（镇），沙化土地面积为 $1.434×10^6 hm^2$，占全省土地总面积的 6.9%；全省荒漠化土地涉及榆林市的定边县、靖边县、横山区、榆阳区、神木市、府谷县、佳县、绥德县、米脂县、清涧县、子洲县及延安市的吴起县共 12 个县（市、区）170 个乡（镇），荒漠化土地面积为 $2.988×10^6 hm^2$，占全省土地总面积的 14.5%（据第三次全国荒漠化和沙化监测数据）。其中榆林市的荒漠化、沙化土地面积分别占全省土地总面积的 99%以上（辛娟，2010）。

陕西省是全国土地沙化重点省份，是阻挡西北风沙东越、南侵，维护京津生态安全的重要防线和屏障。在防沙治沙方面，陕西省一直站在潮头、走在前列。特别是进入 21 世纪以来，全省 $5.73×10^5 hm^2$ 流动沙地得到固定或半固定，沙区森林覆盖率达到 34.8%，成为全国第一个完全"拴牢"流动沙地的省份，实现了由"沙进人退"到"人进沙固"的历史性巨变。特别是在多年探索实践中形成的

"榆林治沙模式""榆林治沙精神",为陕西省增加了"生态自信"。陕西省的做法是:一是坚持增绿是治黄之本,持续实施退耕还林还草、三北防护林工程、京津风沙源治理工程等重大生态空间治理工程,实现年均治理沙化土地 $6×10^4 hm^2$ 以上。二是围绕提质增效,认真组织实施沿黄防护林提质增效和高质量发展工程,加大退化林分修复,加强抚育经营,提高沙区植被质量,提升防风固沙功能。三是严守生态安全底线,严格执行新修订的《陕西省封山禁牧条例》,加强沙化土地封禁保护区管理,落实森林草原防火和有害生物防治责任,筑牢沙区生态安全屏障。四是践行绿色发展理念,大力发展沙区新型特色产业,加快建立健全以产业生态化和生态产业化为主体的沙区生态经济体系。五是传承弘扬"榆林治沙精神",不断丰富"榆林治沙模式",加快构建可持续自然演替的沙区生态系统(漆喜林和王俊波,2008)。但实现陕西省沙区生态空间高质量发展、高颜值维护还需要坚持不懈、久久为功。

2.2.6 青海省沙产业及沙区生态产业概况

据相关资料统计,青海柴达木盆地沙化面积已达 $1.21299×10^7 hm^2$,占青海省沙漠化总面积的 96.9%,特别是近年来其沙漠化面积仍以每年 2.2%,即 $1273 hm^2$ 的速度增长,且还有加速扩大的趋势,严重制约着柴达木盆地经济与社会的可持续发展。随着西部大开发的进行,柴达木盆地人口的增加,建设与发展、人口与耕地以及资源开发与环境保护之间矛盾的出现,而且这些矛盾还将随着时间的推移越来越突出,越来越集中,已严重影响到柴达木盆地乃至青海省经济的可持续发展和当地人民群众生产、生活(张凤臣和杨晓阳,2007)。以发展经济学的观点分析,柴达木盆地并不是"死亡之海",而是蕴藏着丰富资源的大宝库,具有非常好的开发利用前景。柴达木盆地荒漠中的灌木、半灌木和草本植物是经过自然选择遗留下的优良品种,许多还是特有种和稀有种,例如甘草、麻黄、沙棘、白刺、枸杞、锁阳等;加上沙区交通不便,工业化程度较低,环境污染轻,具有发展无污染替代农业的优越条件;另外沙区光、热等自然资源丰富,具有发展畜牧养殖、蔬菜、药材及其他保健品的优越条件,是满足未来食品市场多样性、替代性变化的主要途径。因此,在柴达木盆地发展沙产业具有很大的潜力(朱德兰和王得祥,2001),具有重要的生态、经济、社会价值。为此,研究沙漠,发展沙产业,对该地区的荒漠化进行治理并实施沙产业的战略规划,对改善沙区经济状况和提高沙区人民生活水平具有极其重要的意义。

青海地处青藏高原腹地,丰富独特的生态系统具有不可替代性。"十三五"以来,青海牢牢把握"三个最大"省情定位,坚持山水林田湖草沙系统治理。按照"坚持生态保护优先、推动高质量发展、创造高品质生活"的战略部署和国家公园示范省建设战略布局，全面优化"五大生态板块"系统保护修复新举措，完善"一屏两带"生态安全格局，累计完成国土绿化面积多于 $1\times10^6hm^2$，治理沙化土地多于 $46.67\times10^4hm^2$。大力推动绿色屏障、绿色廊道和防风固沙体系建设，人居环境得到进一步改善，生态系统服务功能不断增强，大美青海的绿色颜值持续提升，生态安全屏障更加牢固。

2.2.7 辽宁省沙产业及沙区生态产业概况

辽宁现有的沙漠化土地面积已经达到 $87.53\times10^4hm^2$，占全省土地总面积的 6%。全省 14 个地级市中有 9 个遭受不同程度的沙漠化侵袭。受沙化、荒漠化形成原因及地方经济、土壤、气候、降水等因素的影响，辽宁省现在各地区沙产业发展差异较大，主要表现为：省域内科尔沁沙区和荒漠化区属于生态经济型沙产业，其中部分地区还处于生态型沙产业阶段，例如彰武县的阿尔乡地区；沿河沙地沙产业处于生态经济型沙产业和知识密集型沙产业两者之间；而沿海沙地产业区已初步形成了知识密集型沙产业。所以，辽宁省沙产业可分为 4 个小区：科尔沁沙地产业区；荒漠化产业区；沿河沙地产业区；沿海沙地产业区。知识密集型沙产业将成为辽宁省沙产业发展的目标。随着经济技术的快速发展，沙产业前景非常广阔，辽宁省沙产业将步入科学有序的发展道路，由生态经济型向知识密集型转变。以多采光、少用水、新技术、高效益为代表的节水灌溉、日光温室栽培和绿色产品加工的沙产业开发将成为辽宁省今后沙产业发展的重点。与此同时，在沙区进一步发展林果资源、开展多种经营及加工利用，最终形成以经济果业、林型乡镇企业、木材生产加工、多种经营等 4 大支柱产业为主体的产业体系。以工业园区、产业集群、专业市场、重大项目建设为推动力，不断完善和发展沙区生态经济圈成为必然。一是利用沙区辐射强、热量高、干燥、昼夜温差大、病虫害少等特殊生态条件，生产出高品质、高价位的甜瓜、番茄、苹果梨等瓜果蔬菜和花生、玉米、黑芝麻等粮食作物。二是建设有机食品生产基地，使农业和农民成为有机食品加工业的第一车间和产业工人，逐步构建出有特色的沙产业高科技示范区、工业园区。三是培育的林、农副产品加工龙头企业，将为辽宁省沙区发展特色、绿色食品产业，建设绿色食品、饮品基地示范引路。四是发展中草药和生物制药基地。在继续扩大中草药种植的同时，通过现代生物制药技术，增加产品的附加值，创造巨大的经济效益，使中草药和生物制药成为沙区产业的重要组成。五是加速建设奶牛养殖基地、肉羊养殖基地和饲草料基地，使乳肉业和草业成为辽宁省沙区强县富民的支柱产业之一。六是通过沙区农、林、牧、渔相结合的产业集群建设，形成有辽宁省特色的、有竞争力的专业市场，进而带动沙区经济的快速发展（孙海红等，2009）。

2.2.8　吉林省沙产业及沙区生态产业概况

吉林省西部沙地属于我国温带亚湿润沙地的东部，包括松嫩沙地的南部和科尔沁沙地的东部。东南分别与吉林省的长春市、四平市相邻，西与内蒙古接壤，北以嫩江为界与黑龙江省毗邻。吉林省西部沙地位于中国温带半湿润与半干旱的过渡地带，是生态环境变化的敏感地区。多年来人类不合理的经济活动加剧了沙漠化的进程，对沙区资源的开发及经济的持续发展构成了威胁。吉林西部沙化土地总面积为 $6.876×10^5 hm^2$，占全区土地总面积的 14.7%，是受沙漠化影响严重的地区。沙化土地按发育程度划分成三种类型：①潜在的沙化土地，面积 $3.444×10^4 hm^2$，有进一步沙漠化的发育条件。②正在发展的沙化土地，面积 $3.287×10^5 hm^2$，沙化已经发生而且还在扩展中。③强烈发展的沙化土地，面积 $1.45×10^4 hm^2$，风沙活动剧烈，土地可利用的条件基本丧失。吉林省是全国防沙治沙的重点省份之一（周瀛，2005）。多年来，吉林省在防沙治沙工作中始终贯彻落实生态效益、经济效益和社会效益相结合的原则，培育沙区增绿与经济发展双赢的增长点，实现沙地综合效益的最大化。通过沙区产业经济的发展，最终实现沙地绿起来、沙产业活起来、沙区群众富起来的目标。多年来，吉林省政府高度重视沙产业的发展，通过与防沙治沙重点工程建设相结合，依托工程建设积累的资源优势，初步形成了以特色林果种植业、绿色养殖业为主的第一产业，以果品和油料深加工为主的第二产业和以休闲旅游为主的第三产业互相融合，形成了产业互动、产业互促的格局。在西部 14 个县重点推广了林药、林禽、林粮、林油等几种产业模式，沙区农牧民因地制宜，不断创新沙产业，利用已郁闭和未郁闭的林下和林缘空地大力发展林下经济，涌现了一批林药种植、林粮种植、林下养殖等新型的沙产业模式，加快了沙区产业经济的增长。林下经济作为循环经济，可使防沙治沙与特色林业产业开发、农民增收、地方经济发展有机结合，为农民就业提供一条重要渠道。但目前这些沙产业模式还比较单一，分散经营，没有形成规模化生产（官甲义等，2014）。

2.2.9　内蒙古沙产业及沙区生态产业概况

内蒙古是全国荒漠化和沙化土地最为集中、危害最为严重的省份之一，2014 年全国第五次荒漠化土地和沙化土地监测结果显示，全区荒漠化土地面积为 $6.092×10^5 km^2$，占全区总面积的 51.50%，沙化土地总面积为 $4.079×10^5 km^2$，占全区总面积的 34.48%。从行政区域看，荒漠化和沙化土地分布于全区 12 个盟市、2 个计划单列市，荒漠化土地分布在 81 个旗（县），沙化土地分布在 91 个旗（县）。内蒙古是全国荒漠化和沙化土地最为集中、危害最为严重的省份之一。内蒙古境内自西向东分布着巴丹吉林、腾格里、乌兰布和、库布齐四大沙漠。降水量减少是内蒙古沙漠化的一个重要因素，内蒙古每人每天供水量不及全国的 1/2，$8.67×10^7hm^2$ 的草原可灌溉面积只有 $2.13×10^5hm^2$，全区荒漠化、沙化土地面积分别为 $6.09×10^7hm^2$ 和 $4.09×10^7hm^2$，占全国荒漠化、沙化土地面积的 23.3% 和 23.7%（李富荣和塔娜，2010）。内蒙古沙区分布面积大，受沙漠化危害严重。多年以来，内蒙古沙区生态治理成果显著，沙产业的发展开拓出了一条治理与开发结合、治沙与治贫兼顾、生态环境和社会经济相协调的可持续发展之路。同时，人们不合理开发利用土地资源，过度放牧和滥垦、滥伐、滥捕、滥挖，保护、建设资金投入不足，也是生态环境恶化的重要因素。一方面，生态环境问题已经成为影响当地百姓生存和制约区域经济社会发展的重要瓶颈。全区 90% 的旗县集中在沙区，60% 的农田和 50% 以上的草牧场不同程度地风蚀沙化。生态恶化与贫困互为因果，恶性循环。自然灾害的发生，严重影响着沙区人民的生产、生活，制约着经济和社会的健康、稳定发展。另一方面，内蒙古的生态环境直接影响着东北、华北、西北乃至全国的生态安全。由于植被退化、物种减少、沙漠化加剧，内蒙古中西部成为沙尘暴的主发地，三大京津风沙源都在内蒙古。沙尘暴危害波及"三北"地区和京津周边地区，甚至危及长江流域。内蒙古的北方生态屏障地位，使生态环境保护与建设成为重大的政治任务（张旭光等，2020）。

长期以来，内蒙古自治区党委和人民政府始终高度重视防沙治沙工作，依托国家生态重点工程，全民尽责，全社会参与，防沙、治沙事业取得了巨大成就。特别是西部大开发战略实施以来，按照预防为主、科学治理、合理利用的方针，进一步加大了保护和治理力度，防沙、治沙和管沙、用沙相结合，沙区生态环境不断改善，惠民作用明显增强。根据 2014 年全国第五次荒漠化和沙化土地监测，与 2009 年第四次监测相比，全区荒漠化土地面积由 $6.134×10^5km^2$ 减少到 $6.092×10^5km^2$，净减少 $4169km^2$，年均减少 $834km^2$；沙化土地由 $4.113×10^5km^2$ 减少到 $4.079×10^5km^2$，净减少 $3432km^2$，年均减少 $686km^2$。内蒙古自治区荒漠化土地和沙化土地面积自 2004 年开始减少以来，已经连续 15 年保持了"双减少"。土地荒漠化和沙化程度呈现出由极重度向轻度逐程度级转变的良好趋势。沙化土地植被覆盖度大幅度提高，低植被盖度级土地面积减少，高植被盖度级土地面积增加。

内蒙古各地尊重自然规律和经济规律，统筹沙区生态改善与经济发展，充分利用沙区日照长、温差大等有利条件，积极发展知识密集型的现代化林沙产业，向沙地要产出、要效益，实现了林沙产业的可持续发展。全区林沙产业已基本形成以特色经济林、种苗花卉、野生动物繁育、林下经济、中蒙药材、木材和人造板加工、生物质能源、灌木饲料、林业生态旅游等产业为主，以龙头企业为引领，以"企业+合作社+基地+农户"为利益联结机制的发展格局，有力地推动了内蒙古防沙治沙工作。2017 年，《联合国防治荒漠化公约》第十三次缔约方大会和第六届库布齐国际沙漠论坛在内蒙古自治区成功举办，内蒙古自治区的荒漠化防治工作代表国家接受了世界的检阅,得到了国际人士的充分肯定和广泛赞誉。

根据钱学森的观点,沙产业是在不毛之地的戈壁沙漠上搞大农业生产,强调"绿化—转化—产业化",在生态保护与建设的前提下,向沙漠要效益。我国沙漠化防治专家刘恕认为,沙产业有四条标准,一要看太阳能的转化效益,二要看知识密集程度,三要看是否与市场接轨,四要看是否保护环境、坚持可持续发展。内蒙古的沙产业必须是"沙漠增绿、农牧民增收、企业增效",通过善待自然,造福人类,构建新的生态平衡系统。所以严格讲,单纯的植树造林不是沙产业,沙漠旅游不是沙产业,拉沙子去建筑工地换钱更不是沙产业(李富荣和塔娜,2010)。

内蒙古所处的自然环境最适合种植牧草,与内蒙古处在相同纬度的国家和地区的草业都比较发达。内蒙古沙产业以草产业为主,有效利用了沙区内经过长期自然选择而保存下来的极具生命力的珍稀灌木和草本植物资源,重点开发了沙棘、沙柳、甘草、肉苁蓉等草产业及其延伸产业。科技人员在鄂尔多斯高原中部号称"地球癌症"的砒砂岩区种植沙棘成功,使沙棘产业日益兴旺。另外,内蒙古境内的沙漠几乎都是没有人类开垦痕迹的"净土",在这些区域种植一些极端环境下的药用植物资源,如肉苁蓉、甘草、麻黄等,非常符合国际市场无污染的绿色潮流。阿拉善盟和巴彦淖尔市在梭梭木上接种肉苁蓉成功,使国内肉苁蓉产业的发展方兴未艾(李富贵和塔娜,2010)。

2.3 沙区生态产业理论体系框架

2.3.1 生态产业的概念与内涵

生态产业是按照生态经济学原理,以生态学理论为指导,基于生态系统承载能力,在社会生产消费活动中,应用生态工程学的方法,模拟自然生态系统,具有完整的生命周期、高效的代谢过程及和谐的生态功能的网络型、进化型、复合型产业(王如松等,2006)。它是从产业生产组织的角度出发,进行生产流程的生态化改造,引入环境友好型新技术,通过各类资源循环利用,在实现产出增加的同时保持良好的生态环境效益,实现绿色产业、绿色经济(王莹莹等,2020)。生态产业突出了整体预防、生态效率、全生命周期、资源能源多层分级利用、可持续发展战略等重要概念。产业生态系统不是与其周围环境系统隔离孤立,而与自然环境与社会环境相互联系的系统。生态产业以一种系统、综合、整体的观点看待产业经济与生物圈之间的关系。它不仅解决环境污染问题,还同时关注技术、经济过程和商业内部关系、金融、政府制度和决策等社会经济系统范畴的各类问题(陈有真和段龙龙,2014)。社会–经济–自然复合生态系统(马世骏和王如松,1984)是人与自然和谐共生的一种形态,由自然、经济和社会三个子系统组成。自然生态子系统是水、土、气、生、矿及其间的相互关系构成的人类赖以生存、繁衍的生存环境；经济生态子系统，是指人类主动地为自身生存和发展组织有目的的生产、流通、消费、还原和调控活动；社会生态子系统是由人的观念、体制及文化构成。这三个子系统是相生相克、相辅相成的（蒋高明，2018）。人类社会是以人的行为为主导、自然环境为依托、资源流动为命脉、社会文化为经络的社会–经济–自然复合生态系统，人的生存环境（水、土、气、生、矿）是人类赖以生存、繁衍的自然生态子系统。第二个子系统是以人类的物质、能量代谢活动为主体的经济生态子系统。人类能主动地为自身生存和发展组织有目的的生产、流通、消费、还原和调控活动。人们将自然界的物质和能量变成人们所需的产品，满足眼前和长远的发展需要，就形成了生产系统；生产规模大了，就会出现交换和流通，包括金融流通，商贸物质流通及信息和人员流通，形成流通系统；接下来是消费系统，包括物质的消费，精神的享受，以及固定资产的耗费；再就是还原系统，城市和人类社会的物质总是不断地从有用的东西变成"没用"的东西，再还原到自然生态系统中进入生态循环；最后是调控系统，调控有几种途径，包括政府的行政调控、市场的经济调控、自然调节及人的行为调控（王如松和欧阳志云，2012）。复合生态系统理论的核心是生态整合，通过结构整合与功能整合，协调三个子系统及其内部组分之间的关系，使三个子系统的耦合关系和谐有序，实现人类社会、经济与自然之间复合生态关系的可持续发展（蒋高明，2018）。它涵盖了从原料到产品、副产品、废物，直到最终归宿的物质循环全过程，通过产业系统内各环节之间的系统耦合及实施循环经济的减量化、再利用、资源化三大原则（3R原则），使物质、能量多级利用、高效产出，资源、环境达到系统开发、持续利用，企业发展的多样性与优势度、开放度与自主度、力度与柔度、速度与稳度达到有机的结合（王如松和杨建新，2000），将传统产业的"资源–产品–废物排放"或控制污染产业的"资源–产品–废物排放–末端治理"单向流动的线性经济模式，改变为"资源–产品–再生资源与回用"的反馈式流动的经济模式，将污染负效益变为经济正效益和生态正效益，实现经济效益、社会效益和生态效益的统一，其最终目标是促进一种环境合理、经济合算、行为合拍、系统和谐的协调发展。产业生态学主张模仿自然生态系统中物质和能量的循环方式建立社会、经济和环境协调统一与共同发展，提高资源利用效率，减少对环境的污染，实现经济、社会和生态效益的协调统一发展（李井锋，2011）。生态产业是解决经济发展与环境保护之间的固有矛盾、突破资源能源瓶颈，建设资源节约型、环境友好型社会，实现社会经济全面协调可持续发展的必由之路。

2.3.2 沙区生态产业的概念与内涵

在汇总沙产业及生态产业相关理论的基础上，初步提出了沙区生态产业的概念及内涵。将沙区生态产业定义为基于沙区生态系统承载能力,按照循环经济规律组织起来的具有和谐生态功能与高效经济过程、充分运用传统及现代科学技术成果的集约型、网络型、进化型、复合型产业。

沙区生态产业的内涵是立足于沙区生态系统服务、特色资源、环境特点和经济区位,基于可持续发展、沙产业、产业生态学和生态经济学等理论,严守沙区生态保护红线、符合沙区资源承载力和环境容量所建立起来的资源、能源高效利用、废弃物最小化产出的融合型、持续型生态产业体系,包括沙区生态农业、沙区生态工业、沙区生态服务业、沙区生态修复业等类型及各类产业之间的融合,其目标是追求生态效益、环境效益、经济效益和社会效益的统一,是一种可持续发展的产业。

2.3.3 沙区生态产业的理论框架构建

通过分析沙区资源禀赋及相关发展条件,在前人对生态产业定义的基础上,构建了一套客观、科学、合理的沙区生态产业理论体系框架(图 2-1)。该框架由理论基础、发展前提、组合设计原则、沙区生态产业体系、调控体系及发展目标 6 个层次的内容构建而成。沙区生态产业的理论基础主要由可持续发展理论、沙产业理论、产业生态学理论和生态经济学理论四大理论组成,全面且合理地涵盖了沙产业、产业生态、生态经济及可持续发展的内容。沙区生态产业发展是以沙区生态红线、沙区资源承载力及沙区环境容量为前提的,由沙区生态农业、沙区生态工业、沙区生态服务业和沙区生态修复业,通过纵向闭合、横向耦合、区域融合组合设计而成。纵向闭合是指产业链模仿自然生态系统的物质循环模式,通过生产者—消费者—分解者的完整产业链构建,以物质流、能量流为联系纽带,形成一条主要的闭合回路,尽可能利用生产过程中产生的副产品和废弃物,提高物质循环利用效率;横向耦合是指在产业链纵向闭合的基础上,增加产业链中各生产和消费环节副产品、废弃物的利用途径,模仿自然生态系统食物链相互连接成食物网的机理,合纵连横,进一步增强产业链的多样性、稳定性和资源利用效率;区域融合则是多个独立行政区的经济体,通过资源整合与优势互补,打破行政区划壁垒,实施跨空间经济合作,在经济欠发达地区共建产业园区并对其开发经营的合作模式。在沙区生态产业发展的同时,应配备合理的调控体系,通过一系列制度设计,主要包括绿色科学技术、法律、行政、经济及生态文明教育,构建能够激励企业积极主动发展生态产业的体制,该体系极为重要,是控制产业整体生态与经济并行发展,推动企业形成自发保护环境的良好氛围的关键一步。通过上述合理设计、精细调控拟使得沙区生态产业的发展达到社会效益、经济效益、生态效益、环境效益的共赢。

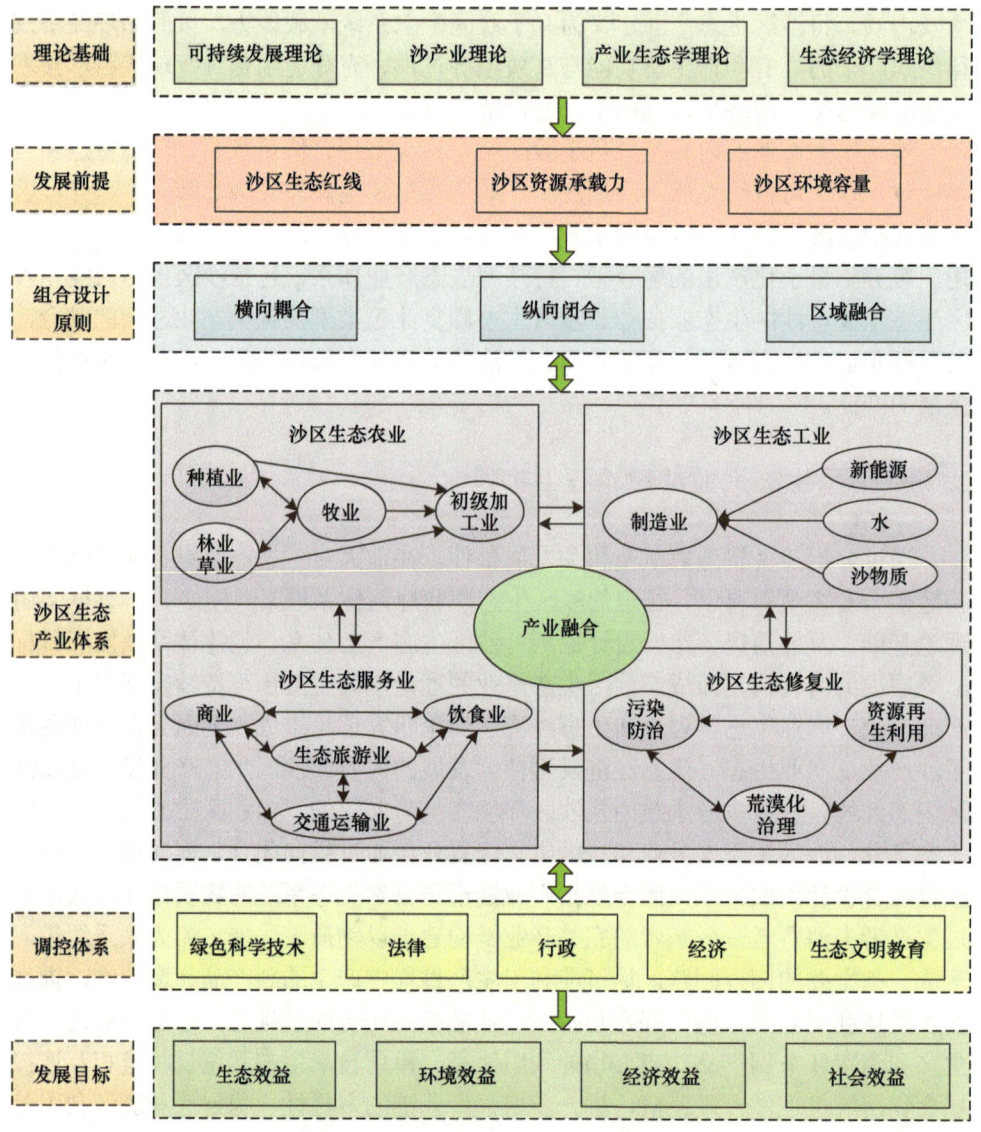

图 2-1　沙区生态产业理论体系框架

2.3.4　沙区生态产业评价指标体系

从生态、环境、经济和社会 4 个维度提出了沙区生态产业的评价指标体系（表 2-1），通过对现有的沙产业进行评价，能够界定出其中属于沙区生态产业的产业类型。

表 2-1 沙区生态产业评价指标体系

目标层	准则层	指标层	指标分解层
生态维度	生态效益	水源涵养功能	水资源压力指数
		防风固沙功能	防风固沙量
		文化功能	生态旅游人数
		净初级生产	净初级生产力
	生态影响	生态足迹	
环境维度	产业代谢效率	单元代谢效率	单元生产效率
			单元重用效率
			单元损失率
		系统代谢效率	系统生产效率
			系统重用效率
			系统损失率
			源效率
	环境影响	资源耗竭影响	非生物资源耗竭潜值
			一次能源消耗
			淡水消耗量
		生态系统健康影响	温室效应潜值
			酸化潜值
			富营养化潜值
			光化学臭氧形成潜值
			臭氧层损耗潜值
			陆地生态毒性潜值
			淡水生态毒性潜值
		人类健康影响	人体毒性潜值
经济维度	经济成本	经济成本	产品销售成本
			产品税金及附加
			产品销售费用
			管理费用（其中的研发费用）
			财务费用
	经济收益	经济收益	增加值增值率
			全员劳动生产率
			总资产贡献率
			销售利润率
			净利润率
			资本收益率
			资产负债率
社会维度	人类福祉	客观福祉	物质生活质量指数
		主观福祉	生活满意度

1. 生态维度

水资源压力指数：用水总量与可利用水资源量的比值。反映人类对水资源压力大小的指标，或衡量一个国家、地区水资源稀缺程度的指标。

净初级生产力：在单位时间和空间内，去掉呼吸所消耗的有机物质之后，生产者积累有机物质的量。

2. 环境维度

1）产业代谢效率

单元生产效率：单元的物质输出与单元的物质输入之比，用于评价单元内产品产量水平。

单元重用效率：副产物中的可用物质和重复使用废料中的可用物质与同一单元物质输入的比例，用于评价单元内物质可重复使用水平。

单元损失率：转化为不可利用的物质与同一单元的物质投入的比例，用于衡量单元内基于质量守恒定律的物质损耗水平。

系统生产效率：最终产品占系统总物质投入的比例，用于评价整个系统的产品产量水平。

系统重用效率：生产过程中所有副产物和可重复使用的废料占系统总物质输入的比例，用于评价整个系统的物质可重复使用水平。

系统损失率：指整个系统中转化为不可利用的物质占总物质投入的比例，用于衡量系统中基于质量守恒定律的物质损耗水平。

源效率：转化为最终产品和可利用副产物的物质占系统总物质输入的比例，用于评价输入物质的使用水平。

2）环境影响

非生物资源耗竭潜值：用第 i 种资源净消耗量与资源储备量的比值来表示。

一次能源消耗：指那些未经过任何转化的能源形式的消耗，最常见的包括煤、石油、天然气等。

温室效应潜值：对导致温室效应的物质，以对全球变暖的潜在影响来表示，GWP 以 CO_2 为参考标准，通过单位质量的物质 CO_2 吸收红外辐射比较，把其他气体的排放转化为具有相同效果物质 CO_2 的排放。

酸化潜值：度量酸化程度大小的指标，以引起环境酸化的物质折合成 SO_2 作用时的权重系数表示。

富营养化潜值：评价中一般以 NH_4^+、PO_4^{2-} 离子含量作为富营养化的计算参数。

光化学臭氧形成潜值：城市光化学烟雾主要由臭氧造成，采用乙烯来表述光化学臭氧的合成潜力。

臭氧层损耗潜值：对臭氧层有破坏作用的物质，其作用大小由臭氧层潜势来表示，是以 CFC-11 作为参考的一个相对值。

生态毒性潜值：用来描述危险废物所具有的危险特征的主要指标之一。

人体毒性潜值：用来描述环境污染对人体所具有的危险特征的主要指标之一。

3. 经济维度

全员劳动生产率：指反映一个地区所有从业者在一定时期内创造的劳动成果与其相适应的劳动消耗量的比值，衡量劳动力要素的投入产出效率。

总资产贡献率：反映企业全部资产的获利能力，是利润总额、税金总额与利息支出的和与平均资产总额的比值，是评价和考核企业盈利能力的核心指标。

销售利润率：企业的利润总额与销售收入之间的比率。

净利润率：企业经营过程中所获得的净利润在销售净额中所占的比例。

资本收益率：企业净利润（即税后利润）与所有者权益（即资产总额减负债总额后的净资产）的比率。

资产负债率：期末负债总额除以资产总额的百分比，也就是负债总额与资产总额的比例关系。

4. 社会维度

物质生活质量指数：一个测量物质福利水平的综合指标，由死亡率、预期寿命和识字率 3 个指标组成。

生活满意度：个体基于自身设定的标准对生活质量做出的主观评价，是衡量某一社会人们生活的重要参数。

第 3 章
实验点沙区生态产业概况

3.1 乌兰布和沙漠的生态产业

乌兰布和沙漠地处中国西部荒漠地带东缘，地理坐标为 106°09′～106°57′E，39°16′～40°57′N，海拔 1028～1054m，地势由南向北倾斜。行政区属于磴口县、杭锦旗、阿拉善左旗、临河市、乌拉特后旗、鄂托克旗 6 个旗（县、市）的结合部，是中国八大绿色沙漠之一，蒙古语的"乌兰布和"意指"红色的公牛"，历史上曾有过"人民炽盛、牛马布野""将军塞外游，杏花撒满头"的一片绿荫冉冉的富庶的大草原。乌兰布和沙漠北以库木河套草原绿洲沿线为主边界，南至贺兰山，西部以阿拉善盟阿左旗吉兰泰河地图线和库木高速公路沿线为主边界，一直向东延伸至西北部的狼山，东至黄河，南北最长 170km，东西最宽 110km，总面积 $129.8×10^4 hm^2$。地貌气候类型主要地区包括高原沙漠、山地、戈壁、丘陵、盆地等，属于中亚温带或半干旱气候，干旱少雨，昼夜相对温差大，季风强劲。该区域海拔呈现中间低、边缘高的特点，内部地势平坦。地貌形态以流动沙丘、半流动沙丘、半固定沙丘、固定沙丘为主，其中沙漠南部多流沙，中部多垄岗形沙丘，北部多固定和半固定沙丘。沙漠东北部为古代黄河沙漠冲击后的平原，是古代乌兰布和沙漠气候条件最优越的一个地方。

3.1.1 乌兰布和沙漠的生态农业

1. 种植业

乌兰布和沙漠共有种子植物 50 科 161 属 318 种，其中裸子植物 1 科 1 属 1 种，单子叶植物 7 科 32 属 57 种，双子叶植物 42 科 138 属 260 种。乌兰布和沙漠沙区现已查明的种子植物包括苁蓉、锁阳、甘草、苦豆子等在内的药用价值极高的中草药材，木本油料，食用菌，葡萄等干鲜果类以及梭梭等植物种子。其中国家级濒危保护植物有蒙古扁桃等 6 种植物，自治区级重点保护的植物有木蓼等 5 种植物。

甘草为豆科多年生草本植物，生长在荒漠、半荒漠的草原上，是抗碱性很强的植物，当它的根部形成木质化后，其性耐旱、耐涝、耐寒、喜光，适应凉爽干燥的气候。乌兰布和沙区日照时间长，光合作用强，没有环境污染，这使得植物有效成分积累多，生物活性成分一般较其他地区同类植物高，因此所产的中药材质地优良，品质优良，是发展中药材种植的理想之地。现在乌兰布和沙漠的中草药种植与深加工已形成了一条完整的产业链，通过固沙中草药植物甘草，得到甘草原草等初级产品进而加工得到口服液、复方甘草片等制剂产品，同时，可产出高蛋白保健精饲料等副产品。甘草的种植既能产生经济效益，又可以起到防风固沙、增肥土壤的作用，成为乌兰布和沙漠沙区农业综合开发环节中的重要举措。

在肉苁蓉梭梭种植实验方面，2004年，磴口县在利用梭梭种子根部进行接种梭梭肉苁蓉种植实验成功，2005年，磴口县肉苁蓉种植实验获得成功。肉苁蓉，又名玉兰大蓉，是一种大型沙质附生兰或寄生兰植物，也是一种名贵的中药材，被称为"沙漠人参"。目前，已开发出了苁蓉酒产品，内蒙古某公司开发的"苁蓉茶"是首个食用苁蓉产品。

目前，磴口县梭梭、红柳育苗接种术和肉苁蓉育苗技术从实验应用转向推广应用。在此之前，已在新疆个别重点地区以及内蒙古阿拉善盟、乌兰布和市南沙区等地区大面积进行人种肉苁蓉单株人工疫苗接种实验培育，并且已开始由目前实验培育阶段逐渐转向技术推广应用阶段。乌兰布和沙漠方向延伸至巴彦淖尔市磴口县境内耕地总面积已高达 283333hm^2，占全市市县境内土地利用总面积的 68.3%，极具适合发展特色沙、草产业的特殊区域区位优势。仅2019年，磴口县就有12个企业开发了乌兰布和沙漠的肉苁蓉行业。目前，全县已有19家肉苁蓉开发企业。肉苁蓉每亩产量为100～150kg，梭梭种植的肉苁蓉亩收入可达6000多元，是优质耕地的3倍以上。一次可以种植，一次可以收获超过15年。公司推出苁蓉系列，年产值超过 200 万元。

在葡萄栽培行业方面，由于乌兰布和沙漠位于 39°N，是世界公认酿酒黄金纬度带，具有独特的农牧产业自然地理条件，具有"绿色、有机、特色和品牌"的特点，气候独特，沙漠土壤净、无污染，绿色不受污染，葡萄无病虫害，糖酸适中，容易酿制高品质葡萄酒。葡萄行业始终坚持"多采光、少用水、新技术、高效益"沙产业理论，达到节省资源、改善环境、减少污染等目的，既改善生态环境日益恶化，又实现产业治沙目标，促进地区经济结构调整，拓宽农牧民增收通道，促进乌兰布和沙漠的生态环境改善。对可持续发展发挥着重要作用。继续推进乌兰布和沙漠葡萄种植产业长廊建设，打造生态有机、品质上乘的乌兰布和沙漠葡萄酒品牌，带动葡萄采摘、葡萄酒品鉴、酒庄观光等休闲旅游产业全方位发展，空间广阔、后劲十足。

乌兰布和沙漠除种植树草外，还开辟了 20 多万亩耕地，主要种植水稻、小麦、玉米、甜菜和葵花籽等瓜类。此外，肉苁蓉、沙漠水稻、沙漠山药、花生沙地、文冠果、漠北金爵葡萄酒、油沙豆、纳林有机鱼等都成了沙产业的新代名词。乌兰布和沙漠日照充足，可引黄河自流灌水，湖池辽阔，有良好的农、牧、林和渔业发展条件。

2. 沙地畜牧业

乌兰布和沙漠拥有适宜的气温、干燥的气候、天然无污染的生存环境，再加上沙漠中的沙柳等植物富含蛋白质等条件，适合大规模饲养獭兔以获得优质的獭兔皮毛，同时也是建设无公害养猪场的天然好地方。

乌兰布和沙漠有机养殖的优点是非常独特的，在沙漠东部，水资源较丰富，在 40°N 左右，养殖和饲草也是如此，都属于黄金时期。沙漠旁边的草原是天然水源，可以用河水滴灌的方法进行引水和灌溉种植大片草原。沙层土地下有大量黄土，与其他沙壤混合搅拌后使用可有效增加其在土地中的黏性。此外，在整个沙漠中间可以修建有机牧场，数十公里的荒漠沙丘上都是天然土壤隔离区，将土壤污染与各种病源区分隔开，不用喷施化肥和生物打蜡，使有机畜牧产业发展成为一种可能，而当地干旱少雨且沙漠气候则非常适宜当地奶牛健康生长。

2015 年，磴口全县有规模化肉牛养殖场近 40 户，年出栏近 9000 多头。其中年出栏 5000 头以上的有一户，出栏 100 头以上的有 19 户。利用乌兰布和沙漠独特的条件，加快磴口县生态养殖的快速发展，使肉牛产业逐渐成为当地农户收入的重要产业之一，具有巨大的潜力。截至目前，全县有规模化肉牛养殖场（户）25 家，年出栏肉牛 1.2 万头，以奶牛公犊、蒙古牛、草原红牛和西门塔尔等肉牛品种为主。全县没有专业的肉牛屠宰场和肉牛交易市场，肉牛交易基本以活畜交易为主、零散屠宰为辅。

乌兰布和沙漠面积辽阔，现已形成富有特色的草原产业链，固定沙地灌木（梭梭）→高蛋白饲料粒子→养肉羊、牛→肥肉牛、奶汁→富氮、磷和钾等有机物排泄品→沼气和渣料还田，这样做既增加了土地腐殖的质量，又改善了土地通透和保水的能力。

3. 林木业

遵循"绿水青山就是金山银山"的发展理念，乌兰布和沙漠大力发展生态林业，磴口县响应国家号召，提出了"以生态建设统筹全局"和"创建黄河中上游生态第一县"的奋斗目标，采取生物措施、工程措施及化学措施等不同模式，形成了"政府推动、技术带动、利益驱动、群众行动"的机制，鼓励社会各界人士参与到荒漠化治理的事业中。根据 2018 年磴口县统计公报，全年共完成人工造林面积 5067km^2，飞播造林 2667km^2，封山育林面积 6.67km^2，森林覆盖率达到 20.56%。

3.1.2　乌兰布和沙漠的生态工业

凭借乌兰布和沙漠得天独厚的环境条件，发展起来很多独特的生态工业，目前已经形成蚯蚓养殖饲养厂、有机牛奶、多种畜禽养殖场等生态工业。

第 3 章　实验点沙区生态产业概况

在乌兰布和沙漠深处，青岛某电太阳能科技有限公司在位于青岛光伏节能农业综合科技基地大棚建设项目蚯蚓养殖区内建设有一个大型蚯蚓养殖饲养厂，该养殖厂同时引进了优良的各种蚯蚓养殖品种，利用了先进蚯蚓养殖化肥技术和固体有机肥与废物处理作为蚯蚓食品链的基本原则，每年蚯蚓最多可到 2×10^6 kg 以上，实现了蚯蚓的各种综合养殖利用能力。对各类畜禽动物粪便、菌糠、作物秆等各种废弃的固体有机肥料进行生物化学转化，无化学污染，零排放。同时推广使用光伏生态农棚，上有国有光伏太阳能作为清洁能源电力，下有淡水蚯蚓生态养殖等改善生态环境污染，全面解决环保资源污染严重问题，是一项集植物生态科技循环绿色农业、低碳绿色经济创新发展服务为一体的大型生物科技示范工程。为了能够生产更多的优质蚯蚓有机肥，基地与濮阳县内的多个牲畜养殖场开展合作，利用县内各养殖户牧场当地牲畜养殖产生的蚯蚓粪便，将各种蚯蚓牛粪转化为优质有机肥，既能有效代替传统化肥生产纯净的、生态和健康的有机蔬菜水果，又能为周围多个养殖场农户解决牲畜粪污的综合处理等难题。

沙漠的深处有香甜的牛奶。某奶业公司 2010 年进军乌兰布和沙漠，用 9 年的时间打造了世界上规模最大的沙草生产系统。该公司投资 75 亿元，建成 1.99×10^8 km² 有机牧草种植基地，养殖近 10 万头奶牛，自建有世界领先的生产工厂，拥有世界领先的牛奶专业工厂，真正实现了产、养和生产一体化，形成全程的有机工业链。在乌兰布和沙漠中，牛场自然隔绝了土壤污染和各种病源，横穿黄河故道的沙漠中，种植无污染优质的牧草，而沙漠中的沙床则是奶牛舒适的"席梦思"，充足阳光为奶牛钙质的合成提供保障，自由沙浴让奶牛的皮毛光泽，明沙能预防乳腺炎，高舒适度会给奶牛带来健康，从而保证牛奶的质量。

生态健康养殖方法能够确定后期运行效率、质量，有关部门应响应国家生态可持续养殖号召，在养殖过程中加强对畜禽动物的生产和动物疫病控制等环节的监管，全面研究地方生态环境质量，做好污染处理工作，提高整体资源的效益。在此期间，需要相关部门加强重视这一环节，把控先进科学技术，从而以畜牧养殖和疫病防御为主，保障了多种动物在较舒适的环境下生长，有利于建立高效、安全和健康的养殖基地，有助于饲养行业实现长期、可持续的发展和运营。利用这类具有先进思想支持的养殖技术，能够发挥效率高的养殖方法，促使外部环境生态可持续地运行，维护整个养殖业及相应市场的完善性。此外，这类畜禽养殖生产技术的广泛采用不仅可以有效保证我国整体畜禽养殖业的环境污染逐步减少，发展经济效果逐步明显，还可以保持产业良性循环的长期健康发展。基层工作人员应当积极响应上级的号召，开展较为科学化的养殖模式，落实具体的发展细节，以便于能够提升整体生态养殖水平和质量，实现畜牧业的高质量发展。

3.1.3　乌兰布和沙漠的生态服务业

近几年来，西北地区干旱旅游逐步受到青睐，在国家大力开发休闲农业、乡村旅游和农业供给侧结构性改革的背景下，西北地区、戈壁和黄土高原等干旱绿洲地区也可能找到了新的发展机遇。由于沙漠治理投入较大，周期长，见效缓慢，沙漠旅游业的发展将有力地促进沙漠的生态综合治理。

乌兰布和沙漠沙丘的形态各异，堆状沙丘在敖包图、敖包鲁格和吉兰泰地区分布；垄岗沙丘在白云敖包；格状的新月形沙丘分布于契里盖、傲伦布鲁格、敖包图；新月形的沙丘分布于哈腾海一带；它的沙漠运动快，形态千变万化，冲浪在沙漠中惊险。漠水连接，与母河相伴，风景秀丽；交通便利，易于通达，让游人既高兴又满意，唐诗的名句是描写乌兰布和沙漠西缘之间的美丽景象，"大漠孤烟直，长河落日圆"。这些优点为旅游发展提供了独特的条件，乌兰布和主打徒步旅行品牌的成效也很明显。同时，乌兰布和沙漠旅游区大力推行"一企一景"战略，将示范区的每个生态工程建成旅游景点，并将几个旅游站和一些旅游驿道连接起来，也为全域旅游的实现奠定了坚固的基础。乌兰布和示范区透过"月月有节庆，周周有徒步"的活动，逐渐打响了"乌兰布和徒步与苍天圣地相遇"的旅游品牌，争创国内外知名户外徒步目的地和全域旅游示范区，以"旅游+"的理念推动文化、生态、体育和旅游深度融合。中国阿拉善盟乌兰布和沙漠户外嘉年华开河鱼节、中国阿拉善乌兰布和沙漠户外嘉年华旅游节等一系列极具地方特色的节庆，营造出浓厚的旅游氛围。

纳林湖地处磴口县乌兰布和沙漠腹地，距磴口县城40km，是一个由黄河故道加风蚀作用而形成的自然湖泊。湖中有大小岛屿十余处，其中面积最大的约150亩；8个游乐湾风光亮丽，景色诱人，百余种候鸟在这里生长繁殖，其中国家一级、二级保护鸟有白天鹅、黑天鹅、灰鹤、白鹭、灰鹭、鸿雁、雉鸡、野鸭等数10种。黄河鲤鱼、草鱼、鲫鱼、鲢鱼、鲶鱼、武昌鱼及河蟹、河虾等水产品在周边地区享有盛名。湖里长有茂密的芦苇，年产量可达2000t。这里夏季空气清新，风光无限，春秋两季多种珍禽异鸟翩然而至，栖息在这波光潋滟、水天一色的湖面上，形成了大漠中的一大奇观。

纳林湖生态旅游区是阴山脚下乌兰布和沙漠腹地集自然生态、科考、人文于一体的有较高价值的旅游资源，也是我国西部自驾车旅游的重要驿站和精品的旅游线路核心景区。景区于2012年被国家林业局列为国家级湿地公园，2013年被评为国家4A级旅游景区，2015年被农业部列为国家首批休闲渔业基地。

纳林湖地处磴口县乌兰布和沙漠腹地哈腾苏木境内，距县城37km，巴哈公路侧湖而过，公路两旁绿树成荫，花团锦簇，湖的北岸紧贴沙漠，沙生植物造型独特，争奇斗艳，极具观赏价值。水域面积为 667hm^2，平均水深 2.5m，是我国西北地区重要的鸟类繁殖和栖息地，同时也是西部地区的重要湿地之一。生长和栖息鸟类有一百余种，是北方夏候鸟、留鸟的重要繁殖地之一，属于国家一级、二级保护的鸟类有白天鹅、黑天鹅、灰鹤、雉鸡、野鸭等，湖中芦苇茂盛，自然景观诱人，净水面占总体水域面积的 60%，最深处达 6m 以上。

湖的四周高台地上是万顷良田，属于国家无公害生产基地。这里瓜果飘香，四季生产上市，"纳林"甜瓜、"王爷地"甘草、"纳林湖"河蟹属于自治区名牌产品。该旅游区休闲娱乐项目较多，可划船，可岛上餐饮，也可沙浴、垂钓、乘驼、骑马或沙地摩托车竞赛。湖边沙漠带野鸡、野兔成群，是极好的狩猎场。纳林湖形成 40 余年，水由黄河水补给。目前，进水闸均已建成，排水十分便利。项目建设地周边，自然景观、人文景观、历史文化、宗教文化相互映照，源远流长。

自然条件的过渡性、多样性造就了乌兰布和沙漠得天独厚的资源组合优势，将"沙漠、阴山、黄河、日、月、木、湖、烟"等丰富的自然资源融入旅游业发展中，从不同角度产生了良好的生态效益。如图 3-1 和图 3-2 所示，随着乌兰布和示范区生态治理的成效和旅游基础设施的不断完善，2018 年接待游客数量及 2018 年旅游收入都比 2017 年同期显著增长，游客数量和收入的高峰期集中在 4～10 月，2017 年接待国内外游客共计 22.4 万人次，实现旅游收入 1 亿余元。2018 年共接待游客 63 万人次，实现旅游收入 2.4 亿元。通过 2017 年和 2018 年旅游人次和旅游收入的综合对比分析，沙漠旅游产业发展的效益明显，并且增长较快，可以有效地拉动生态治理。但是也必须要结合当地的交通条件和资源禀赋，不断

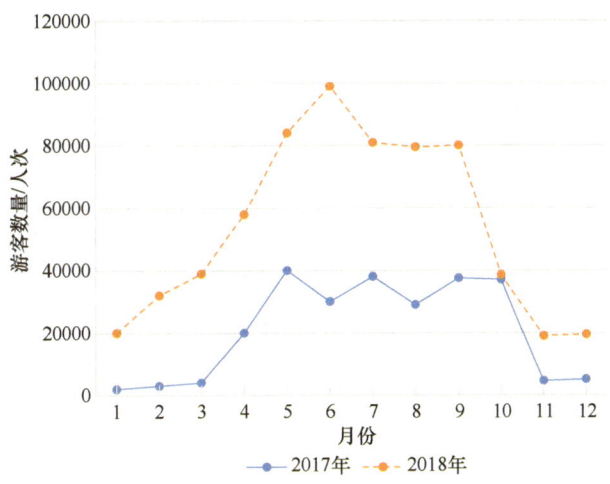

图 3-1　2017 年、2018 年接待游客数量（张鹏飞，2019）

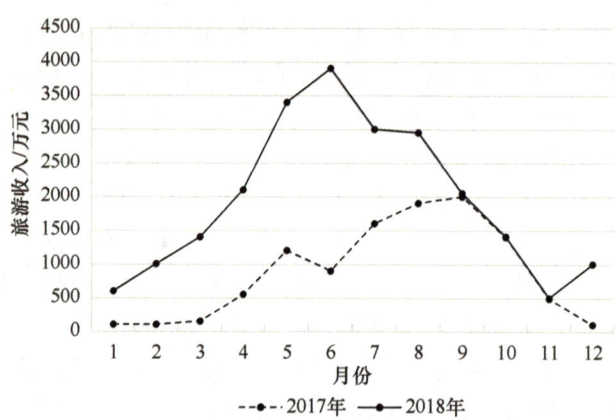

图 3-2　2017 年、2018 年旅游收入（张鹏飞，2019）

完善基础设施建设，不仅要发展观光游，还要发展深度的沙漠体验游，找到沙漠旅游产业发展合适的切入点。

3.2　科尔沁沙地的生态产业

内蒙古科尔沁沙地的北部和西北部与大兴安岭南端东部的山地丘陵相连，东北部与松嫩平原相接，东部和东南部与辽河平原接壤，在南部和西南部有燕山山脉的末端努鲁儿虎山和七老图山，西部与锡林郭勒高原相邻。其范围西起 117°49′E，东至 123°37′E；南起 42°43′N，北至 45°41′N。东西长约 464km，南北宽约 334km。地貌为半封闭式环形盆地，南北隆起，西高东低。南和北是燕山北部和大兴安岭南端的丘陵地带，两山地于西部沙地的克什克腾旗会接，形成高原区；西辽河水系从西向东穿越沙地中部，形成了冲积平原。内蒙古科尔沁沙地受到蒙古高压气流影响，表现出强烈的大陆性气候特征。年平均气温为 5.8～6.4℃，年均降水量为 340～450mm。河流主要为西辽河水系。土壤类型主要为风沙土、栗钙土、草甸土和盐碱土（朱孟娜，2017）。科尔沁沙地处于内蒙古东部的西辽河中下游通辽市及其附近，是中国四大沙地中面积最大的一个，面积大约为 $5.06×10^4 km^2$。科尔沁草原曾经水资源丰富，草原面积广阔，牛羊成群，景色优美。由于自然方面土壤机制不稳定、风势强劲等，加之 20 世纪 70 年代，许多农牧民片面追求种植，大量开垦荒地，超载放牧，从而导致土地沙漠化。

科尔沁沙地显著的特点是沙层广泛覆盖，丘间平地开阔，形成了坨甸相间的地形组合，当地人称其为"坨甸地"。科尔沁沙地东部和东北部有少量钙土分布，科尔沁沙地西部大兴安岭山前冲积扇上主要为栗钙土；南部黄土丘陵山地主要是褐土、黑垆土。沙质平原广泛分布,其中风沙土是主要类型土壤。土壤可分为流动风沙土、生草风沙土和栗钙土型风沙土。风沙土是科尔沁沙地的基本土类。流动风沙土是风沙土中分布面积最广的。生草风沙土主要分布在科尔沁沙地的东部,翁牛特旗松树山的沙地油松林就生长在此。它们可固定沙丘、沙地和丘间低平地,成土时间较早,土层较厚是草原植被长期作用形成的。大青沟沙地水曲柳林生长在此种土壤中。钙土型风沙土主要分布在科尔沁沙地西部和西北部,有钙积层和盐酸反应,是沙地榆树疏林分布区。

科尔沁沙地沉积于土层下的冲积、湖积和沉积的沙物质是引起沙化和荒漠化的物质基础。从气候条件看,科尔沁沙地气候干旱,多大风天气,而且大风、干旱与植被凋落期同季,这是土地沙漠化的自然动力,高低起伏和不同类型的沙丘会导致风向和风速变化,从而导致局部风力的增大和地表被风力侵蚀,此外,一旦形成风蚀流,风力急剧增大,导致更大范围的风蚀(王永芳等,2016)。从人为因素看,在19世纪末20世纪初,清政府实行移民支边及放牧招垦政策,将大面积的牧场辟为农田。20世纪80年代,联产承包责任制的实施使广大农牧民再一次通过开垦荒地,扩大农业生产,提高粮食产量,来获得最大收益。只追求牲畜数量的发展而不顾草畜平衡,致草场放牧压力过大,牲畜对地表植被过度啃食,导致植被破坏,最终引起土地沙化。以上各因素的相互作用与叠加使科尔沁沙地发育成现在土地沙漠化的生态景观(韩飞,2019)。

当前,由于生态修复措施及生态奖补政策,总体上植被逐渐恢复,沙漠化日趋减少。地处沙区的通辽市的山沙两区林草覆盖度已达60%以上,荒山荒沙已披上绿装,人进沙退,绿进黄退,沙漠化和水土流失基本得到控制。

3.2.1 科尔沁沙地的生态农业

1. 种植业

科尔沁沙地属于农牧交错带,可以种植玉米、水稻等作物,也可以种植甘草、沙棘、沙柳、梭梭、樟子松、文冠果、柠条及花棒等草类、灌木和乔木。

科尔沁沙地的旗(县、区)利用独有的优势,使用设施农业发展生态种植业,并在此基础上积极发展设施农业。通辽市奈曼旗地处科尔沁沙地腹地,沙地面积占全旗总面积的62%,属于典型的农牧交错地带。耕地中沙土含量高,为了充分利用沙地的光热条件,1995年,奈曼旗研发试种衬膜水稻,其亩产达到480kg,种植沙地衬膜水稻5000亩,沙地衬膜水稻技术能够有效防止地下返盐碱,减少病虫灾害,而且在沙地上铺一次地膜可使用20年以上,种植期间不用翻耙地,不用排水,比生产种植一般稻田节水50%左右。奈曼旗种植沙地水稻133.4km^2,"沙米"等品牌成为沙漠水稻的名优特品牌。

2003年，覆膜无籽西瓜技术在当地使用，取得了显著的经济效益，利用滴水灌溉发展节水、省时、省料的高效种植技术。到2019年沙地无籽西瓜已经达到200.1km^{2}的规模（表3-1）。在沙地上还种植有红干椒、水稻、万寿菊、沙地药材（冬花、防风、黄芪等药材）、千金谷等特色作物。

表3-1 2019年科尔沁沙地生态农业作物种植表

沙地特色作物	种类	种植面积/km^2	每亩产量/kg	每亩收益/元
沙地无籽西瓜	冠龙、地雷瓜、西农、京欣西瓜等	200.1	3500	3000
红干椒	蒙椒、四季旺、多宝塔、兴龙	266.8	160	2100
水稻	黄金浪、丰优系列	220.11	600	1440
万寿菊	万寿菊	20.01	1550	1900
药材	黄芩、柴胡、赤芍、甘草、防风	200.1	170	2500

资料来源：作者调研整理。

科尔沁沙地生长的甘草、麻黄等药用植物有极强的适应能力，这些植物能形成区域小气候，可降低风速、减少沙尘、降低蒸发、增加蒸腾作用，提高有机质含量，有利于土壤微生物和植物根系活动，达到改良土壤的作用。科尔沁沙地大力推广中草药种植及围栏补植后可形成一定规模的种植面积，推动自然修复和野生中草药变家种的发展。独特的生态资源可以为中蒙药企业提供优质、充足的中药材原料，能在产区形成乔、灌、藤、草多重植被，有效地增加地面植被覆盖度、降低风速、减少风沙危害，调节改善区域性气候。实验证明采用围栏补植甘草可以使甘草产量增加97.2%～175.1%，同时植被覆盖度每年增加7.3%。内蒙古某公司的蒙中药材种植基地包括"先锋基地、红星基地、昂乃基地、得胜基地"四大基地，共种植了射干、黄芪、甘草、苍术、丹参、桔梗、北沙参、苦参等药材1.88km^2。该公司乃蛮部现代农业林木基地，位于奈曼旗东明镇英图村，2018年4月开始进行种植，上半年流转土地2.2km^2，种植山杏育苗1.07km^2，山杏营养育杯育苗55万株，山杏树苗移栽8万株，山丁子移栽10万株。林木基地发展林下种植、林苗互补工程，现已种植苦参0.27km^2、甘草0.33km^2、黄芪0.09km^2。

2. 沙地畜牧业

科尔沁沙地是典型的温带大陆性气候，当地环境和小气候的良性变化让科尔沁沙地腹地农牧民搞起肉牛饲养等畜牧业。科尔沁沙地一年四季气候分明，有利于农作物生长。科尔沁沙地主要分布地通辽市2017年种植青贮92713hm^2、优质牧草7337hm^2，拥有草原3.42×10^{6}hm^2，占全部土地面积的57.4%，天然草地植物有 1169 种，其中饲用价值较高植物有 578 种，亩产干草 50 kg。通辽市年饲草料储备量可达 $1.18×10^{10}$ kg。种植饲料既是保证牛肉品质的重要前提，又可以改善沙地荒漠、半荒漠的环境。《全国优势农产品区域布局规划（2008—2015 年）》中确定了肉牛优势区域：重点建设中原、东北 2 个肉牛优势产区；东北肉牛优势产区主要布局在辽宁、吉林、黑龙江、内蒙古 4 个省（自治区）的 7 个地市 24 个县（市、旗）。科尔沁沙地属于东北玉米带和东北肉牛优势产区的一部分。经过 50 年的品种改良，目前基本上实现了西门塔尔牛的良种化，且改良率达到 98%以上，命名为"科尔沁牛"（中国西门塔尔草原类群）。与其他品种的肉牛相比，西门塔尔牛不但育肥效果好，屠宰净肉率高，而且肉质鲜嫩，品质较好，是目前生产优质高档牛肉的首选品种之一。

2018 年科尔沁沙地肉牛存栏约有 350 万头，母牛繁育基地和育肥牛基地初具规模。通辽市市级良种推广机构 1 个，旗县级 9 个，苏木乡镇级 131 个，肉牛冷配站点 2419 个，人工授精员 2642 人，母牛全部实施人工授精。饲养基础母牛超万头的苏木乡镇 43 个，超千头的嘎查村有 375 个，肉牛养殖专业合作社 741 个，农牧结合度达到 75%以上。通辽市现在已经有养牛协会 38 个，肉牛经济贩运的队伍已有 3000 多人。该协会统一技术服务，统一市场信息，统一定价，并组织销售。科尔沁沙区中的奈曼旗一直以来有养殖牛羊的历史传统。近年来，在"为养而种，种养结合"的倡导下，以种植饲草料为基础，大力发展了生态畜牧业，特别是在沙地上建棚舍，种饲草搞青贮，取得了较好的效果。2018 年，全旗草牧场"双权一制"共落实 $3.45×10^5$ hm^2，占草原总面积的 99%。建设 104 处各类养殖小区，新发展 4 个养牛专业村、1 个育肥牛专业村、2 个养牛示范村。

交易环节方面，科尔沁地区拥有数个大型集贸市场。现有的 13 个牲畜交易市场的肉牛年交易规模可达 400 万头，肉牛生产加工能力在 70 万头以上。从交易市场看，2016 年通辽市肉牛交易量 220 万头，交易额 170 亿元。除了在交易市场上贩卖肉牛，农户还可以与合作社合作，直接卖给企业，或者加入"养牛协会"，由议价能力高且信息灵通的农户带领共同销售。此外，部分外贸企业将活体牛贩卖到香港及澳门等地区，累计销售已近 4 万头。

屠宰环节方面，科尔沁沙地存在着 3 种形式不同、规模不同及设施不同的屠宰加工方式，包括传统屠宰方式、中低档屠宰厂屠宰加工和现代化屠宰厂屠宰加工。第一种形式是传统屠宰方式，规模可以到达每年 5000 头，多为简单的剥皮、放血处理。但没有合格认证，无法在中高端市场销售，通常由农户到早市中贩卖。这种作坊式的屠宰形式，成本低廉，流通快，利润水平高，80%的农户会选择这种方式。第二种中低档屠宰厂屠宰加工引入了相关屠宰加工设备，每年屠宰规模可以达到 2 万头，主要面向城乡的大众市场销售。但这种工厂大多数设备老旧，加工粗略，无法走向高端市场。第三种现代化屠宰厂屠宰加工，拥有先进的屠宰加工设备，每年屠宰能力可以达到 30 万头。由于追求科学屠宰及科学加工，因此可以为高端市场提供保质保量的牛肉产品。

产品深加工环节方面，以某牛业股份有限公司为代表的 5 个大型企业，其屠宰能力可以达到 30 万头。这些企业由最初的屠宰加工发展到目前的种草、养牛和屠宰加工，不断拉长产业链。现在与农户合作方式有公司+农户、公司+基地+农户、公司+协会+农户、公司+经纪人+农户、公司+金融机构+农户等模式。企业为了实现肉牛养殖环节的质量安全，往往采取合同方式，统一向养殖户提供饲料、兽药等投入品，根据当时的市场价格以统一价格收购育肥牛或架子牛。

3. 沙地林木业

按照"生态经济化、经济生态化"的理念，科尔沁沙地大力发展效益型生态林业，建成了能源灌木林、商品用材林和果树经济林 3 大基地。2014 年，科尔沁沙地主要城市通辽市启动实施了科尔沁沙地"双千万亩"综合治理工程，即利用 2014～2020 年的 7 年时间，以五大生态功能区为总体布局，以"尊重自然、顺应自然、保护自然"的生态建设理念，以保护和修复科尔沁疏林草原生态系统为重点，坚持保护与建设并举，采取人工造林、封沙育林、飞播造林草、封禁保护、退化沙化草牧场治理等综合措施，完成科尔沁沙地综合治理 2000 万亩，其中林业生态治理 $6.67×10^5 hm^2$，草原生态治理 $6.67×10^5 hm^2$。计划到 2020 年时境内未治理沙化土地全部得到初步保护与治理，森林覆盖率由目前的 26.03%提高到 31.6%、提高了 5.57 个百分点。全市土地沙化、生物多样性遭破坏趋势得到扭转、生态状况大为改善，基本形成以森林植被为主体，生物多样性为特质，森林、草原、湿地相结合的稳定的生态安全体系。治理工程重点围绕 3 个百万亩人工林基地建设，采取综合治理、逐步推进的办法，建成了科尔沁左翼后旗努古斯台镇、奈曼旗常兴穿沙公路两侧、科尔沁左翼中旗珠日河 3 个超 $6.67×10^3 hm^2$ 的治理精品区。

沙区集中地奈曼旗现有林地面积 $2.87×10^5 hm^2$，其中三大林产业基地发展到 $2.27×10^5 hm^2$，占全旗林地面积的 79%。能源灌木林基地，种植品种主要有沙柳、沙棘等，现总面积已经达到 $8.54×10^5 hm^2$。随着商品用材种植规模的日渐扩大，新的生态产业链延伸加长，木材加工业迅速发展起来，奈曼旗木材加工企业已经发展到 190 家，年加工木材 $30×10^4 m^3$，主要生产人造板等材料。

沙柳是极少数可生长在盐碱地的一种沙漠植物。它的枝条丛生，根系发达，再生能力强，是防风固沙的主要树种，其在奈曼旗、敖汉旗等科尔沁沙地中广泛种植。沙柳具有"平茬复壮"的特性，沙柳的嫩枝柳叶，可以被加工成喂养牛、羊、鸡、鸭等家畜的饲料。成活后的柳条可直接当种苗卖,还可制作成柳编工艺品,也可通过木材加工制作成刨花板、人造板等。据相关研究表明,两吨沙柳的热量相当于一吨以上标准煤燃烧产生的热量值。利用其燃烧性能进行生物质发电,可以保护环境、减少污染,还可产生巨大的经济效益,成为沙产业新的增长点。

科尔沁沙地地处 40°N 地带附近,属于北温带半干旱大陆性季风气候,气候条件适合中小果类种植,主要品种有黄太平、123 苹果、沙果等。在沙地上种植产出的水果与普通种植相比,具有产量高、含糖量大等特点,深受市场青睐。奈曼旗现有沙地果树林 $1.47×10^5 hm^2$,干果鲜果各占一半,亩收益达 1 万元,注册的"塞外风蒙古野果"远销区外市场,建成了蒙东地区最大的野果基地。

3.2.2 科尔沁沙地的生态工业

依托沙地农业可以形成相应的加工制造业,具体包括沙物质加工业、食品加工与制造业、木材加工及木制品业、医药制造业、生物质燃料制造业、生物基材料制造业、生化制品制造业及其他相关的制造业。例如,目前科尔沁沙地生态工业已经有沙区建材、葡萄酒、沙棘饮品、苁蓉酒、柠条饲料、沙柳切片、沙柳板材、沙柳燃料、甘草制药、沙棘化妆品及植物农药等生态工业。科尔沁沙地奈曼旗大林镇种植的 $800.4hm^2$ 蒙药材种植基地和晾晒加工项目,为科尔沁沙地生态工业提供了原料;总投资 5 亿元的孟和制药项目和糖浆生产项目,盘活 113 种蒙药,科尔沁沙地以中蒙草药原料种植——蒙药生产加工全产业链为目标,在产业链前端重点实施生态农业,形成一条较为完善的产业链。

奈曼旗风积沙和硅砂储量丰富。硅砂主要分布在奈曼旗中部沙沼地区,沿京通铁路沿线,奈曼旗境内 120km 两侧、宽 5km 范围内。硅砂储量 $300×10^8 t$,二氧化硅含量一般在 94%以上,是我国东北地区主要的硅砂资源富集区。依靠丰富的硅砂资源组建了大镇工业园区,目前的龙头企业主要加工生产建筑木材、铸造精密机械、制造用于石油开采的压裂支撑剂、制造日用玻璃四大系列产品。内蒙古某沙产业公司通过自主知识产权和专业人才技术研发,生产出用于精密铸造的覆膜砂、用于石油开采的孚盛砂和用于生态建材的生泰砂,产品主要用于石油勘探和市政工程精密铸造等方面。某水泥公司以风积沙作为辅料制造水泥熟料等,吃沙造田。奈曼旗某矽酸盐制品有限责任公司是全区唯一一家用沙制砖的企业,多年来通过不断创新,现已研发新产品 21 个,获发明专利 2 项、国家实用新型专利 12 项,产品主要有地面砖、混凝土轻质保温材料和路用防护砖等。内蒙古某矿业有限公司与中国科学院兰州沙漠研究所和内蒙古农业大学合作研发了沙质土壤改良剂,使用沙质土壤改良剂可增强土层弹力,使农作物节水增产，达到保水保肥、增产增收的效果。现在奈曼旗大大小小吃沙、用沙企业发展到 38 家，每年用砂量超过 1×10^6 t，恢复耕地 1000 亩，实现了治沙、用沙和生态建设的统一。

在沙产业不断发展中，科尔沁沙地利用风能、生物质等新能源发展，建造风力发电、林木质发电等节能环保的新能源项目。作为新能源中技术最成熟、最有商业化发展前景的发电方式之一，风能发电的发展具有非常显著的生态效益。在风能向电能的转换过程中，不消耗任何一次性能源，没有任何有害物质排放，基本不占用耕地，对环境基本上没有负面影响。根据国外对各种发电方式碳排放生命周期分析成果，风电是一种高度清洁的能源技术，符合可持续发展的要求。因此，发展风能发电是减少二氧化碳排放、防止全球气候变暖的一项重要措施。目前，科尔沁沙地建设了中节能永兴风电场、华电秦天图布日格风电场、国电巴彦塔拉风电场、查干塔拉风电场 4 个风能电场。

新能源中的生物质发电正在成为生态产业发展的重要方向，根据国际能源机构（IEA）的定义，生物质是指通过光合作用而形成的各种有机体，包括所有的动植物和微生物。生物质能则是太阳能以化学能形式储存在生物质中的能量形式，它一直是人类赖以生存的重要能源之一，是仅次于煤炭、石油、天然气之后的第四大能源，在整个能源系统中占有重要的地位。在各种可再生能源中，由于核能、大型水电具有潜在的生态环境风险，以及风能和地热受区域性资源制约，其大力发展遭到限制和质疑，而生物质能却以普遍性、丰富性、可再生性等特点得到人们认可。生物质的独特性不仅在于能储存太阳能，还是一种可再生碳源，可转化成常规的固态、液态和气态燃料，煤、石油、天然气等能源实质上也是由生物质能转变而来的。生物质发电因其可再生性而成为生态产业。通辽市某能源科技有限公司生物质热电联产、内蒙古某能源有限公司 1×35 MW 生物质热电联产项目利用沙地植物黄柳等灌木及杨树枝桠材替代火力发电，不仅有效减少温室气体排放，而且有助于发展沙地林木产业，可以促进科尔沁沙地生态和经济协调发展。

3.2.3 科尔沁沙地的生态服务业

由于气候的关系，沙区生态脆弱，科尔沁沙地的很大面积属于限制开发和禁止开发区域。在此背景下，沙漠旅游将成为区域经济发展的主导产业之一。沙漠旅游属于微消耗、无污染的生态产业。作为无烟产业，沙漠旅游对传统能源的消耗非常低，也不会像工业生产一样大量排放二氧化碳和有害物质，同样不会像传统农业生产一样消耗大量水资源，威胁地表植被覆盖。科尔沁沙地拥有丰富的旅游资源。地处库伦旗塔敏查干沙漠深处的银沙湾沙漠旅游景区已成为科尔沁 500km 观光大道的重要景区；被誉为科尔沁沙地绿色明珠的国家级大青沟森林生态旅游区正在晋级提升。科尔沁左翼后旗以阿古拉、伊胡塔、努古斯台等为集中连片的沙地草原，湿地水域，已形成鸟类栖息和春秋时节过境候鸟迁徙带。2020 年 3 月中下旬，据林业部门观测，有丹顶鹤、白鹳、天鹅等 40 余种，2 万多只候鸟相聚在此安全绿色通道取食歇息。

科尔沁沙地西拉木伦河南部与教来河以西地区正在发展以牧为主、林牧结合的生态服务业。通过轮牧以及严禁滥垦、滥牧，沙区的固定沙丘和草场生态环境逐渐变好；对流动和半固定沙丘进行的人工补播和飞播沙生植物，栽植了大量灌木和乔木，有效阻止沙丘流动；部分适宜地段正在种植饲料林、经济林和用材林；正在形成乔、灌、草结合的林牧经济区。在科尔沁沙地北部，对部分不合理利用的耕地逐渐退耕、还林、还牧；对退化的沙化草场，采用围封和人工种植优良牧草的方式恢复草场生产力；对现有森林资源加强保护，发展林地抚育产业。以上措施逐渐提高科尔沁沙地的森林覆盖率。以奈曼旗为例，沙地生态环境改善效果明显，其改善的主要因素可以分为自然因素和人为因素，其中自然因素主要包括 2000~2019 年奈曼旗植物生长季的降水逐渐增加，温度小幅度上涨，地表植被得到充足的水源，使得各沙化土地面积减少，林草地面积增加；人为因素主要包括随着经济不断发展，人们对薪柴的需求降低，乱砍滥伐现象减少，以及"三北防护林"体系工程、退耕还林还草、退牧还草、舍饲禁牧等一系列生态环境治理政策的实施，使奈曼旗生态环境质量逐渐好转（刘峰等，2020）。

第4章

沙区生态产业的理论基础

4.1 产业生态学理论

4.1.1 生态学理论

产业生态学起源于20世纪80年代末Frosch等（1992）为模拟生物的新陈代谢过程和生态系统的循环再生过程所开展的"工业代谢"研究。产业生态学是一门研究人类社会经济活动中自然资源从源、流到汇再回到自然的全代谢过程的动力学机制、控制论方法及其与生命支持系统相互关系的科学（王如松等，2006）。

产业生态学可以看作是一门研究产业与产业及产业与环境之间相互作用关系的学科，它要求人们不是孤立而是协调地看待产业系统与其周围环境之间的关系，提倡从产品全生命周期的视角对流经社会经济系统的物质和能量加以优化利用（石磊和陈伟强，2016）。产业生态学是由生态、环境、能源、经济、信息技术、系统工程等多学科交叉融合而形成的，它研究工业系统与自然环境之间的相互作用和相互联系，为工业系统与自然环境之间的协调发展提供新的理论框架和具体的、可供操作的方法（李素芹等，2007）。

产业生态学的本质内核为"循环"，即产业系统与生态系统、产业系统内部各组成部分之间是相互依存、不可分割的；产业系统内物质、能量与信息的循环应贯穿于原料开采、产品生产、包装、使用与废料处理的全过程（朱蓓和肖军，2015）。产业生态学涉及3个层次，宏观上，它是国家产业政策的重要理论依据，即围绕产业发展，如何将生态学的理论与原则融入国家法律、经济和社会发展纲要中，以促进国家、区域及全球尺度的生态安全和经济繁荣。中观上，它是部门和地区生产能力建设及产业结构调整的重要方法论基础，通过生态产业将区域国土规划、城市建设规划、生态环境规划和社会经济发展规划融为一体，促进城乡结合、工农结合、环境保护与经济建设结合。微观上，则为企业提供具体产品和工艺的生态评价、生态设计、生态工程与生态管理方法，涉及企业的竞争能力、管理体制、发展战略、行动方针，包括企业的"绿色核算体系""生态产品规格与标准"等。王微微等（2006）总结前人对产业生态学的定义后认为，产业生态学是将自然界生物系统的有机循环机理引入产业经济的研究所形成的新兴的交叉边缘学科，它不是生态学与经济学的简单叠加，而是相互渗透与融合，是一种有机的结合。产业生态学的很多原理都源于自然生态学，比较产业生态系统和自然生态系统之间的异同（表4-1），对产业生态学的发展具有重要的意义。

生态系统是指在一定时间和空间内，由生物成分和非生物成分组成的一个生态学功能单位。生物部分由各种各样的活的有机体组成；非生物部分由水、大气、

表 4-1 自然生态系统与产业生态系统组成的对比（鞠美庭和盛连喜，2008）

组成		自然生态系统	产业生态系统
组成	生产者	利用太阳能或化学能将无机物转化为有机物，或把太阳能转化为化学能，在满足自身生长、发育需要的同时，为其他生物种群（包括人类）提供食物和能源，如绿色植物、单细胞藻类、化能自养微生物等	初级：利用基本环境要素（空气、水、土壤、岩石、矿物质、生物质等自然资源）生产出初级产品，如采矿厂、冶炼厂、热电厂等 高级：初级产品的深度加工和高级产品生产，如化工、肥料制造、服装和食品加工、机械、电子产业等
	消费者	利用生产者提供的有机物和能源，供自身生长发育，同时也进行有机物的次级生产，并产生代谢物，供分解者使用，如动物（草食动物、肉食动物等）、人类等	不直接生产"物质化"产品，但利用生产者提供的产品，供自身运行发展，同时产生生产力和服务功能等，例如行政、商业、金融业、娱乐业及服务业等
	分解者	将动植物的排泄物、有机残体分解成简单无机化合物供生产者利用，如分解性微生物、细菌、真菌及微型动物等	以物质还原、环境保护和生态建设为目的的自然生态服务业，如废物回收公司、资源再生公司、生态环境恢复企业等

热、能量、营养物质和其他的生命必需物质组成，非生物成分构成生物生存所必需的场所和空间，并为生物提供能量和物质。所以，离开了非生物环境，生物是难以生存的。在生态系统中，物种与物种之间形成食物链和食物网，生物之间通过取食关系而形成链状单向联系，使得物质在生产者、消费者和分解者之间进行循环利用，无任何废弃物产生（图 4-1）。绿色植物通过光合作用把太阳能以化学能的形式储存起来，使生物生长、发育和繁殖，在能量转换和物质循环中起着重要作用。消费者都是依靠生产者来获取能量，分解者（或还原者）是以腐烂的有机物质为食物的生物体，分解者把动物、植物的有机分子分解还原为较简单的无机化合物和元素，以供生产者再利用。产业生态系统模拟自然生态系统中的生产者、消费者和分解者，建立企业之间的联系，如表 4-1 所示。

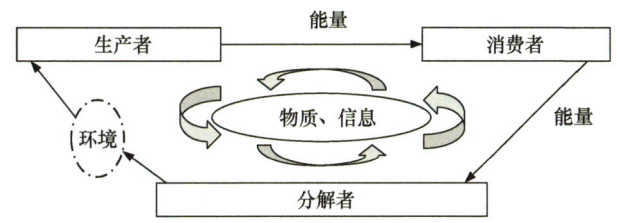

图 4-1 自然生态系统中食物链结构（鞠美庭和盛连喜，2008）

1. 生产者、消费者、分解者理论与生态产业园区的结构

产业生态系统模拟自然生态系统中的生产者、消费者和分解者，建立企业间的联系（图 4-2、图 4-3）。

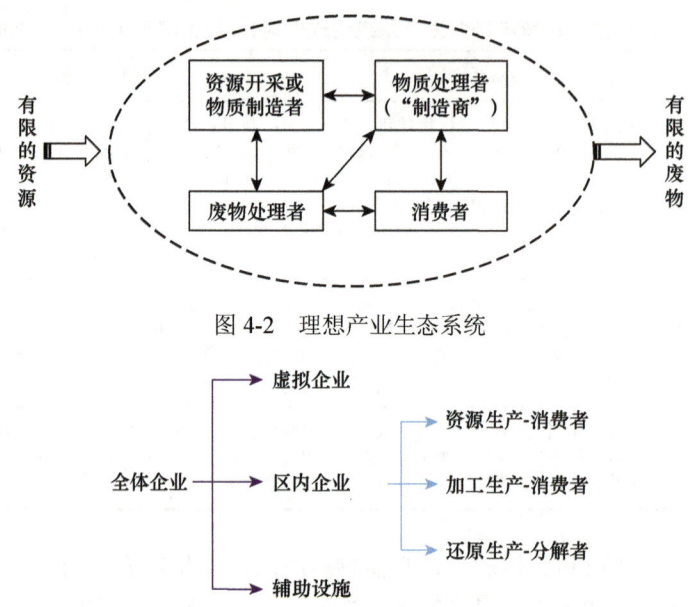

图 4-2　理想产业生态系统

图 4-3　产业系统中的生产者、消费者及分解者

在产业活动中,生产者包括物质生产者和技术生产者。物质生产者指使用基本原料生产直接消费品或生产初级产品供给其他厂商作为原料的企业。技术生产者不以可见的物质产品为目标,通过给园区内企业提供无形的技术支持,使个体企业和整个生态链条都朝着更加丰富和完善的方向发展,并以可更新资源逐渐代替不可更新资源为目标。消费者为使用初级产品,以生产过程的副产物或废弃物为原料,生产最终产品或中间产品的企业。消费者以生产过程无浪费、无污染为目标。分解者对生产过程中的副产物或废弃物进行加工,或从中提取有用物质,提供给其他企业作为原料。

虚拟企业通过计算机信息系统与园区内成员进行物质、能量和信息交换,实现远程的生态产业循环,形成生态产业网络,并在园区生态产业链条关系带动下进行传统产业的提升和改造。公用设施对整个工业生态系统完善有着重要作用,使多个生产过程形成更高交叉度的生态链和工业网。

2. 关键种理论与企业共生体的构筑

在自然生态系统中,关键种是指那些珍稀、特有、庞大的,并对其他物种具有绝对影响作用的物种。它们的存在对维持生物多样性和生态系统稳定性发挥着重要作用。如果它们被削弱或消失,整个生态系统将要发生根本性的变化。而在产业生态系统里面,在建设生态产业园区的过程中,要以关键种理论为指导,慎重选择"关键种企业"作为生态产业园的核心企业,成功构筑企业共生体。

关键种企业在企业群落中，使用和传输的物质、能量最多，规模也最为庞大，带动和影响着其他企业、行业的发展，在生态产业系统中居于中心地位，对构筑企业共生体和生态产业园区的持续、稳定发展起着关键作用。关键种企业具有"废物多"、能量大和横向链长的特征。纵向连接着第一产业、第二产业和第三产业，横向带动和牵制着其他企业或行业的发展，是生态产业园的"网核"，即"园心"，具有不可替代的地位和作用，能够反映生态产业园区的根本特征。

3. 食物链、食物网理论与生态产业链

自然生态系统依靠食物链和食物网，实现物质循环、能量流动和信息传递，维持生态系统的平衡与稳定。产业生态系统依据产业系统中物质、能量、信息流动的规律和各企业之间在类别、规模、方位上的匹配关系，构筑生态产业链，横向进行产品供应、副产品交换，纵向连结第一产业、第二产业、第三产业，形成产业"食物网"，实现物质、能量和信息的交换，不断完善物质循环和提高资源利用率。

生态产业链包括以下 4 类：物质循环生态产业链、能量梯级利用生态产业链、水循环利用生态产业链和信息链等。

构建生态产业链的原则如下。

（1）构筑生态产业链的各企业，内部要实现清洁生产，所生产的产品是生态（绿色）产品；

（2）生态产业链的长短依据技术经济分析而定；

（3）园区内各成员之间的类别、规模、方位要匹配；

（4）具有灵活性和弹性，当园区内任何一个企业生产状况的变化，如废料构成、性质改变时，与其相联系的企业能够及时调节，保证整个系统的平衡。

4. 生态位理论与生态产业园竞争力的提升

自然生态系统的生态位理论是生态学的重要理论之一。生态位是指生物群落中某种生物所占据的物理空间、发挥的功能作用及其在各种环境梯度上的出现范围。它包括两层含义：一是生物与其所处生境之间的关系；二是在生物群落中的种间关系。产业生态系统中企业生态位被定义为可被利用的自然因素（地质、地貌、气候、资源、能源）和社会因素（劳动条件、生活条件、技术条件、社会关系等）的总和。

5. 生态系统多样性理论与生态产业园区的稳定发展

在自然生态系统中，生态系统多样性是指生境的多样性、生物群落的多样性和生态过程的多样性。生境是指无机环境，如地貌、气候、水文、土壤、植被等；生境的多样性是生物群落多样性的基础。生物群落多样性是指群落的物种组成、

群落结构和生态学功能的多样性。生态过程是指生态系统的组成、结构和功能在时间、空间上的变化,主要包括物质流、能量流、水分循环、营养物质循环,以及生物之间的竞争、共生、捕食和寄生等种内和种间关系。生态系统的多样性有助于保持系统的动态平衡和系统的稳定性。

产业生态系统多样性包括:产品类型、产品结构的多样性;生态产业园区类型的多样性;园区内企业多渠道的输入输出;园区内管理政策的多样性。

6. 生态系统耐受性理论与生态产业园的生态阈限

生态系统如同生命体一样,具有自我维持和自我调节功能。如果某生态因子或经济因子(特别是经济因子)的变化或经济系统作用于生态系统时,都没有超过生态系统的耐受限度(生态阈限),生态系统便会在各因子的相互反馈与调节下得到补偿,保证其能量、物质(产品)转化率得到提高;如果人类的经济活动超过其生态阈限,则由于生态系统的承受能力所限,必然出现生态失衡、系统失控。

生态产业园区作为经济、生态和社会协调发展的新模式,应根据园区内生产者企业、消费者企业、分解者企业之间的匹配关系和各自的功能及自然环境容量,保证园区内的各项活动既不能突破生态产业园内各生态产业链的生态阈限,也不能超过自然生态系统的耐受限度,并能达到对自然环境的负面影响最小,实现整个生态产业园与自然生态系统互利共生、协调发展。

4.1.2 产业代谢理论

产业代谢是模拟生物和生态系统代谢功能的一种系统分析方法。与自然生态系统相似,产业生态系统包括 4 个基本组成,即生产者、消费者、再生者和外部环境,可以通过系统结构变化分析、功能模拟和产业流分析来研究产业生态系统的代谢机能及其控制方法。本质上产业代谢是在一种稳态条件下把原材料、能源和劳动转化为最终产品和废物的过程。产业代谢研究内容有:在有限的区域内追踪某些污染物;对一组物质进行不间断的跟踪研究,分析其毒性和潜在毒性等性质;产业代谢研究也可以仅限于某种物质成分,以确定其不同形态的特性及其与自然生物地球化学循环之间的相互影响。产业代谢分析的类型有资源代谢分析和组织或区域代谢分析。

4.1.3 产业群聚理论

1. 产业群聚概述

产业群聚(industrial cluster)是指由一定数量的企业共同组成的产业在一定

地域范围内的集中,以实现集聚效益的现象,一般包括同一类型和不同类型两种产业的群聚。产业群聚与其他企业组织一样,是伴随着分工与专业化的发展而产生和发展的(白靖宇等,2004)。

产业群聚(industrial cluster)理论近年来一直是国内外经济学界和环境学界研究的重点。产业群聚理论之所以被现代经济学研究领域所重视,是因为它突破了传统产业经济学的分析方法,把区域看作一个整体,特别是把公司和产业看作一个系统,注重区域发展、创新、竞争和区域网络构建。产业群聚理论研究的进展对于提升区域和国家的竞争优势具有重要意义(鞠美庭和盛连喜,2008)。

产业群聚理论的最初观点源自 1890 年 Marshall 在《经济学原理》一书中提出的思想。1990 年,美国经济学家 Michael Porter 在其《国家竞争优势》一书中对产业群聚理论进行了经典论述,引起了西方微观经济学、产业经济学和区域经济学等领域学者的关注(马刚,2005)。在此之后,产业群聚理论有了较快的发展,并出现了许多流派,比较有影响的如下。

1)Alfred Weber 的区位群聚论

Alfred Weber(1909)在其区位理论中探讨了促使工业在一定地区群聚的原因,包括交通条件和资源指向的特殊原因,以及因共享辅助性服务和公共设施所带来的成本节约等一般原因,还指出了一般原因对于工业群聚比特殊原因具有更重要的作用。

Marshall(1890)从新古典经济学的角度,通过研究工业组织这种生产要素,得出了企业为追求外部规模经济而集聚的结论;Weber 则从微观企业的区位选择角度,阐明了企业是否互相靠近取决于集聚的益处与成本的对比。Marshall 与 Weber 的著述均出现于 20 世纪 20 年代 Keynes 的宏观经济理论诞生之前,当时传统的古典理论仍然占据着上风,对政府干预作用的研究尚不成熟,因此,自发集聚机制的研究是当时的主流(鞠美庭和盛连喜,2008)。

2)Schumpeter 的创新产业群聚论

Schumpeter 将技术创新与产业群聚的发展结合在一起进行研究,他在解释经济周期或经济波动时认为,除了战争、革命、气候等外部因素之外,技术创新的产业群聚是经济波动的主要原因。

Schumpeter(1912)认为,创新不是孤立事件,在时空上也不是均匀分布的,相反,它们趋于群集,或者说是成簇地发生。因为在个别企业成功创新之后,大多数企业会步其后尘;创新不是随机分布于整个经济系统,而是倾向于集中在某些部门,例如邻近部门。

可见,Schumpeter 主要是从创新角度来说明产业群聚现象的,认为产业群聚有助于创新，创新依赖于产业群聚；创新并不是企业的孤立行为，它需要企业之间的相互合作与竞争，需要企业集聚才能得以实现（鞠美庭和盛连喜，2008）。

3）Edgar Hoover 产业群聚最佳规模论

美国区域经济学家 Edgar Hoover 在 20 世纪 30 年代论证了不同产业的区位结构之后，将规模经济区分为 3 个不同的层次：单个区位单位（工厂、商店等）规模决定的经济，联合企业体规模决定的经济，以及某产业在某个区位的群聚体的规模决定的经济。这些经济体得以达到最大值的规模，可以分别看作区位单位、联合企业体及产业群聚体的最佳规模（Hoover，2008）。

Edgar Hoover 的主要贡献在于指出产业群聚存在一个最佳的规模，如果集聚企业太少、集聚规模太小，则达不到群聚的最佳效果；如果集聚企业太多，则可能某些方面的原因会使群聚区的整体效应下降（鞠美庭和盛连喜，2008）。

目前，国外群聚研究主要集中在 3 个方面：一是产业群聚的机理、技术创新和组织创新的研究，二是产业群聚对社会资本和经济增长的影响研究，三是对产业群聚的产业政策及其实证研究（鞠美庭和盛连喜，2008）。

2. 中国的产业群聚研究

中国对产业群聚及区域创新体系的研究始于 20 世纪 90 年代。目前，国内的产业群聚研究主要集中在以下几个方面。

1）对中小企业群聚的研究

中国自实施改革开放以来，区域经济开始迅速发展，在南方形成了一些小商品或低档产品类的区域群，如低档服装加工、制鞋、传统手工制品、小五金、小家电等，有的已经在国际上占有很重要的地位。

2）从知识溢出角度分析群聚现象

叶建亮（2001）认为知识溢出是导致群聚的重要原因，它不仅决定了群聚的规模，也影响着群聚的质量，同时，知识溢出还导致集群内部产品的类同和恶性竞争的发生。

宁钟（2001）认为，企业集群存在进出劳动力市场、技术溢出及产业需求的动态变化；他把空间经济因素引入技术追赶模型中，分析了技术追赶、技术吸收能力及人力资本积累之间的关系，并以国家光电子信息产业为例进行了分析。

3）对产业群聚与区域竞争力的关系研究

王缉慈（2001）结合国内外区域发展的典型案例，认为培育区域特色产业、发展专业化产业区是提高区域产业竞争力的关键。徐康宁（2001）认为，中国的产业群聚与市场供给范围的扩大有关系；在开放经济条件下，发挥产业群聚的效应，提高产业效率，对中国产业提高其国际竞争力很有意义。仇保兴（2001）对小企业形成的产业群聚进行了理论与实证研究。樊圣君（2001）等认为，由社会资本带来的独立性机制会增强区域乃至国家的持续竞争优势（朱康对，1999）。

3. 产业群聚的形成与演进

1）产业群聚的形成与扩散

产业群聚的形成过程其实也是各产业对外扩散和传播的过程，产业传播的路径选择不仅反映经济活动的内在规律，而且体现该地区的社会和文化特征。另外，产业集群的扩散也并非无限制的，其范围取决于约束条件和产业辐射力的大小，地理位置、交通条件等因素会对产业群聚产生很强的约束力。除外部环境制约外，经济主体的创新活动在产业群聚的形成过程中也起着重要的作用。

当一个优先产业由于企业家的创新而在某地落脚之后，就会因其他人的模仿，而沿着一定的路径向外传播和扩散。产业扩散和传播既是产业化的过程，也是完成产业空间布局的过程。

产业扩散带来的直接结果是同一产业在同一区域的群聚，而同一产业的群聚同时也会导致一些与之有着经济和技术联系的相关企业集中分布，于是就形成了一个个以某一优先产业为主导、其他相关产业配套布局的产业群落。

区域群聚规模效益的产生使得区域内部的市场进入变得较为容易，但是对外部的潜在竞争者而言，则是一种无形的市场进入壁垒。他们要独立地进入该产业领域，就不得不付出更高的代价，冒更大的风险。与此同时，交通条件等环境因素也对产业群落的分布和扩散有着较大的影响。此外，地理环境和交通条件对同一区域内的产业分布也会产生不同的影响（鞠美庭和盛连喜，2008）。

2）产业群聚的演进

Tichy（1998）借鉴产品生命周期理论，从时间维度考察了企业群聚的演进，并将群聚生命周期划分为诞生阶段、成长阶段、成熟阶段和衰退阶段。

（1）诞生阶段（the formative phase）：产品的开发阶段，在这一阶段，产品和生产过程还没有标准化，企业聚集在一起进行产品生产，借助信息网络、分工协作及资源共享所产生的聚集经济而获得竞争优势。

（2）成长阶段（the growth phase）：集群发展迅速，增长率高，但同时又没有压力去创新，往往只把资源集中于最畅销的产品，并以日益增长的速度和规模扩大生产。集群内的资源（知识、信息、技能等）会日益集中，从而将更多的资源投入到主导产业（或产品）中去。

（3）成熟阶段（the maturity phase）：生产过程和产品走向标准化，企业追求大规模生产，注重成本削减；本地同类产品企业间竞争加剧、利润下降。这个阶段，群内企业对专业技能和知识的学习和转化减少，产品技术含量降低，产品出现雷同现象，存在"过度竞争"的威胁。

（4）衰退阶段（the petrify phase）：也称为"shakeout phase"，形容这一阶段集群中企业大量退出。企业集群进入衰退阶段最重要的标志是失去对市场的灵活反应，缺少应变的内源力。

从企业集群生命周期特征来看，企业集群在诞生阶段一般具有"聚集经济"所带来的竞争优势，但这种优势在进入成熟期后就开始削弱。企业集群生命周期理论表明，并不是所有集群都能保持长期的竞争力，企业集群会由于外界和内部的力量而逐渐丧失其竞争地位，最终走向衰败。

Tichy 只是考察了集群动态演进的 4 个阶段，并没有对其演进机制、如何培育和保持集群竞争优势，以及延长集群生命周期等进行深入研究。

魏守华（2002）将产业集群分为 3 个阶段——诞生期、成长期和成熟期，并对每个阶段的相应特征进行了比较分析，同时对集群演进动力机制的相关理论、动力机制要点及动力机制对集群竞争力的作用进行了探讨，并给出了集群动态划分的依据。他还选取国内外案例对产业集群动态特点进行了实证分析，较为全面地归纳了产业集群演进的动力机制和阶段特征。

4. 产业群聚的生态化

在产业群聚的演进过程中，其内部结构或外部环境的变化常常会发生从一种群聚类型向另一种群聚类型的更替；或者产业群聚的发展与环境不相容导致了环境的恶化，从而使产业群聚趋向退化、衰落甚至消亡；或者产业群聚的成长和环境条件的改善使原来的初级产业群聚得以向更高级的产业群聚演进，而且产业发展的环境条件得到不断优化（王发明，2005）。

传统产业集群在地域上高度集中，在结构上难以实现物质循环和能量高效流动，与生态环境的协调适应性差，可持续发展能力不足，因而注定被新型的生态型产业集群所替代。

依据产业生态学理论，通过集群内部的系统集成管理，可以把各种分散的企业和产业协调优化并形成生态产业链，从而实现产业集群的生态化，建立自然资源→产品→再生资源的新经济发展模式。其实质是通过企业之间的物质、能量和信息交换，建立产业生态系统的"食物链"和"食物网"，形成互利共生的"网络"，实现物质循环和能量的多级利用，由此形成企业之间的共生群落关系。

从微观层面研究产业集群的生态化问题，最重要的是实现集群内企业的生态化。可采取以下措施。

（1）提高企业内材料和能源的使用效率，提高废物的再生利用率，从而降低集群内企业的生产成本，提高企业绩效和竞争力，同时实现环境信息系统和其他支持服务系统在集群内企业之间的共享。

（2）在环境绩效改善层面，集群内企业不仅要大量削减污染源和废物源，而且还要减少对自然资源的需求。集群内企业将通过污染预防、能源有效使用、水资源管理、资源再生利用等清洁生产技术，减轻工业生产所造成的环境负荷。

从系统层面研究产业集群的生态化问题，不能只局限于集群的局部生态化，而是应该对产业集群进行空间结构分析，研究产业的上、中、下游关系和网络循环性、产业多样性、产业价值链、产业密集度（绿洲效应）、产业关联度等问题，建立企业之间的网络循环。

产业生态系统与其他复合生态系统一样是开放的系统，通过各种直接或间接的方式与其他系统发生联系。产业集群也是高度开放的系统，生产需要从外部输入能量和物质，产品需要消费市场，产生的废弃物可以通过内部处理或运送到系统之外，利用其他生态系统的净化吸收能力消除其不良影响（郭峰，2005）。

要推动集群生态化，就要从整个集群系统着眼，全面考察研究，科学定位，指导产业结构调整和产业空间合理布局，然后从细处着手，实现系统的全面优化；要按照产业生态学与区域经济学原理，在自然生态系统承载力的基础上，将产业集群内的产业生态体系与区域社会-资源-环境系统进行系统耦合；要在物质能量代谢、产业空间格局及人类生态关系等方面进行优化，降低生产过程对生态环境的不利影响，使物质、能量多级利用和高效产出，形成优势互补、互利共生、自然生态与人工产业链密切结合的复合生态系统；要合理、有效地利用空间资源，发挥区域整体优势，提高区域产业在国内、国际上的竞争力，以达到经济发展、环境改善和人力资源充分利用的目的，最终实现产业集群的生态化升级。

4.1.4 产业共生与产业生态位理论

1. 产业共生理论

共生是生态学中常见的一个概念，是指两个物种之间的亲密关系，可能对其中一个有利（偏利共生）或对双方都有利（互利共生）；生物共生通常涉及长期的协同进化。根据丹麦卡伦堡公司出版的《产业共生》一书中对产业共生的定义："产业共生是指不同企业之间的合作，通过这种合作，共同提高企业的生存能力和获利能力，同时，通过这种共生实现对资源的节约和环境的保护。产业共生着重用来说明相互利用副产品的产业合作关系（袁纯清，1998）。"

产业共生将不同的产业、行业耦合在一起，通过共同生产来提高资源利用效率。某一行业生产过程的产品或废弃物，可能正好是另一个行业生产过程中所需的原料。对生产过程中所需的原材料和能源进行科学地分配来生产不同的产品，或者对资源进行深加工，对副产物进行充分开发利用，都可以实现多产品联产。在空间上将具有耦合效应的产业配置在一起，可以大幅度地提高生产效率，减少废弃物的生成及不必要的资源消耗。

在产业生态系统构成的三要素中，共生单元和共生环境都存在着固有性和难以改变性，又由于共生模式是产业生态系统的关键，而且相对比较容易调控，因此目前关于产业共生的探讨，多集中于产业共生模式的研究上。根据共生企业之间的相互利益关系，可以将其分为：共栖及互利型产业共生、寄生型产业共生、偏利型产业共生、混合型产业共生等类型；根据企业的所有权关系，可以将其划分为自主实体共生和复合实体共生类型（鞠美庭和盛连喜，2008）。

在产业共生理论的指导下，形成产业共生网络和产业共生体系。产业共生网络由各种类型的企业在一定的价值取向指引下，按照市场经济规律，为追求整体上的综合效益（包括经济效益、社会效益和环境效益）的最大化而彼此合作形成的企业及企业之间关系的集合，是构成产业共生体的必要条件与核心内容（王兆华和武春友，2002a）。产业共生体系是由产业共生网络及其依存环境（资源禀赋、制度安排、技术进步等）所构成的整体。在一定程度上，可以说企业及企业之间的共生关系构成了产业共生网络，而产业共生网络及其所依存的环境构成了产业共生体系。产业共生的特征、要素、关系见图4-4。

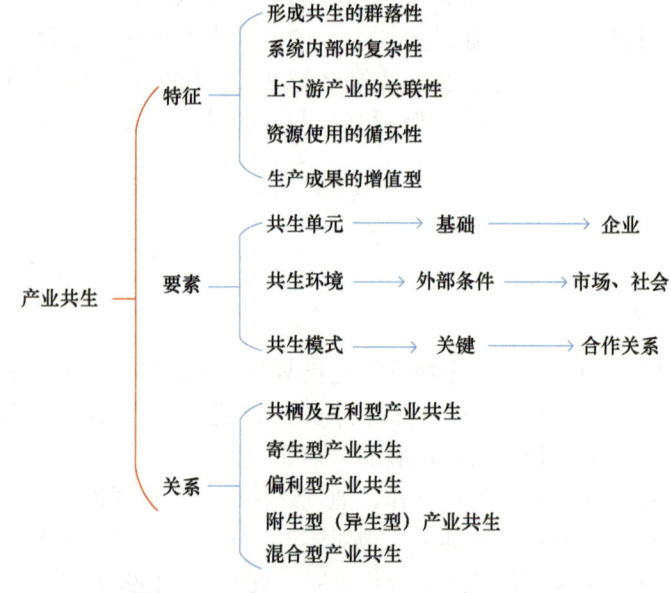

图 4-4 产业共生的特征、要素、关系图

2. 产业共生的要素

产业共生系统是由共生单元按照某种共生模式构成的共生关系的集合。共生单元、共生模式、共生环境是构成产业共生的三个要素。在共生要素中，共生单元是基础，共生环境是外部条件，共生模式是关键（王兆华和武春友，2002b）。

（1）共生单元是指构成共生体或共生关系的基本能量生产和交换单位；构成产业共生系统的各个企业都是共生单元。

（2）共生环境是共生模式存在和发展的外部条件，是共生单元以外所有因素的总和（包括市场环境和社会环境）。

（3）共生模式是指共生单元相互作用的方式或相互结合的形式。它既反映共生单元之间作用的方式，也反映其作用的强度；既反映共生单元之间的物质、信息交流关系，也反映其共生单元之间的能量互换关系。

另外，产业共生最重要的特点是可以形成相对稳定的股权、正式或非正式的契约（合同）等内生媒介。共生单元之间通过内生媒介进行物质、信息与能量交流的水平要高于通过外生媒介交流的水平。共生单元对内生媒介有一定的依赖性，形成了以连续性交易为特征的共生。这种共生机制消除了共生对象的随机性，减少了物质、信息和能量在传导过程中的损失和失真。

共生物质、能量和信息体现了共生关系的协同作用和创新活力。评价共生状态的基本标准是：共生界面较好、效率较高，共生密度适中，共生组织模式有效，共生行为模式趋向于对称性互惠共生；同时共生效益较好，这种共生效益是共生单元、共生模式与共生环境共同作用的结果。

3. 产业共生的机理

对于产业共生系统，首先要分析该系统是如何构成的。通常，共生系统被看作是系统内所有共生单元及共生关系的集合。对于产业共生系统，共生单元主要是构成该系统的各个企业。共生关系是指参与产业共生各个企业之间的合作关系。

共生关系是否成立，首先取决于共生单元性质之间的联系，即要建立共生关系，在共生单元之间必须存在质参量（质参量是指决定共生单元内在性质及其变化的因素）的兼容。对于共生单元而言，其质参量往往不是唯一的，多数情况下是一组质参量，这一组质参量共同决定共生单元的内部性质。质参量的兼容性就是指不同共生单元上的质参量具有某种对应关系。对于产业共生体系，单元模块的原料、产品及副产品都是共生单元重要的质参量。所以，共生单元质参量的兼容就主要表现为某一企业提供的物质、能量或信息恰好为另一企业所需要。特别需要指出的是，某一企业的副产品恰好是另一企业所需要的原料，这种质参量的兼容最有利于共生关系的建立（佘波，2006）。

当共生关系形成时，就会有共生效益生成。共生效益是指与没有共生相比，共生后整个系统增加的利益。不同的领域，其共生效益具有不同的表现。对于自然生态系统，共生效益主要表现为共生所带来的动植物生存能力的提高；对于人类社会，共生效益表现在该群体生存能力的提高和生存状态的改善；在产业领域，共生效益除了经济效益外，资源节约及废物排放减少等环境效益也是非常重要的方面。通过共生效益分析，可以得出各共生单元之间的共生分配系数，判断共生关系的类型及共生关系对共生单元的影响（鞠美庭和盛连喜，2008）。

4. 产业生态位

生态位是生态学的一个重要理论，是指在生物群落或生态系统中，每一个物种都拥有自己的角色和地位，即占据一定的空间，发挥一定的功能。也就是说，一个物种只能生活在确定的环境条件范围内，利用特定的资源，甚至只能在适宜的空间里生存与发展（陆钟武，2010）。当然，随着有机体的发育，它们可以改变其生态位（例如蟾蜍由幼体的水生到成体的陆生）。生活在同一地区的不同物种，它们的生态位总是存在一定的差别，这是因为生活在同一地区的不同物种，在漫长的生物进化过程中，由于种内竞争和种间竞争的作用，必然在生态位上形成差异（鞠美庭和盛连喜，2008）。

产业生态系统的生态位是指可被其利用的自然因素（气候、资源、能源、地形等）和社会因素（劳动条件、生活条件、技术条件、社会关系等）的总和。

根据生态位原理，由多个种群组成的生物群落，比单一种群的生物群落更能有效地利用环境资源，维持长期、高效的生产力，从而显示出更好的稳定性。在构建产业生态群落时，应该注意引入不同类型的企业，使它们之间形成更多的互补关系，并且避免不必要的种群内竞争，保持产业生态群落的稳定和快速发展。

此外，在同一产业生态系统中，不同企业的生态位也不同。企业生态位同样是指可被其利用的自然因素和社会因素的总和。产业生态系统中的企业通过经营规模上的错位、档次上的错位、业态上的错位、产品大类上的错位、空间和时间上的错位，形成企业的比较优势和竞争优势，建立自己的生态位，提高企业的竞争能力。

4.1.5 产业生态学的应用

产业生态学是一门新兴的、综合性很强的应用学科，旨在运用生态学的基本规律，有序地构建产业生态系统，从根本上解决资源与环境的矛盾。产业生态学是一个整体概念，它的实践要落实到企业、区域和系统各个层面。产业生态学在企业层面的应用，主要是针对企业提出一种环境友好的管理理念、生产方式及评价体系。从管理上来说，最重要的是要求企业树立"三重底线"的理念，即企业不仅要追求经济利益,还应该承担"社会责任"和"生态责任"。以此为基础,可以在企业中开展"生态供应链管理"及 ISO14000 管理和认证;从生产方式及评价体系来讲,可以采用产业生态学中的物质和能量流分析、清洁生产审核,以及 ISO14000 管理体系中的生态标志、绿色会计等方法,对企业进行分析和评价。产业生态学在区域层面的应用,主要针对生态工业园和生态农业园,其在建设和保护园区生态环境的前提下,以"整体、协调、循环、再生"为目标,在提高农业生产力的基础上,充分发挥本地资源优势,全面合理安排农、林、牧、副、渔等产业结构,把高产和优质结合起来,努力实现生态农业园在高产值、高效益和高附加值上的整体效益。产业生态学在国家/全球层面的应用,主要为产业系统的结构平衡和环境优化提供了一个新的范式,也为国家/全球产业政策提供决策支持,其中既涉及技术政策,也涉及经济、法律、财政政策等。通过对经济系统的物质流和能量流分析,可以了解全球、国家、区域范围内物质与能量流动的情况,研究这些流动对经济与自然生态环境的影响,同时提出减少这些影响的理论、方法和技术,从而推动可持续发展的实现。通过对资源生产力的研究,可以检验国家技术政策和产业政策的有效性,从而合理地配置和使用资源。另外,还可以将产业生态学的工具和方法用于国家预算中,如绿色审计等(李长洪等,2010)。

4.2 可持续性科学

可持续发展是时代主题,也是人类面临的最大挑战。可持续发展的概念频繁地出现在学术文章、政府文件及公益宣传和商业广告之中。然而,为可持续发展提供理论基础和实践指导的"可持续性科学"是在 21 世纪初才开始形成的。该科学在短短的十几年中迅速开拓、不断发展,正在形成科学概念框架和研究体系。可持续性科学是研究人与环境之间动态关系(特别是耦合系统的脆弱性、抗扰性、弹性和稳定性)的整合型科学。它穿越自然科学及人文与社会科学,以环境、经济和社会的相互关系为核心,将基础性研究和应用研究融为一体。可持续性科学需要聚焦于生态系统服务和人类福祉的相互关系,进而探讨生物多样性和生态系统过程,以及气候变化、土地利用变化和其他社会经济驱动过程对这一关系的影响(邬建国等,2014)。沙区生态产业的发展以自然生态系统功能为基础,与人类福祉息息相关,其发展必须综合考虑自然、社会、经济状况,因此可持续性科学是其必要的理论基础。

4.2.1 可持续性科学的基本内涵

可持续性科学是在可持续发展的理念上进一步提出的,大多数人已对可持续发展的概念相当熟悉,但对于什么是可持续性科学这个问题,很少有人能够描述其准确含义,而要弄清楚什么是可持续性科学,首先就要阐明可持续性科学的基本内涵、核心论题及可持续性科学的基本特征。

1. 可持续性科学的基本内涵

可持续性科学是一门新兴学科,又可称之为可持续发展的科学和技术,在近10年来极富活力。它需要综合不同学科来共同探讨一个主题:致力于研究不断变化着的自然与社会之间的相互作用。可持续性科学主要关注的是社会、环境与经济的问题,即人与自然资源及经济利益三者之间的相互作用。可持续性科学将整合这些问题,从理论上提出依据,在实践中找到指导方法,促进可持续发展。对于可持续性科学基本内涵的界定,不同学者从不同角度进行了阐述。2001年,Kates等(2001)将可持续性科学定义为:可持续性科学是在一定尺度上研究自然与社会二者之间紧密关系的学科,同时也是为可持续发展提供理论的基础学科。邬建国等(2014)将可持续性科学概括为:可持续性科学是研究人与环境之间的关系,尤其是系统弹性、脆弱性和稳定性的综合型科学。可持续性科学在不同学科与领域中有着不同的定义,在探讨与研究环境、经济与社会三者间的过程中形成了强可持续性和弱可持续性两种主要观点。弱可持续性认为,经济和社会问题必须纳入可持续发展讨论,并允许一种形式的资本(人类、自然、社会构建、文化)来代替另一种。强可持续发展理论则强调自然资本具有绝对的不可替代性。诸大建(2016)将可持续性科学分为三种进行了解读,即新古典经济学对应的弱可持续性的解读、传统环境主义对应的绝对可持续性的解读,以及反对以上两种极端看法的解读,分别为:①强调经济、社会、环境的并列关系,认为综合资本增长的就是可持续的;②强调自然资本的不可替代性,认为任何自然资本减少的经济增长都是不可持续的;③强调经济、环境、社会依次包容的关系,认为关键资本不减少的综合资本增长才是可持续发展的,这种可持续性发展即强可持续性发展。上述第二种含义中"强可持续性发展"观点是应该被接受的可持续发展概念,其原因就在于强可持续性强调的是自然资源减少到一定程度最终将具有不可替代性。综上所述,可持续性科学是在可持续发展理念的基础上迅速发展形成的,在一定尺度上研究经济、社会与环境之间的关系及复杂的相互作用的,为促进可持续发展并为可持续发展提供理论基础和技术手段的新兴综合型学科。

2. 可持续性科学的核心论题

核心论题首次提出于2001年发表的可持续性科学的奠基之作中,Kates等(2001)首次提出了该领域的7个核心论题:①怎样更好地将自然与社会之间包括滞后和惯性的动态互动整合到新兴的模型和概念化中,从而将地球系统、人类发展和可持续性融为一体？②包含消费与人口的环境与发展的长期趋势，该怎样通过改变自然与社会之间的相互作用来影响可持续性？③对于不同的生态系统和人类生计类型，是什么在不同区域决定了自然-社会耦合系统的脆弱性与恢复力？④怎样科学而有效地界定极限条件与边界域值来达到提醒自然社会系统严重退化的目的？⑤哪些市场、政策、规范和科学信息的激励结构制度，能够最有效地促进将自然和社会的互动纳入可持续轨道的社会能力？⑥怎样将现有的关于环境和社会状况的监测和呈报制度加以整合，来为可持续性过渡提供更有效的指导？⑦怎样将现有相对独立的研究规划、监测、评价和决策支撑等各项活动更好地整合于适应性管理和社会学习的系统中？

上述论题的核心思想成为后来可持续性科学发展的基础。2010 年，Levin 和 Clark（2010）在 Kates 等 7 个"核心"问题的基础上，提出了可持续性科学中的 6 个"基本"问题：①人类福祉与自然环境间的主要得失权衡是什么，而这些权衡又受到了人类利用自然的方式的怎样的影响？②是什么决定了人与环境耦合系统的适应性，广义地讲，该系统在外部干扰和内部变化情况下的脆弱性和抗扰性是什么？③是什么决定了人与环境间互动的长期趋势和演变过程？④怎样建立更好地解释物种和趋势在人与环境相互作用中的差异的理论与模型？⑤怎样最有效地引导和管理人与环境系统向可持续性过渡？⑥如何有效、严谨地评估人与环境互动的可持续性？2011 年，Kates（2011）再次基于 Levin 和 Clark 的论述对 2001 年提出的 7 个核心论题进行了修改：①是什么促使形成了 21 世纪主要发展方向的转变和长期趋势？②是什么决定了人类环境系统的适应性、脆弱性和恢复力？③怎样表述更适用于人类-环境相互作用的理论与模式？④什么才是人类福祉与自然环境之间的主要权衡？⑤是否能够为人类-环境系统提供科学、有效的警告？定义科学上有意义的"极限"，为人类环境系统提供有效的警告？⑥社会怎样才能有效地引导或管理人类环境系统，实现可持续性转型？⑦怎样评价环境和发展以外其他途径的可持续性？相比于 2001 年的核心论题，Kates 在 2011 年提出的论题中用人与环境系统替代了自然-社会系统，增加了人类福祉与自然环境之间的主要得失权衡，与如何构建能更好地解释人与环境相互作用的差异的理论模型，并将其 2001 年版中激励结构系统和监测、呈报系统合并为引导和管理人与环境系统，从而使其向可持续性过渡的社会能力。

总而言之，可持续性科学这一新的科学体系的出现旨在理解自然与社会的相互作用，它需要有新的研究方法及创新的体制，如果能够加强其解释能力，可持续发展将有更大的拓展空间（高敏，2011）。

3. 可持续性科学的基本特征

邬建国在文章中进一步阐述了可持续性科学的一些特点。他认为可持续性科学是具有 3 个主要特征的全新的跨学科的范式：一是可持续性科学是多维度的、自然科学和社会科学相融合的、理论与实践相结合的学科；二是可持续性科学中的可持续性在组织结构上具有多尺度和等级特征；三是可持续性科学强调解决实际问题，并具有地区特点（邬建国等，2014）。周兵兵等（2019）在《再论可持续性科学》中提到了 Bettencourt 和 Kaur（2011）所分析的可持续性科学不同于传统科学的发展特点：一是 1987 年世界环境与发展委员会正式定义可持续发展以来，相关文章数量显著增长；二是从文章发表数量和引用频次看，研究可持续性的国家包括传统的科学强国与大量的发展中国家；三是可持续性科学涉及的领域相较于传统科学牵涉甚广，其中对其领域做出巨大贡献的包括社会学、生物学及工程学等学科。

综上所述，可持续性科学具有下述基本特征：一是可持续性科学是一个自然科学与社会科学互相融合，理论与实践相结合，所涉及和研究的领域包含甚广的综合性学科；二是可持续性科学是在"可持续发展"的基础上发展演变而来的，并迅速受到各国各领域学者广泛的持续关注与研究；三是可持续性科学的研究有众多国家、众多学者参与，但同时又具有区域性特点。

4.2.2　可持续性科学的发展过程

1. 可持续性科学的起源

20 世纪 60 年代以前，人们以征服与控制大自然为骄傲，而从未考虑过保护自然并与之和谐共处。直到 Rachel Carson（1962）揭示了 DDT 杀虫剂对鸟类和生态环境的破坏，于 1962 年以此出版了科普书《寂静的春天》，才引发了社会各界对环境问题的关注。《寂静的春天》在美国的问世，使环境保护问题提到了各国政府面前，各种环境保护组织纷纷成立，从而促成联合国人类环境大会于 1972 年 6 月 12 日在斯德哥尔摩召开，各国签署《人类环境宣言》，首次把"行动、环境、我们和我们的后代"放在一起考虑发展问题，人类从此开始了环境保护事业。直到 1987 年的世界环境与发展委员会会议上，出版 *Our Common Future*，正式提出"可持续发展"的概念和模式，将可持续发展定义为"满足当代人的需求，同时又不损害其子孙后代满足他们将来需求的发展"。1990 年以后，国内外有大量学者聚焦于研究可持续性发展。1992 年，联合国在巴西里约热内卢召开环境与发展大会，通过了《21 世纪议程》等文件，把可持续发展从全球性的理论共识变成了全球性的实际行动。23 名世界著名可持续发展研究者于 2001 年在 *Science* 上发表论文 *Sustainability Science*，整合与提升了现有可持续发展的研究成果，正式提出了可持续性科学（Sustainability Science）的概念，使可持续发展从思想走向科学，最终形成协调和创新的理论和实践体系。《美国国家科学院院刊》于2005年发表了《什么是可持续发展？目标、指标、价值和实践》。

可持续发展的理论涉及自然、环境、社会、经济、科技、政治等诸多领域，它能够辨别自然、经济和社会等各要素之间的协调与和谐发展，是源于实践并又能指导具体实践的。

2. 可持续性科学的形成

1999年美国国家研究理事会在题为《我们共同的旅途》的报告中首次提出"可持续性科学"一词。2007年刊发了《非洲贫困：可持续性科学的巨大挑战》等有关可持续性科学文章，该领域的研究得到了有力推动。20世纪末以来，可持续发展的思想已经深入人心并成为许多国家和地区的发展目标。国内外学者普遍认为，目前可持续性科学已经历孕育期（20世纪80年代～1999年）、成形期（1999～2006年）和迅速成长期（2006～2012年），并进入了成熟期（2012年至今）（Fang et al.，2018）。周兵兵等（2019）对此4个发展阶段作出了概述：①孕育期（20世纪80年代～1999年）：联合国发布的报告《我们共同的未来》推动了全球可持续发展研究；可持续性概念中关于强可持续性与弱可持续性的争议问题也得到了解决。②成形期（1999～2006年）：美国国家研究理事会发布了报告《我们共同的旅途：向可持续性转型》（NRC，1999），Kates等在此基础上于2001年对可持续性科学进行了正式的阐述，并发表于 Science，成为可持续性科学领域的诞生宣言。③迅速成长期（2006～2012年）：开始大量出现相关研究，关于可持续性科学的许多定性定量综述表明，学者们就其基础概念、核心论题等已形成较为广泛的共识。④成熟期（2012年至今）：可持续性科学至今还在不断深化与拓展。纵观可持续性科学发展的各个阶段，最早由美国学者提出并最先研究，后又逐渐受到各个国家学者们的广泛关注与深入研究，在不到20年的时间里迅速成长起来进入大众的视野，成为一门新兴学科，蕴含着巨大价值与活力。

4.2.3 可持续性科学的发展形态

现阶段被大家广泛认同的可持续性科学，包含生态、经济、社会三重含义，分别对应3种形态的可持续性科学。此外，还有一般可持续性科学（徐治立和徐舸，2019）。①生态可持续性科学。生态可持续性科学是指结合生态学理论维度研究可持续发展的一种科学形态。生态可持续性科学研究要求进行可维护人类健康的自然过程、可保护生态系统永续的生产力，以及维护自然资源的基础的生态学研究，例如景观可持续性科学研究等（李秋洋和蔡志伟，2018）。②经济可持续性科学。经济可持续性科学是指结合经济学理论研究可持续发展的一种科学形态。经济可持续性科学要求开展能够实现经济长期高效可持续发展的经济学研究，例如各种强可持续性发展理论与弱可持续性发展理论等。③社会可持续性科学。社会可持续性科学是指结合社会学理论研究可持续发展的一种科学形态。社会可持续性科学研究追求能够长期满足社会基本需求和更高层次的社会和文化需要，并能实现代内公平和代际公平，例如社区可持续性科学研究等。④一般可持续性科学。一般可持续性科学研究追求在能够极大地满足和维持当代人的物质和精神需求的前提下，仍能够保证为后代留下和提供可满足其各方面、各层次需求。它不侧重某一维度，而是从总体上研究可持续性科学的一般本质及其规律的科学研究，例如Kates等（2001，2011）论述的可持续性科学等。

1. 可持续性科学的发展状况

为走出可持续发展在理论与实践方面所面临的"双重困境"，可持续性科学在21世纪应运而生。目前它已历经孕育期、成形期和迅速成长期，进入成熟期，并且迎来了新的发展态势。学界广泛认同可持续性科学涉及经济、社会、环境三个维度，并在对这三者关系的研究中逐渐发展出两种相互对立的范式——强可持续性科学与弱可持续性科学（诸大建，2016）。可持续性科学的出现在多个方面都具有重要意义，对经济社会、生态文明、科学技术等方面都有着深刻影响。20世纪八九十年代，国际社会先后诞生了可持续发展的思想和战略，但是人们观念及行动上都存在许多深层次难题有待突破（徐治立和徐舠，2019）。

2. 可持续性科学的发展趋势

可持续性科学是20世纪末才逐渐孕育，并且于21世纪初产生和发展起来的新兴综合性学科。可持续性科学的概念刚一提出，就受到各国各领域学者的广泛关注。此后近20年，其得到迅速发展。可持续性科学发展趋势：

1）可持续性科学的国际趋势

可持续性科学形成之后，国际科学界不断致力于其深化拓展，呈现出热门学科发展态势。可持续性科学概念的正式提出者Kates于2011年在《美国国家科学院院刊》上发表了《可持续科学是什么样的科学》一文，文中对目前世界上对可持续性科学的研究现状进行了总结，指出相关大量论文以作者和机构为代表的可持续性科学分布广泛，不仅包括日、美、西欧等传统科学中心，还包括几乎所有的金砖国家及肯尼亚和尼日利亚等发展中国家。Kates（2011）还增加了关于可持续性科学的两个重要维度：一是可持续发展成果强调环境研究与发展研究之间的平衡；二是呈现一些针对可持续性科学的专业、学位和中心国家的学术研究领域。

这些表明，可持续性科学无论是在国际社会外延范围还是其理论内涵方面，都呈现显著扩展态势（Kates，2011）。

2）可持续性科学的中国化

近年来，世界各国多种多样的可持续性科学理论迅速涌现，其中体现中国特色的"C 模式"理论就是比较引人注目的一种。诸大建（2015）在"A 模式"和"B 模式"的基础上提出了符合中国实际的"C 模式"，但它不是前两者简单的加和或升级，而是对中国经济社会如何实现可持续发展等问题做出的思考。"C 模式"强调中国经济可保持既定增长目标，认为自然资源的消耗过程是一个减速增长后趋于稳定的过程。"C 模式"是诸大建等为寻找适合中国经济社会可持续发展所提出的理论模式，是可持续性科学领域的一种新尝试。为促进可持续性科学在中国的发展，近年来国内学者呈现积极探索态势。周兵兵等（2019）倡导了"三位一体"的策略：①"请进来"：结合中国具体国情与实际，吸收消化国外研究成果；②"走出去"：通过积极参加国际会议等方式与国际可持续性科学界接轨，分享展示中国研究成果；③"中西结合"：努力建立中国自己的可持续性科学系统的、完整的理论体系，争取走向可持续性科学学科研究前沿。以上是当前国内学者试图结合中国具体实际情况，对于可持续性科学作出的中国化的阐述（徐治立和徐舸，2019）。

3. 可持续性科学的社会意义

可持续性科学作为一门近 20 年来快速发展的综合型学科，其意义是多方面的，我们在此将着重对它在经济社会、生活方式及科学技术这三个方面产生的影响进行阐述（邬建国等，2014）。

1）演绎地球物理极限内经济社会繁荣

可持续性科学是将可持续发展的总体理念贯穿到各个学科领域，就社会经济而言，可持续性科学并不是要求绝对降低经济发展的速度，但地球现存的自然资本和资源并不是可以无限消耗的，在世界各地经济快速发展的情况下，要将这一点作为限制因素考虑进经济发展的各方面问题中，寻求一种长期高效的经济发展模式。诸大建探讨了可持续性科学在经济发展的规模、效率和公平问题三方面中的意义，将社会上主流经济学同可持续性科学的主张作对比，就会发现：规模问题上，前者主张经济增长的物质规模可无限扩张，而后者强调其规模是有极限的；效率问题上，前者主张提高劳动生产率等传统要素，而后者强调要同时提高各类资源的生产率；公平问题上，前者忽视自然资本的社会分布，而后者强调其分布的均匀性。

上述三方面对比表明，发达国家和地区与发展中国家和地区要实现可持续发展必须通过不同的途径：前者需改变过往过度消费的模式以为后者腾出物质空间，而后者需在生态文明方式下实现经济社会发展。可持续性科学通过研究上述机制揭示特定条件下实现可持续发展实现的途径，来阐明地球物理极限内经济社会繁荣的逻辑。

2）建构生态文明生活方式的科学基础

生态文明是指社会经济发展到一定程度后，经过对过往工业文明等传统文明形态的反思和对现有文明的整合，进一步发展出追求人与自然、社会和谐共生的，具有全面性、和谐性和持续性的新型文明形态。生态文明生活方式是指现代生态文明下的"绿色"生活方式，是相对于农业文明时期的"黑色"生活方式和工业文明时期的"黄色"生活方式而言的，过去的生活方式对地球资源消耗严重，对生态环境损害严重，但地球上的自然资源和其所能承载和转化废弃物的能力是有限的，这就要求我们抛弃"反自然的、非绿色的"生活方式，倡导简朴而有节制的现代生态文明下的"绿色"生活方式。可持续性科学是构建生态文明生活方式的科学基础。既然可持续发展的终极目标是提高全体人类的福祉，那么可持续性科学会对人类需求的满足和人类福祉的提高带来科学依据。可持续性科学为"可持续性消费"提供科学基础。众多长期健康的生态文明生活方式中，"可持续性消费"是一种在可持续发展理念基础上提出的"绿色"消费模式（郑婧伶和徐炳全，2020）。1994年在挪威奥斯陆召开的"可持续消费专题研讨会"将"可持续性消费"定义为：在尽量最少消耗自然资源和使用毒材料并不危及后代的前提下，提供产品、服务等以提高人类生活质量。该定义同时提到了当代和后代需求的满足，合理实现了可持续发展理念中代际公平的考虑。而人类的需求和自然界中的生态系统息息相关，满足人类的需求必然要依赖生态系统为人类所提供的服务功能，目前为止，生态系统服务最广泛的分类包括4种服务：支撑服务、供给服务、调节服务和文化服务。绿色"可持续消费"和生态系统服务都是可持续性科学在生态文明建设方面的发展与演变，它们都为现代生态文明下的生活方式的构建提供了科学基础。

3）推动科学技术转型的支点

科学技术转型是指从原来的线性的、简单的、局部的、还原的、反生态的科学技术发展模式，转向非线性的、复杂的、整体论的、合生态的科技发展模式。它充分考虑人与自然、生态环境之间相互协调、相互影响的关系，寻求一种绿色、健康、和谐、长期、可持续的有机发展模式。可持续性科学的发展本身推动科学技术的转型。可持续性科学所涵盖与研究的领域甚广，其本身致力于探索发展的长期性、可持续性和协调性表明，在可持续性科学自身高度发展的情况下，科学技术的多门学科以及整个科技体系都将趋向于以能够维持长期的健康、绿色发展为原则，形成一种全面协调、统筹兼顾的科学发展观，即可持续性科学自身的发展将成为科学技术向绿色可持续发展模式转型的动力与支点。可持续性科学为各个领域的科学技术的发展提供了一种新的评判方式与规范。科学技术不应当没有任何规范与限制地随意发展。以可持续性科学的眼光看待科学技术的发展，传统科学技术在为人类带来巨大福祉的同时，本身也伴随巨大的负面影响和诸多潜在的隐患。只有倡导发展强可持续性的科学技术，才能做到既满足当代人的物质与精神需求，又能为后代人提供合理的权利与生存的资源。

邬建国等（2014）指出尽管可以概略地把可持续性科学说成是"研究可持续发展的科学"，但是有关可持续发展的研究并非一定是可持续性科学的内容。关于可持续发展的研究至少已有 40 年的历史，其间有大量的论文及政府和其他非学术组织的报告发表。2000 年以前发表的大多数有关可持续发展的文献缺乏统一的概念框架，缺乏系统性和严谨性，缺乏科学规范。这一时期的许多可持续发展研究被看作是社会科学或与政府决策有关的实用研究，并未受到自然科学家的广泛重视。而在自然科学中，与可持续发展研究关系最为密切的包括生态学和环境科学。但这两个学科中的所谓可持续发展研究，长期以来只重视生态或环境可持续性，对社会和经济可持续性考虑甚少。而生态或环境可持续长期以来聚焦于生物多样性保护和生态系统稳定性。在 21 世纪初可持续性科学才正式问世，短短十几年已经引起来自然科学、社会科学、人文学科各领域的广泛关注。可持续科学将诸如全球变化、生态系统服务、生态经济学、景观生态学、生态-社会系统、自然资源管理和政策科学等研究可持续发展的相关领域作为"原材料"，在新的概念框架下进行有机整合：围绕人与环境耦合系统这一共同的研究对象（本体论），从人的立场出发（认识论），开展知行合一的研究和实践（方法论）。所以，可持续性科学具有内在一致的科学哲学基础（本体论、认识论和方法论），强调横跨自然、社会、人文学科之间的交叉互补，系统地研究这些具有关联性的"原材料"，并重视服务于可持续发展的现实需求（周兵兵等，2019）。

2018 年，Fang 等（2018）提炼的可持续性科学八大研究论题为：①可持续性的内涵及量度；②可持续发展的知识系统（数据、指数、模型、方法和理论）；③可持续发展的主要挑战；④人与环境系统演化的长期趋势及其主控机制与无干预的不可持续远景；⑤人与环境的权衡与协同；⑥可持续的系统愿景；⑦人类干预的杠杆点；⑧向可持续发展转型。可持续性科学的研究论题具有两个突出特点：一是强调人与环境耦合视角；二是重视以人为本的规范研究范式。人与环境耦合系统视角要求我们不仅要同时看到人文和自然的诸多因素，还要重视要素之间直接或间接作用所产生的各种正负反馈机制，对人与环境系统反馈机制的研究是实现向可持续发展转型的基础。以人为本的规范研究范式则要求我们要开展"应当怎样"的有价值取向的规范研究，特别是基于"老百姓想怎样"的跨学科研究（周兵兵等，2019）。可持续性科学是聚焦人与环境系统的知行合一研究以实现可持续发展的新科学，着眼于为人与环境耦合系统提供"中西医结合"式的"诊断治疗"，强调人与环境系统的视角和以人为本的价值取向。

可持续发展在过去10年里不论是从理论上还是实践上都陷入了困境。其重要原因之一是可持续发展的词义模糊，造成人们在"什么东西应维持，什么东西被发展，考虑多长时间"等问题上难以达成一致。西方一些学者便想用可持续性这样一个严格的科学定义来替代意见分歧。可持续发展既强调自然界作用于人类活动的各种限制，又强调能力或机会。由可持续性定义的可持续发展应该是能自我平衡协调和不断创新的理想状态。它由可持续性目标（状态）可持续性转变和与之配套的方法和措施三部分构成，其中可持续性转变的过程是联系可持续发展目标和方法的关键，但是对它的研究却十分薄弱，目前研究可持续性转变的各种方法都有缺陷（肖平，2009）。

4.2.4 探索可持续性转变

全球变化科学为可持续发展提供了科学理论基础，但是可持续发展也对全球变化科学具有指导意义，主要体现在：①气候变暖、土地变化和生物多样性的损失等环境变化；②人口增长与老化、城市化、经济全球化和贫富不均等社会变化。如何更好地理解这些变化并使这些变化过程向着可持续目标转变，是可持续性科学的重大挑战。关于可持续性转变的定义没有统一的认识，2002年南非约翰内斯堡举行的可持续发展高峰会议上只是简单地提到可持续发展的目标应该是促进向这种发展路径的转变：满足人们需求，同时保护地球的生命支持系统及减轻饥饿与贫苦，很少涉及如何达到这个目标和转变的特征（肖平，2009）。

Pierce在1992年归纳了可持续性转变的5个方面：①稳定人口规模的人口转变；②高效率的能源转变；③将自然当作收入，而不是资本的资源转变；④让更多的人享受好处的经济转变；⑤转变国家/国际分配的政治转变，进一步地认为任何国家，甚至整个人类社会都是环境与经济之间的一个可持续的平衡。显然，Pierce（1992）认为，可持续性转变具有自组织系统的某些特色，能够改变结构与适应环境变化，并与环境共同演化。

Drummond和Marsden（1999）认为，可持续性发展的动态过程必须内生化，没有一个系统能够靠其他系统的输入维持长久过程的内生化。内生化涉及几个方面，第一是适应任何系统的内部结构，都能够及时调整，以适应外界的变化；第二是创新，新思想、新实践不断地从内部滋生出来，而不是借用外部的；第三是尺度的表达，如何用非协定共振系统达到平衡。Yanarella和Levine（1992）认为，关键是能够在更大的背景或系统中发现平衡。一个期望的活动，如可持续性转变，可以被看作是引入现存系统的外来组分，当现存系统被引入的外来组分打破平衡后，一种反向作用就会在包括外来组分的更大系统中发生，试图达到新的平衡来影响变化。

4.3 生态经济学理论

4.3.1 生态经济学的概念

生态经济学是从经济学角度研究生态系统和经济系统所构成的复合系统的结构、功能、行为及其规律性的学科，是生态学和经济学交叉形成的一门新兴学科，主要研究内容有：生态-经济系统的结构、功能和目标；经济平衡与生态平衡之间的关系及其内在规律；经济的再生产与自然的再生产之间的关系和规律；人类在生态-经济系统中的各种经济活动，同时带来的经济效益和生态效益的相互关系；人口、资源、能源、生态环境、城乡建设等问题之间的内在联系；防止环境污染，恢复生态平衡的投资来源及效果评价等（傅国华和许能锐，2014）。

生态经济学是一门在更广范围内讨论生态系统和经济系统二者之间关系的学科，主要强调人们的社会经济活动与其带来的资源和环境变化之间的相互关系，强调经济学和生态学的相互渗透、相互结合。不少学者也对生态经济学进行了定义。王松霈（1992）提出，生态经济的研究主体——生态经济系统是由生态系统和经济系统相互作用、相互交织、相互渗透而形成的具有一定结构和功能的复合系统。王东杰等（1999）认为，生态经济学是研究生态经济系统中生态系统与经济系统之间关系及其规律的科学。季昆森（2001）认为，生态经济学是从经济学角度，研究由社会经济系统和自然生态系统复合而成的生态经济社会系统运动规律的一门科学。此外，张明军等（2006）认为，生态经济学应包括3个方面的内容，即保证经济增长和生态环境的可持续性；基于复杂系统的角度研究生态经济问题；实现经济系统和生态系统协调发展的最理想模式。

生态经济学基于经济系统和生态系统的矛盾运动，突出人类经济社会活动与生态环境的协调和可持续发展，力求揭示经济、生态、社会和自然组成的大系统的内在联系和发展规律，探索内部各子系统之间和谐发展的途径。

生态经济学中生态经济包含对整个生态的研究，也试图用生态的眼光去分析生态危机对经济的反作用。基于生态系统的整体性与复杂性，不仅指出生态系统中事物联系的多样性，也肯定了人作为系统中的一部分，对自然的依赖也是多样性的，同时人类社会的存在依赖于生态经济大系统中生物多样性的平衡和自我调节作用。所以，人类要用正确的生态观，把握生态系统内部自我调节方式，利用事物之间存在的联系性、互动共生性和生态结果，达成系统的生态平衡。自然条件和生态条件具有显著的区域差异性，经济发展是在自然资源和生态条件之上展开的，区域资源禀赋和生态环境的异质性促成了经济发展和生态经济的特异性。这就要求在每一个国家，甚至每一个区域内，必须依据具体情况研究经济发展和生态保护之间的关系，做到因地制宜。更为重要的是，生态经济学考虑的不只是短期的经济效益，而且强调长远的生态效益，以及资源配置和自然环境的代际公平性，其研究的生态保护、资源节约、污染治理等都是具有长远战略意义的问题，最终关注的是人类社会可持续发展的目标。生态经济覆盖所有产业经济部门，可以将其视为整个国民经济的生态化。

4.3.2 生态经济学的发展

工业革命以来，随着科学技术进步和社会生产力的极大提高，人类创造了前所未有的物质财富，推进了社会物质文明的发展。但是随之而来的是环境与生态问题越来越凸显，对此，理论界围绕着生态和经济协调发展的问题展开了激烈讨论，并形成了不同的观点。1972 年，美国学者德内拉·梅多斯等发表了《增长的极限》这一报告，并形成了以此为代表的环境悲观论学派，报告从人口、资金、能源、粮食等全球重要问题出发，经过分析研究，预测经济不可能无限增长，认为人类社会活动对自然界的破坏已经达到或超出自然界的承载力，生态系统存在着崩溃的风险，并由此带来世界性灾难。故而控制人类活动是根本措施，主张实行经济零增长，提倡适度消费。

1981 年朱利安·林肯·西蒙出版了《没有增长的极限》（又名《最后的资源》），以乐观的态度论述了对相关问题的看法，他认为随着生产力的进步，社会不断变革，也会不断地产生新的价值资源，形成连续的资源替代，所以生态环境恶化只是工业化进程中的暂时现象，只要优先考虑发展经济，加大对环境的投资力度，生态环境恶化最终可以通过新技术的应用加以改善。不论是悲观论还是乐观论，随着时间流逝和社会进步，可以看出都存在片面性，悲观派忽视了科学技术的进步，过于局限于短期状况；乐观派只强调了科学技术的正面效应，却忽视了生态系统本身的运行规律。

在对这两种观点思辨的基础上，形成了第三种观点，即生态经济论，这种观点认为社会经济系统是包含在生态系统中的，社会经济系统发展的限度取决于生态系统，这个限度是动态的，随着技术水平的发展而变化。

所以人类发展应该是两者有机结合的一个整体，保持经济和生态环境和谐发展，在此基础上，形成了可持续发展理论。1987 年，世界环境与发展委员会发表了报告《我们共同的未来》，在系统探讨了全球面临的重大经济、社会和环境问题之后，提出目前面临的各种危机是一个整体，不能分割，如果不改变现有的发展模式，子孙后代将面临资源枯竭、能源耗尽的局面。因此人类需要走可持续发展的道路。报告一经发表，就引起了全球关注，得到了学术界的极大支持，也是现在被广泛接受的主流观点。

20世纪80年代，一些西方社会科学家、未来学家就提出人类社会文明发展递进的顺序是前工业社会—工业社会—后工业社会的"三阶段论"。其中，前工业社会的"意图"是"同自然界的竞争"，工业社会的"意图"是"同经过加工的自然界竞争"，即"同人化的自然界竞争"，而后工业社会的"意图"则是"人与人之间的竞争"。很明显，这种对人类社会发展的演进规律的概括只是强调竞争，而否认和谐发展。这样探索人类社会发展的规律性，就必然对21世纪人类社会发展问题的认识产生片面性。在20世纪90年代前期，生态学家试图以系统整体观和生态中心主义思想为基础，来构造全盘改造工业文明社会的方案，"最终建立一种无等级差别的理想的生态社会"。"生态社会是一个真正自由的社会——一个真正建立在生态学原则上，可以调节人与自然关系的自由社会。"其后，英国学者伊恩·莫法特描述了可持续发展社会的景象，并称之为"绿色社会"模式。本书认为，"绿色社会"模式，不仅是"生态社会"模式的形象概括，而且是"四大和谐"有机整体的生态社会的绿色概括。它们作为一种新的社会形态，在本质上是可持续发展社会。

与此同时，我国一些学者对人类社会发展远景也提出了探索性看法，相继提出了"生物工程社会""生态化的生物产业社会"等概念。生态社会是现代经济社会发展的远景，大约到21世纪后期，就会有些国家进入生态社会。所以，农业社会—工业社会—生态社会反映了人类社会文明递进的发展序列，是符合生产力发展和人类社会发展的客观规律和必然进程的。生态社会作为现代经济社会发展的前景，确实是一个理想的社会发展模式。生态社会不仅是人与自然协调和谐发展的社会，而且是一个人与人、人与社会协调和谐发展的社会，更是一个人的生理和谐、心理和谐及生理与心理和谐发展的社会。

生态文明是人类社会进步的重大成果，是实现人与自然和谐发展的要求。建设生态文明是中华民族永续发展的千年大计，事关"两个一百年"奋斗目标和中华民族伟大复兴中国梦的实现。建设中国特色社会主义，要把生态文明建设放在突出的战略位置。而绿色发展是生态文明建设的必然要求，是发展观的一场深刻革命，是世界经济发展的主旋律。绿水青山就是金山银山，要坚决摒弃损害甚至破坏生态环境的发展模式，坚决摒弃以牺牲生态环境换取一时的经济增长的做法。在此进程中加快建立健全以生态价值观念为准则的生态文化体系，以产业生态化和生态产业化为主体的生态经济体系。党的十九大报告把生态文明建设提到了前所未有的高度。理论层面报告首次提出"建设生态文明是中华民族永续发展的千年大计",生态文明建设成为新时代中国特色社会主义思想的重要组成部分。涌现很多学者研究生态文明构建路径,也提出生态产业概念。

4.3.3 生态经济学的特点

生态经济学是一门从经济学角度来研究由社会经济系统和自然生态系统复合而成的生态经济社会系统运动规律的科学,它研究自然生态和人类社会经济活动的相互作用,从中探索生态经济社会复合系统的协调和可持续发展的规律性。生态经济学研究的特点有3个:首先是综合性,生态经济学是以自然科学同社会科学相结合来研究经济问题,从生态经济系统整体研究社会经济与自然生态之间的关系。其次是层次性,包括全社会生态经济问题的研究,以及各专业类型生态经济问题的研究,如农田生态经济、森林生态经济、草原生态经济、水域生态经济和城市生态经济等。其下还可以再加划分,如农田生态经济,又包括水田生态经济、旱田生态经济,并可再按主要作物分别研究其生态经济问题。从横向来说,包括各种层次区域生态经济问题的研究。再次是地域性,生态经济问题具有明显的地域特殊性,生态经济学研究要以一个国家或一个地区的国情或地区情况为依据。最后是战略性,社会经济发展不仅要满足人们的物质需求,而且要保护自然资源的再生能力;不仅追求局部和近期的经济效益,而且要保持全局和长远的经济效益,永久保持人类生存、发展的良好生态环境。生态经济研究的目标是使生态经济系统整体效益优化,从宏观上为社会经济的发展指出方向,因此具有战略意义。

生态经济学认为,人和自然,即社会经济系统和自然生态系统之间的相互作用可以形成3种状态,一是自然生态与社会经济相互促进、协调和可持续发展状态;二是自然生态与社会经济相互矛盾、恶性循环状态;三是自然生态与社会经济长期对立、生态和经济平衡都被破坏的状态。

实际上,第三种状态是第二种状态发展质变的结果,这两种状态都应称为不可持续发展状态;只有第一种才是目前被全世界公认的人类应选择的可持续发展之路,才是既满足当代人的需要又不危害后代人满足其自身需要能力的发展状态。所以,可持续发展是生态经济社会复合系统协调互动状态的功能体现,生态经济学是指导人们形成这种"发展"状态的理论基础之一。

4.3.4 生态经济学的矛盾

生态经济学将生态学和经济学有机地结合了起来,围绕生态经济的基本问题,揭示生态经济运动和发展的客观规律,力图解决生态有限性与经济需求无限性之间的矛盾，寻求生态系统和经济系统相互协调发展的途径。在人们的生产生活实践中，如何运用生态经济学来指导实践呢？首要问题在于要正确理解和把握人与自然的关系。

人类社会必然要发展，这是永恒的主旋律。而传统的只注重经济增长的发展模式已经导致了严重的后果，例如世界人口急速增长、南北经济发展不平衡、资源枯竭、环境退化、生态恶化等，这些问题已经严重地威胁到了人类的生存。理论与实践已经证明，人类只有科学地认识人与自然的关系，处理好人与自然之间的矛盾，才能真正实现社会、经济和生态可持续协调发展。而人与自然协调关系的建立，既依赖于科学技术的进步，还在根本程度上取决于人与人之间协调关系的形成。因此，生态经济学的基本矛盾是生态优先还是经济优先的矛盾。

经济学以社会经济系统为研究对象，主要研究社会生产力系统和社会生产关系系统，或者只注重研究生产力系统，或者只注重研究生产关系系统，体现在对生产、交换、分配和消费等子系统及其相互关系的研究；自然生态学的研究对象则是自然生态系统，其中包含生命系统和环境系统两个子系统，主要可以从以下4个方面研究：一是非生物环境，指无机物、水、光、温度等物理因子；二是生产者，指能从无机物制造出有机物的自养生物，即绿色植物；三是消费者，主要指直接或间接依靠生产者为生的异养生物，即各种动物，其中又分为食草动物、食肉动物和杂食动物；四是分解者，主要指分解有机物，将有机物还原为无机物，进入非生物环境的异养生物，这一类异养生物，即各种微生物，如真菌、细菌和放线菌等。而生态经济学研究的对象是生态经济系统和各子系统之间关于能量的投入、转化和释放过程，主要研究内容包含生态学和经济学，同时还跨越这些学科的边界。对社会经济系统和自然生态系统的研究是对生态经济学研究的基础，这意味着必须对社会经济系统和自然生态系统分别做深入系统的研究，这是研究生态经济学的前提和基础。

对于生态经济的研究，大多停留在实践层面上，主要是针对传统经济发展模式而言的，属于实践经济，是应用生态经济学。与传统的经济学相比，其远远没有达到理论层面，也没有达到理论生态经济学的高度。生态经济学是一门将生态学与经济学联系起来研究的综合性科学，生态、经济及其两者的协调与统一关系是其主要的研究对象。按照系统论原理，子系统在复合系统中的地位和作用决定着整个系统的性质与整体功能的发挥。生态经济系统作为由生态系统和经济系统两个子系统组成的复合系统，任何一个子系统在生态经济系统中处于主体地位，发挥主导作用，都决定着生态经济学的性质、学科定位及生态经济系统功能。对于生态经济学来说，不论是在理论层面上，还是在实践层面上，这都是一个极其重要的问题。然而，对于这个重要问题，学术界也存在着严重的分歧，具有代表性的观点有以下3种：经济主导论、生态主导论以及生态与经济互化论。

经济主导论认为在生态经济系统中，经济系统是矛盾的主要方面，处于主导地位，起着关键作用，制约着甚至决定着生态系统；生态系统则是矛盾的次要方面，处于被主导地位，应该服从和服务于经济系统。生态经济的提出主要是为了解决经济发展中的资源问题、生态环境问题等。之所以要保护环境，解决生态环境问题，是因为这些问题严重影响乃至阻碍了经济快速健康发展。生态学家关注的是受人类活动日益影响的生态系统的演化，而经济学家感兴趣的是接近环境容量的经济发展。

生态主导论认为在生态经济系统中，生态系统是矛盾的主要方面，处于主导地位，起关键作用，制约和决定着经济系统；而经济系统则是矛盾的次要方面，处于被支配地位。这种论点发展到极端就成为生态中心主义和经济悲观主义，主张经济零增长。就人类的生存方式而言，有的学者认为，真正积极的生存方式首先应确保自然整体的保持和对生态平衡的尊重，是建立在生态环境可持续基础之上的，而不是建立在物质财富的无限增长上。

生态与经济互化论是指经济生态化、生态经济化、生态与经济一体化。随着经济的发展和生态环境的恶化，人们越来越深刻地认识到，经济系统与生态系统不是独立变化的，也不能单独研究。虽然生态系统与经济系统之间的相互依存程度随着时代的不同和社会的进步而不相同，但现在已经很难找到不受经济活动影响的生态过程，或不受自然环境约束的经济活动。生态环境是自然-经济的综合体，这是经济生态化、生态经济化、生态与经济一体化的自然基础，这是由生态环境的本性决定的。而当今经济和社会发展中所出现的温室效应、环境恶化、资源枯竭等现实问题，迫使人们不得不检讨传统的经济发展理念，改变唯经济主义的发展模式，发展生态经济。可见，经济与生态的互化，尤其是经济生态化，既是时代的要求，又是实践的需要。

综述以上3种观点，生态与经济互化论较为全面，也被学界普遍认同，但这一论点仍然是笼统的、宽泛的，没有具体回答生态与经济在生态经济这一复杂系统中的准确作用和地位这一问题。在不同时代、不同的经济发展模式中，生态与经济的地位和作用是不同的。

4.4 公共产品理论

4.4.1 公共产品的定义

公共产品最早是由兰度尔提出来的，后来又有很多学者先后从不同角度对其内涵进行了不一致的阐释。其中较具代表性的如下。

奥尔森在《集体行动的逻辑》中认为，"任何物品，如果一个集团 X_1、X_2、…，

X_j，…，X_n 中的任何个人 X_j 能够消费它，它就不能排斥该集团中其他人对该产品的消费"，则该产品就是公共产品。在奥尔森的阐述中，不难看出其包含着以下几层思想：其一，在一个集团内是不能把那些没有付费的人排除在外的，即公共产品在一定范围里具有非排他性。其二，公共产品属于集体消费，即公共产品在一定范围里具有消费的非竞争性。其三，作为消费对象的一个产品或一项服务是公共产品还是私人产品，不是绝对的，而是相对的，主要在于主体对它的消费方式。

萨缪尔森在其《公共支出的纯理论》中，把公共产品定义为这样一种产品：它是所有成员集体享用的集体消费品，每个人消费这种产品不会导致别人对该产品消费的减少，也就是说，在将该产品的效用扩展于他人时，其给供应者带来的边际成本为零，且无法排除他人享用。显然，其中也隐含了消费上的非竞争性与非排他性。此外，萨缪尔森还最早给出了关于私人产品和公共产品区别的分析性定义。他认为，对私人产品来说，其社会总消费量等于所有个人消费额的总和。它意味着私人产品是可以在消费者之间进行分割的。对公共产品来说，对于任意消费者，他为了消费而实际可以支配的公共产品的数量就是该公共产品的总量。这意味着公共产品在这一组消费者中是不可分割的。

由上可见，在上述定义中，表述方式与侧重点各不相同。但其中唯以萨缪尔森的说法在经济学领域最受推崇，并已被大多数经济学家奉为经典性定义。

4.4.2 公共产品的本质特征

在纯粹私人产品那里，私人所有权的存在使得产品的所有者能唯一拥有对该产品的享用权，从而形成私人产品在消费上的排他性和竞争性。

而就公共产品来说，其特征则是与私人产品截然相反的——具有对产品消费的非排他性和非竞争性。非排他性指公共产品的消费是集体进行的，其效用在不同消费者之间不能分割。产品一旦被提供出来，若想把不为公共产品付费的人排除在外，就是很难做到的，这或者是技术上的确难以实现排他，或者是技术上尽管可以做到排他，但排他的成本过高，从经济效率角度看又是得不偿失的。非竞争性是指在一定范围内，某一公共产品一旦被提供出来，任何人对其消费都不会影响他人对这一产品的消费，即新增消费者也不会降低原有消费者的消费水平，边际生产成本和边际拥挤成本均为零。

4.4.3 公共产品的主要类别

尽管从理论上说，公共产品有以上与私人产品的明显区别，但事实上，能够同时严格满足非竞争性和非排他性这两个特征的纯粹公共产品其实并不多。在现实生活中，接近上述特征的、最典型的纯粹公共产品一般有国防、治安、环境保护及交通基础设施等。多数公共产品都属于准公共产品，或者在消费上具有一定竞争性，却不能有效地排他，如公共渔场、牧场等；或者在消费上具有非竞争性，但是却可以在技术上轻易地排他，如电影院、图书馆、高速公路、不拥挤的桥梁等。这两类公共产品显然都是仅满足了公共产品两大特征之一。前者又称公共资源，后者是俱乐部产品。此外，还有一种公共产品，同时具有公共产品和私人产品的性质，或者说是具有较大范围正外部效应的私人产品，即其非竞争性和非排他性是不完全的。教育、科技、卫生等都属于这类产品。

4.4.4 公共产品的供给方式

通过价格机制，一方面市场可以将那些不愿意为某种商品付款的人排除在该商品的消费之外；另一方面，也会使厂商生产每一产品的边际成本得到弥补并获得最大化利润。由此，市场机制自发地实现了资源的最优配置。但是，市场机制的作用也并非处处奏效，它还存在许多失灵的领域，公共产品的供给问题便是其一。

1. 纯粹公共产品市场配置的失效及其供给方式的选择

西方经济理论认为，实现社会资源配置效率最大化的条件是：配置在每一种物品上的资源的社会边际效益（marginal social benefit）均等于其社会边际成本（marginal social cost），即 MSB=MSC。此条件同样也适用于纯粹公共产品的配置，只不过该实现条件可以进一步写为：MSB=∑MB=MSC。其中，∑MB 代表消费者所获得的边际效益的总和，它等于 MSB。因为依据公共产品特性，公共产品的供给会让同社区的许多人同等受益。那么，倘若把带给所有人的个人边际效益加总，就是每一追加单位的公共产品的购买所带来的社会边际效益。所以，在纯粹公共产品中，最佳产量应当在这一点上实现：所有消费者因此而获得的边际效益总和恰好等于该种产品的社会边际成本。

纯粹公共产品依靠消费者主动出资购买难以实现有效的配置，通过自愿捐献和私人合作式成本分担，有可能实现最佳配置。其一，在人数较少的社会里，基于每个人对其他人经济状况和偏好相对了解、人们难以隐瞒个人边际效益，以及磋商、谈判交易费用低，公共产品的供给量有机会达到最佳水平。其二，在人数众多的社会，基于每个人对别人的嗜好和经济状况难以全面掌握，以及人们有意愿也有可能隐瞒自己从公共产品消费中所获得的真实边际效益，以期实现减小出资份额，"免费搭车"问题不可避免，从而难以保证公共产品或服务的充足、有效供给。在现实社会中"免费搭车"对任何人来说都是一种有理性的选择,所以在自愿捐献和成本分担制度下,公共产品供给量低于最佳数量水平便是自然而然的了。总之,一般来讲,由市场提供纯粹公共产品是缺乏效率的,远远不能满足社会对公共产品的需求。通过政府依靠强制性的融资方式——征税,再支出,来完成必需的公共产品供给任务,才是较好的选择。故萨缪尔森说:"公共产品的有效率的供给通常需要政府行动",政府应该出面组织,全额负担。

2. 其他各种非纯粹公共产品供给方式的选择

1) 公共资源供给方式的选择

公共资源指不归任何人所有的自然资源,例如公共渔场、公共草地、公共湖泊等。由于公共资源的产权是无法分割或难以明确界定的,因此它在消费上具有向所有人免费开放的非排他性。但是,公共资源的总量毕竟是有限的,所以伴随着消费个体的增加,就会出现拥挤现象,从而会给其他消费者带来外部负效应,制约其充分消费。也就是说,这类公共产品在消费上的竞争性与私人产品类同。公共资源这两方面特点的结合就易于促成消费者之间不合作行为的出现:每个人都按理性行事,结果却可能导致集体的非理性,以至造成公共资源的过度使用,甚至是破坏,形成"公共的悲剧"。总之,对于公共资源,市场机制是无效的——它难以限制消费者进入,难以有足够资金维护这类公共产品能够持续以良好的状态存在,所以需要政府适时提供相应的保护性政策、法令与行动,此期间所需费用应当通过非市场的强制性融资方式来产生。

2) 俱乐部产品供给方式的选择

俱乐部产品又称拥挤性公共产品。公共绿地、收费的高速公路、桥梁等均属于此类。这类公共产品的共性是,在一定容量范围里具有非竞争性,消费者的边际拥挤成本为零。但是当消费者数量达到并超过某一临界值后,就会转化为竞争性,此时,再增加一个人消费,就会减少原有的其他每个消费者获得的效益,边际拥挤成本不再为零。俱乐部产品与纯粹公共产品和公共资源的不同之处在于其在技术上能够轻易排他,且排他成本较低。总之,就俱乐部产品而言,如果实行免费供给制度,就易于出现过度使用现象,而一旦消费者人数超过一定限度又会增大拥挤成本。为避免拥挤,就有必要对使用者收取一定费用,这便为利用市场机制提供了可能,也就是说,只要在技术上能够实现排他,就可以通过私人部门来供给这类产品。但是完全依赖市场机制会造成社会福利损失,影响使用效率,所以又不能离开政府的介入。在实际中采用哪种形式取决于排他目的、手段及成本效益分析,或者政府供给;或者是私人供给,政府提供优惠政策、财政补贴。

3）外部性强的公共产品供给方式的选择

教育、科技、卫生保健等均属于外部性较强的公共产品。其特点是，在技术上可以实现排他，但生产或消费它们时很可能会产生外部正效应。这类产品若由私人部门独立供给，将导致资源配置的非效率。总之，如果由私人部门通过市场提供外部正效应较强的产品，政府必须给予矫正性补贴，否则很可能会出现供给不足。即使由公共部门直接出资经营，通常也需要利用市场价格机制。免费供给的情况不多。政府财政全包实际上属于越位提供。

公共产品理论应用于沙产业中，可以对沙产业进行分类。King（1966）和 Helliwell（1969）最早提出生态系统服务，生态系统服务是指生态系统所形成及维持的人类赖以生存的自然环境条件与效用，为人类直接或间接从生态系统中得到的产品和服务。千年生态系统评估将生态系统服务分为四大类：供给服务、调节服务、文化服务和支持服务。调节服务所创造的价值远远高于供给服务。利用沙生资源生产出来的可供人们消费的沙生经济作物、沙草，以及以沙为原料的建材产品等就属于供给服务，具有私人产品的性质；沙产业产品生产过程所产生的涵养水源、防风固沙、调节气候等就属于调节服务，具有公共产品性质；沙漠旅游、沙漠赛车等属于文化服务。沙产业发展过程中，实现土壤形成及维持的功能，使土壤维持相对稳定的结构，促进植物和微生物生长，就是支持服务沙区生态产业较强的外部性，沙产业所生产出来的产品既具有公共产品属性，又具有私人产品属性，因为可能是私人物品、公共物品或者二者的任意比例组合，可以用公共产品理论对沙产业进行定义、分类。

4.5 区位理论

区位理论（location theory）是研究经济行为的空间选择及空间内经济活动的组合理论，简单地说，就是研究经济活动最优的空间理论，即研究经济行为与空间关系问题的理论。19世纪初德国经济学者杜能根据资本主义农业与市场的关系，探索因地价不同而引起的农业分带现象，创立了农业区位论。此后的半个世纪，随着西欧工业，特别是钢铁和机器制造业的蓬勃发展，以及交通运输水平的提高，特别是铁路、轮船的普及，出现了以研究成本和运输费用为内涵的工业区位论。其先驱者是龙哈德（W.Launhardt），集大成者是德国经济学者韦伯（A.Weber），他创造性地提出了区位因子体系，从而创立了工业区位论，后来又有胡佛（E.Hover）等完善改进。20世纪30年代初，德国地理学者克里斯塔勒（W.Christaller）根据聚落和市场的区位，提出了中心地理论；随后，德国经济学者廖什（A.Losch）利用克里斯塔勒中心地理论的框架，发展了产业市场区位论，他们分别从市场和经济中心的角度发展了区位理论。此后，瑞典著名经济家俄林

(B.Ohlin)把地域分工、国际贸易与区位加以综合分析,从而形成贸易区位论。90年代,美国经济学家克鲁格曼(P.Krugman)和日本的滕田(Fujita)等,在传统区位论的思想指导下,用现代经济学方法,研究城市有哪里发育,研究企业经济活动与城市形成的关系,从而开创了当代城市区位的研究。总体来看,区位论主要可以分为企业(消费者)区位、产业区位和城市区位。企业(消费者)区位主要研究单一的企业或消费者的最优区位,着眼于成本和运费最低。产业区位论主要研究某一产业的区位(杨吾扬和梁进社,1997)。

4.5.1 以成本或市场为导向的区位理论

在论述区位时,首先遇到一系列影响区位的因子,在区位论里通常将这些因子统称为区位因子。区位因子可概括为6个方面。

(1)自然因子。自然因子包括自然条件和自然资源。

(2)运输因子。运输作为生产过程在流通中的延续,运费的高低同产业区位关系最为密切。早期的工业区位论主要对原料和产品的运费进行讨论,使运输因素在区位论中居突出地位。如今交通新技术和生产率提高,运费相对降低。但尽管如此,其仍为考虑区位问题的重要变量。

(3)劳动力因子。一定劳动力资源是社会生产发展的保证。劳动力数量和质量(熟练程度)的空间分布是确定产业区位的重要因素。对资本要求较低的部门,其劳动力(工资)在成本中所占比例反而高。许多西方国家工业中心的变化同新地区劳动力价格便宜有关。

(4)市场因子。区位论中的市场泛指产品销售场所。这一因素对区位的影响有3方面:①市场与企业的相对位置;②市场的规模,即商品或服务的容量;③市场的结构,即商品和服务的种类,商品和服务的种类往往构成市场和城市的等级序列。

(5)集聚因子。集中和分散是产业空间布置的两个方面,区位论中简称集聚因子。

(6)社会因子。社会因子包括政治、国防、文化等要求,它们是超经济的。其中主要包括:①政府的干预。其包括不同制度的政府机构实行的政策,如资本主义下的保护关税、国有化、以军工生产刺激经济发展。②经济发展中决策者的行为。其既可以符合客观规律,促进地区经济活动良性循环,也可能造成相反的效应。

总之,区位因子是多方面的,但不同的历史阶段有不同的社会要求及不同的研究角度,因此形成了有所侧重的区位理论体系(杨吾扬和梁进社,1997)。

1. 以成本为导向的区位理论

成本学派是最早的区位论学派,其理论核心是根据企业生产成本最低,确定企业的最优区位。杜能的农业区位将农业生产者成本作为最重要的影响因素,但他只讨论了产品由产地到市场的运输成本,未涉及燃料、原料及劳动力问题。最早的成本学派代表人物是德国学者龙哈特(W.Launhardt),后由韦伯发展成系统学说。龙哈特于19世纪后半叶提出"区位三角形",他以钢铁工业为样本,以 K 表示产品市场, M_1 表示铁矿石的产地, M_2 表示煤的产地,于是可找出一点 P,在该处建厂最经济,即成本最低;又假设各点与 P 点之间距离分别为 r_1、r_2、r_k,"区位三角形"如图4-5所示(杨吾扬和梁进社,1997)。

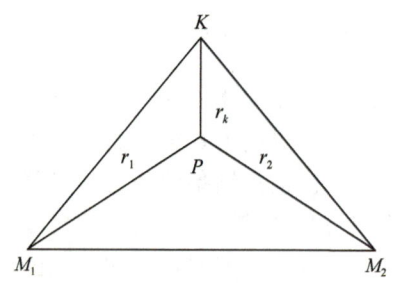

图4-5 "区位三角形"

如以 f 代表运费率,生产1t产品需铁 m_1t、煤 m_2t,于是,要使 P 点生产成本最低,必须使总运费 $f(m_1r_1+m_2r_2+r_k)$ 最小。这就是龙氏"区位三角形"的朴素形式。

在龙氏"区位三角形"基础上,韦伯建立了比较完整的区位理论中的成本学派。他对龙氏最小费用区位的概念予以补充和修正,并加以数学推导,形成一定的体系。韦伯认为决定工业区位的因子有3个:运输成本、劳动力成本和集聚,合理的工业区位位于3个指向总费用最小的地方。韦伯的"区位三指向",概括了龙氏的"区位三角形",又加上了劳动力和集聚二因子。

韦伯之后,许多学者根据其理论进行实际运用,如高兹的海港区位论。也有些学者对该理论进行补充和修正,最有代表性的是美国经济学者胡佛(E.Hoover),他于第二次世界大战前后,具体考察了运输成本问题,提出运输成本或费用由两部分构成:线路运营费用和装卸费用(包括仓库、港站管理、维护费用),前者是距离的函数,后者视具体条件而定。倒运和回空将引起运价率的形变。胡佛认为,如企业用一种原料生产一种产品,在一个市场出售且在原料与市场间有直达运输,则企业放在交通线的起点和终点最为合适,在中间设厂,将增加装卸费用。这是胡佛"终点区位优于中间区位"的结论。胡佛认为这是大城市工业集中的原因。如原材料和市场之间无直达运输,原料又是失重的,则港口或其他倒运点为合理区位。胡佛对分析运费有很大补充,形成了倒运点区位论(杨吾扬和梁进社,1997)。另一美国经济学者赖利(W.Reilly)则根据价格体制的多样性,阐述了不同定价下的区位问题。

（1）按销售价格，即完全成本=生产成本+运费，与韦伯的分析相同，即不同地点价格不同。

（2）按基点价格，认为所有产品均是从一个基点送出来的，如过去美国钢铁业的匹兹堡。交货价格是预定的生产成本加上从基点计算的运费。这形成以大吃小的垄断价格体制。在杜能、韦伯时代，消费者分散，市场狭小，于是企业的生产规模不大。随着运输工具的改进，交通运输的劳动生产率提高，因而运费降低。这样，会在资源、劳动力丰富的地区形成企业群。这时，由于销售价格同单纯生产成本愈来愈接近，若生产成本随技术改进的降低超出了运费随距离的增加，企业的规模亦可扩大。这就使工业的集中成为必然趋势。

艾萨德（W.Isard）在20世纪50年代中期，用数学分析方法对韦伯的区位公式进一步推导，并以市场区代替消费地作为变量研究市场对区位的影响，这就使成本学派同市场学派结合起来。艾萨德的推导是精确的，但60年代后，线性规划模型可以替代它，并且可以借助计算机方便求解（杨吾扬和梁进社，1997）。

2. 以市场为导向的区位理论

市场学派在区位论中的出现晚于成本学派，20世纪20年代其才正式作为一种理论出现。区位论市场学派产生的社会背景是垄断资本主义时代，商品的实现成了企业经营者最头疼的问题。再加上第二产业和第三产业取代第一产业成为国民经济的主导部门，以及交通运输网的发达和其劳动生产率迅速提高，市场便成为将来能否赢利，甚至能否存在的关键。这时，出现了在考虑成本和运费的同时，关注市场区划分和占领的地域扩大化，以及市场网合理结构的区位理论。市场学派的主要代表理论有空间相互作用模型和中心地理论。

1）空间相互作用模型

空间相互作用模型起源于物理学中引力模式在地域经济现象中的移植。20世纪末，德国经济学者谢费尔（Albert B. F. Schaffle）首先采用了牛顿万有引力公式来模拟生产地与消费地的联系程度，即

$$I_{ij} = K \frac{p_i p_j}{D_{ij}^2} \qquad (4\text{-}1)$$

式中，I_{ij} 为 i 和 j 两地相互作用的当量（相对量）；p_i 和 p_j 为两地的人口规模；D_{ij} 为两地距离；K 为经验常数。当前，引力模式的最一般形式已演化为

$$I_{ij} = \frac{(W_i p_i)(W_j p_j)}{d_{ij}^b} \qquad (4\text{-}2)$$

式中，W_i、W_j 为经实验决定的权值，包括人口的性别、年龄、收入、职业构成等；

b 为量度距离的摩擦指数，不同市场、不同运输方式、不同货物，可用调查资料回归而定。例如，赖利（W. J. Reilly）曾建议用 0.2，一般在美国用 0.3～0.5 赋值。

1924 年美国经济学家费特尔（Frank A. Fetter）提出了贸易区边界区位理论，他根据成本和运费的不同假定，提出了两生产地贸易区分界线的抽象理论。如图 4-6 所示，A、B 两产地的贸易范围的划分有以下三种情况（朱华友，2005）。

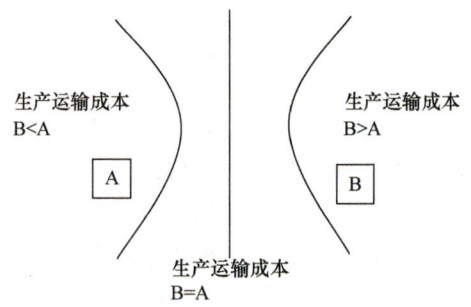

图 4-6　A、B 产地的贸易范围划分

2）中心地理论

20 世纪 30 年代中叶，克里斯塔勒（W. Christaller）根据调查研究，分析了市场区形成的经济过程，得出了三角形聚落分布、六边形市场区的高效市场网理论，即中心地理论。此后，廖什（A. Losch）沿用了克里斯塔勒的市场区框架，创立了服从最大限度利润的，以市场为中心的工业区位论和作为市场体系的经济景观。

（1）中心地理论是指阐述一个区域中各中心地的分布及其相对规模的理论。根据该理论，城市的基本功能是为周围的地区提供商品和服务。最重要的中心地不一定是人口最多的，但却是在交通网络上处于最关键位置的、能提供很广泛的商品和服务的地区。该理论在研究城市体系的生态演替方面有较大的应用。

中心地理论的特点：①中心地等级由中心地所提供的商品和服务的级别所决定。②中心地等级决定了中心地的数量、分布和服务范围。③中心地的数量和分布与中心地的等级高低成反比，中心地的服务范围与等级高低成正比。④一定等级的中心地不仅提供相应级别的商品和服务，还提供所有低于这一级别的商品和服务。⑤中心地的等级性表现在每个高级中心地都附属几个中级中心地和更多的低级中心地，形成中心地体系。

（2）中心货物与服务（central good and service）分别指在中心地内生产的货物与提供的服务，也可称为中心地职能（central place function）。中心货物和服务是分等级的，即分为较高（低）级别的中心地生产的较高（低）级别的中心货物或提供较高（低）级别的服务。

在大多数中心地，每一种中心货物或服务一般由一家以上的企事业单位承担。

例如，一个集镇往往有两三家杂货店或饮食店。每个担负一种中心地职能的单位，称为一个职能单位（functional unit）。可以肯定，中心地的职能单位数量必定大于或等于中心地职能种类的数量，通常总是前者的数量超过后者的数量。

除了几家单位共同提供一种中心货物或服务之外，也可能是一家单位提供多种中心货物或服务的场合，从而包括几个职能单位。这种情况多见于百货公司、超级市场等大型零售商业组织。

（3）中心性（centrality）或"中心度"。一个地点的中心性可以理解为一个地点对围绕它周围地区的相对意义的总和，简单地说，是中心地所起的中心职能作用的大小。一般认为，城镇的人口规模不能用来衡量城镇的中心性，因为城镇大多是多功能的，人口规模是一个城镇在区域中的地位的综合反映。克里斯塔勒用城镇的电话数量作为衡量中心性的主要指标，因为当时电话已广泛使用，电话数量的多少基本上可以反映城镇作用的大小。

（4）服务范围。克里斯塔勒认为中心地提供的每一种货物和服务都有其可变的服务范围。范围的上限是消费者愿意去一个中心地得到货物或服务的最远距离，超过这一距离他便可能去另一个较近的中心地。以最远距离 r 为半径，可得到一个圆形的互补区域，它表示中心地的最大腹地。服务范围的下限是保持一项中心地职能经营所必需的腹地的最短距离。以 r 为半径，也可得到一个圆形的互补区域，它表示维持某一级中心地存在所必需的最小腹地，亦称其为需求门槛距离（threshold），即最低必需销售距离（许学强和姚华松，2009）。

（5）中心地理论三原则。克里斯塔勒认为，有 3 个条件或原则支配中心地体系的形成，它们是市场原则、交通原则和行政原则。在不同的原则支配下，中心地网络呈现不同的结构，而且中心地和市场大小的等级顺序有着严格的规定，即按照 K 值排列成有规则的、严密的系列。

a. 市场原则

如上所述，克里斯塔勒首先关心的是在农村市场中心基础上发展起来的聚落体系，因此他首先论述的也是按市场原则建立起来的中心地模型。按照市场原则，高一级的中心地应位于低一级的三个中心地所形成的等边三角形的中央，从而最有利于低一级的中心地与高一级的中心地展开竞争，由此形成 $K=3$ 的系统。

低一级市场区的数量总是高一级市场区数量的 3 倍。由于每个中心地包括低级中心地的所有职能，即一级中心地同时也是二级乃至更低级的中心地，所以一级中心地所属的 3 个二级市场区内，只需在原有的一个一级中心地之外再增加两个二级中心地即可满足 3 个二级市场区的需要。在 9 个三级市场区内，因为已有了一个一级中心地、两个二级中心地，因此只增加了六个三级中心地。这样，在 $K=3$ 的系统内，不同规模中心地出现的等级序列是：

1，2，6，18，…

以市场原则形成的中心地等级体系的交通系统，是以高等级中心地为中心，由 6 条放射状的主干道连接次一级的中心地，又由 6 条也呈放射状的次干道连结再次一等级的中心地。此种运输系统联系两个高一等级中心地的道路不通过次一级中心地，因此，其被认为是效率不高的运输系统。

b. 交通原则

克里斯塔勒认识到，早期建立的道路系统对聚落体系的形成有深刻影响，这导致 B 级中心地不是以初始的、随机的方式分布在理想化的地表上，而是沿着交通线分布。在此情况下，次一级中心地的分布也不可能像 $K=3$ 的系统那样，居于三个高一级的中心地的中间位置以取得最大的竞争效果，而是位于连接两个高一级中心地的道路干线上的中点位置。

和 $K=3$ 的系统相比，交通原则支配下的六边形网络的方向被改变。高级市场区的边界仍然通过 6 个次级中心地，但次级中心地位于高级中心地市场区边界的中点，这样它的腹地被分割成两部分，分属于两个较高级中心地的腹地内。而对于较高级的中心地来说，其除包含一个次级中心地的完整市场区外，还包括 6 个次级中心地的市场区的一半，即包括 4 个次级市场区，由此形成 $K=4$ 的系统。在这个系统内，市场区数量的等级序列是：

1，4，16，64，…

次级市场区的数量以 4 倍的速度递增。与 $K=3$ 的系统类似，由于高级中心地也起低级中心地的功能，在 $K=4$ 的系统内，中心地数量的等级序列是：

1，3，12，48，…

以交通原则形成的交通网，因次一级中心地位于联系较高一级中心地的主要道路上，因此被认为是效率最高的交通网，而以交通原则形成的中心地体系被认为是最有可能在现实社会中出现的。

c. 行政原则

在 $K=3$ 和 $K=4$ 的系统内，除高级中心地自身所辖的一个次级辖区是完整的以外，其余的次级辖区都是被割裂的，显然，这不便于行政管理。为此，克里斯塔勒提出了按行政原则组织的 $K=7$ 的系统。在 $K=7$ 的系统中，六边形的规模被扩大，以便使周围 6 个次级中心地完全处于高级中心地的管辖之下。这样，中心地体系的行政从属关系的界线和供应关系的界线相吻合。

以行政原则形成的中心地体系，每 7 个低级中心地有一个高级中心地，任何等级的中心地数量为较高等级的 7 倍（最高等级除外），即

1，6，42，294，…

市场区的等级序列则是

1，7，49，343，…

在 $K=7$ 的系统内，由于其运输系统显示每位顾客为购买中心性商品或享受服

务所需旅行的平均距离较另两个系统都长，因此行政原则下的运输系统被认为是效率最差的一种。

3）动态分析的区位理论

20 世纪 30 年代以后，经济学界有一些对贸易或市场区进一步分析的理论出现，其改进并不大，值得注意的是采用了动态分析的经济学方法，主要有市场区的竞争区位理论、赢利边际区位理论和自由入口理论。市场区的竞争区位理论由瑞典经济学家帕兰德（T. Palander）1935 年提出，是在费特尔市场区基础上，采用动态经济分析办法研究竞争区位。赢利边际区位，是帕兰德竞争区位的发展。其提倡者是英国经济地理学者罗斯特朗（E. M. Rawstron）和以后的美国经济学者史密斯（David Smith）。赢利边际就是企业配置在一定范围内才有利可图，稍一超越就会亏损。

用史密斯的空间成本和价格曲线图（图 4-7）来说明。史密斯将西方新古典主义经济学的供求价格概念引入区位决策中。于是，企业的最佳区位应为需求最大的空间位置，且其市场区的范围主要受空间成本曲线的限制。如果企业的空间成本曲线狭小，则赢利边际，即市场的范围会变得非常狭小。一些原料失重或产品不宜运输的产业部门较多，典型的如冶金、鲜食品等。有些工业空间成本折线较平，往往运费比重小，于是市场范围大，甚至可在全国生产，如精密器械。

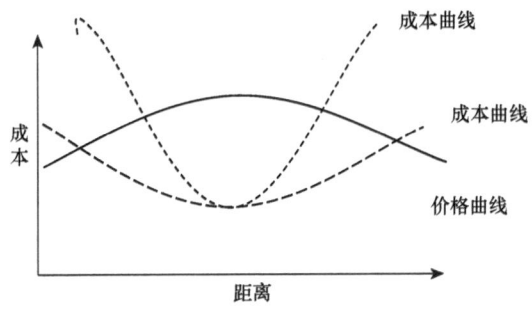

图 4-7 空间成本和价格曲线

赢利边际论的主要思想是：由供求关系确定各地的产品价格；由生产成本和运费率共同确定各地产品的社会成本；做出反映空间差异的成本曲线和价格曲线，两曲线共轭部分即赢利区；两条曲线的两个交点就是赢利边际，以外的空间就是亏损区了。

20 世纪 70 年代，J. Gee 研究了市场区，提出自由入口理论，即在企业自由迁入条件下，新企业如何打进老企业控制的市场区，亦即市场区的再瓜分问题。如图 4-8 所示，配置于 b 处老企业占据 O-b 一段的市场区间，其产品生产成本为 C，此区间内，设其销售成本线为 b-x。现另一新企业企图打入这一市场，如将企业配置于 a 点，于是其销售成本线将为 a-x 和 x-a，如果两企业生产成本与售价相

同，于是 $0 \sim \dfrac{a+b}{2}$ 区段的超额利润为

$$\pi = \int_0^a \left[(b-x)-(a-x)\right]dx + \int_a^{\frac{a+b}{2}} \left[(b-x)-(x-a)\right]dx = \dfrac{b^2}{4}+\dfrac{ab}{2}-\dfrac{3}{4}a^2 \quad (4\text{-}3)$$

另：

$$\dfrac{d\pi}{da} = \dfrac{b}{2} - \dfrac{3}{2}a = 0 \quad (4\text{-}4)$$

得出 $a = \dfrac{1}{3}b$，即 a 应位于 $\dfrac{1}{3}b$ 处利润最大。

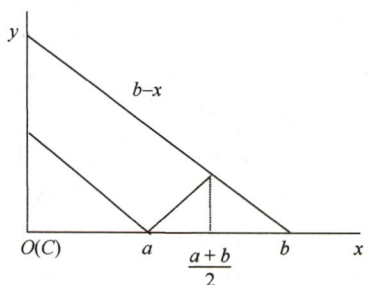

图 4-8　市场区分配图

理论的假设前提是完全竞争，即成本、运费完全平等，事实上往往达不到。如 a 点企业成本高，运费亦较大，则具有限制，市场范围缩小，甚至无利可图（杨吾扬和梁进社，1997）。

4）区位的行为理论

这是一种考虑与分析人的主观因素（对环境的知觉和相应的行为），从而对工厂区位进行决策的区位理论。它采用了对个体主观因素的群体客观分析法，因此考虑了人的心理过程。英国经济学者邓尼逊（S. Dennison）是最早提出者之一，他在 20 世纪 30 年代初对古典区位论提出批评，认为韦伯等的区位是一种技术联系的空间或地域分析，而忽视了心理社会联系的另一面。实际上，只有同时考虑后者，才能对现实工业区位作出满意解释。1939 年，英国政治经济管理学会通过英国工业数量进行调查，作出《工业区位报告》，证明了社会因素的重要。心理社会因素难以定量化，或者说很难定量化。20 世纪 60 年代后期，美国学者普赖德（A. Pred）详细研究了行为因素对工业区位的影响。他发展了史密斯的空间成本曲线和赢利边际理论，感到许多工厂并非建立在最优区位。在这方面，行为因素起了主要作用。普赖德终于发现，这是同企业掌握的信息量及运用信息的能力密切相关的。这使区位问题中行为因素的数量研究成为可能。70 年代，对于区位问题有两种研究法：空间行为法（spatial behavior）和行为空间法（behavioral space）。

前者从一般性角度研究人的行为对区位规律影响,如企业主总是想挑选一定区位使成本低、利润大、独占市场;消费者总是想价格低、距离近、挑选性强。而行为空间法则是从特例出发,来研究人的行为对区位规律的影响,它采用类型区调查,得出结论,然后应用到同类型地区中去。

工业区位取决于决策者,应对决策者的行为进行深入研究。在资本主义发展初期,企业的所有权和经营权是一致的,因此,这个问题较简单。后来企业规模大了,所有权相对分散,经营权给了经理,于是经营者的行为受到了注意。经营者在决定设厂时,要考虑该地社会文化生活、已有设施和相关企业经营状况,以及中央和地方政府的财政、税收政策、科学研究的情报和协作条件等。于是,成本因素影响日益下降,而决策者行为上升。由于社会运输费用日益下降,特别是资本机构成高而运量小、价值大的工业,决策者往往在原料、劳动力,甚至市场均看来不利的地方获得高额利润。

普赖德于1967年提出了著名的行为矩阵(图4-9),其用来解释决策者行为的宏观规律和发展变化,是企业管理人和产业区位关系的一般描述模式:

$$\begin{matrix} B_{11} & B_{12} & \cdots & B_{1n} \\ B_{21} & B_{22} & \cdots & B_{2n} \\ \cdots & \cdots & & \cdots \\ B_{n1} & B_{n2} & \cdots & B_{nn} \end{matrix}$$

图 4-9 普赖德行为矩阵

普赖德矩阵纵轴和横轴分别代表信息量和运用能力,前者可使决策人认识较全,后者可使决策人临场决断。不同决策人,其决策处于矩阵中不同位置。左上方的 B_{11} 是最糊涂决策人的位置,右下方的 B_{nn} 是最精明决策人的位置,即经济人的位置。区位理论中的一系列理想模式,也就是行为矩阵中的最优位置,当然,上述矩阵不是一成不变的。随着时间的推移,众多决策人掌握了更多、更好的信息并能更有效地利用它们,于是矩阵中的元素便向右下方集中,趋于优化基础上的竞争。这也就会出现矩阵参数的改变,导致出现新的行为矩阵。总之,行为矩阵不是一成不变的,最优的区位也会因条件的变化而变换,只有在理想状态或偶然情况下,才能达到经济人的最优模式。普赖德研究论证了在解决区位问题时,考虑行为问题的重要性。他也说明了在不同时间、场合下,区位的最优解是一个客观事实(杨吾扬和梁进社,1997)。

4.5.2 中心地理论

中心地理论主要用于研究区域中城市的数量和规模。该理论是市场区位分析方法的一个简单扩展。

1. 克里斯塔勒的中心地理论

继韦伯之后，克里斯塔勒从研究地图上的聚落分布开始，通过调查研究确立了中心地理论的一系列原理，包括三角形聚落分布、六边形市场区域、等级序列、门槛人口等。他提出了城市中心地理论，认为城市具有等级序列，是一种蜂窝状的经济结构，城市的辐射范围是一个正六边形，而每一个顶点又是次一级中心。克里斯塔勒的中心地理论从城市或中心居民点的供应、行政、管理、交通等主要职能角度论述城镇居民点和地域体系。该理论深刻揭示了城市、中心居民点发展的区域基础及等级——规模的空间关系，有时亦称城市区位理论。

克里斯塔勒中心地理论概念的建立分3个步骤：一是根据已有的区位理论，确定个别经贸活动的市场半径；二是引进空间的概念，形成一个多中心商业网络；三是将各种经贸活动（工业区位、城市、交通线等）的集聚纳入一套多中心网络的等级序列中去。

克里斯塔勒探讨市场中心和服务范围关系结构时，形成了三角形聚落分布和六边形市场区模型。市场区是中心地理论的地域细胞，一切市场系统均建立在这一细胞及其组合图形之上。理想的服务面是圆形服务面。但是在完全竞争的市场结构中，圆形服务面就会出现空档，处于空档地区的居民得不到最佳服务，其变换过程一般从分散的服务面到服务面黏连及服务面重叠，最后形成六边形市场区。

克里斯塔勒提出了门槛人口的概念。商业服务活动中的每一行业内，其活动和规模有很大差异，因而形成了各自的服务范围。一定规模的商业服务，由于接受服务人数的限制，其市场区是同居民平均光顾次数呈反比的。根据这一门槛人口原则，可将各商业、服务行业分为高、中、低不同级别的序列，把各种行业的序列按地域再进行归并。按照以上门槛人口原则和等级序列，克里斯塔勒的市场区结构和分布就是一个由大小经贸点和市场区交错叠合而成的市场网络。任何一个经贸点（城市、村镇、商业服务点等）均在网络中占有一定位置，具有相对固定的市场区，从而整个市场网络形成典型蜂巢状体系。

克里斯塔勒的中心地理论以古典区位论的静态局部均衡理论为基础，进而探讨静态一般均衡的一种区位理论，为以后动态一般均衡理论开辟了道路。近年来，克里斯塔勒的区位理论在规划实践中得到了较为广泛的应用，理论本身也获得了进一步的发展。

克里斯塔勒区位理论的局限性，主要有：①其理论模型的假定条件发生了变化，而且许多具体因子，如资源、地形等会引起城市区位的变异。因此，有些学者提出了中心地极化偏振的学说来修正和补充，并建立了一系列较克里斯塔勒更为现实的一些模型。②一个国家和区域内城市体系往往是在一个、几个枢纽、中心的刺激下经过许多历史时期形成的，在这个过程中，消费者的行为原则是会发生变化的。例如,现代消费者行为常常受广告左右,所以城市的商业职能不再取决于它的位置,而是在很大程度上取决于商家的活动本领。③克里斯塔勒只重视商品供给范围的上限分析,即中心地的布局是由上限大小来决定的。虽然他也提出了商品的供给下限,但缺乏详细分析。对各种商品得到怎样程度的超额利润,论述也不明确。④在克里斯塔勒的中心地理论中,K 值在一个系统中是固定不变的。事实上,由于区域的各种条件作用,所形成的区域模型各等级的变化用一个固定的 K 值无法概括。⑤克里斯塔勒把消费者看作"经济人",认为消费者首先利用离自己最近的中心地。但在现实中,消费者的行为是多目标的。因此,消费者更倾向于在高级中心地进行经济或社会行为活动。这样会导致高级中心地的市场区域范围扩大,使中心地系统结构发生变形。⑥克里斯塔勒忽视了集聚利益,事实上,同一等级或不同等级的设施集中布局会产生集聚利益。而克氏只重视各等级中心设施的出现,对出现的数量不感兴趣。⑦克氏的中心地理论对需求的增加、交通的发展和人口的移动带来的中心地系统的变化没有进行论述(杨吾扬和梁进社,1997)。

1)廖什的市场区位论

廖什的市场区位论的特征在于确定理论上的能够获得最大收益的地域。他在建立市场区位模型时,进行了如下条件假定: 第一,在均质的平原上,沿任何方向运输条件都相同;进行生产必要的原料充足,且均等分布;第二,在平原中均等地分布着农业人口,最初他们的生产是自给自足,且消费者的行为相同;第三,在整个平原中居民都具有相同的技术知识,所有的农民都可能得到生产机会;第四,除经济方面的作用外,其他因素都可不考虑。在上述假定条件下,某个农户开始生产啤酒。当他生产的啤酒超出了自己的需要之后,其剩余部分将用来销售。其他农户也加入到啤酒生产中时,在这一平原内形成了其各自连续的圆形市场地域[图 4-10(a)]。为占有这些市场,各生产厂开始扩大规模,市场地域扩大,导致圆形市场地域相接[图 4-10(b)]。即使如此,仍然在每三个圆形市场中间存在供给空白区域,各自的市场地域进一步扩大到重叠,从而形成六边形的市场区结构[图 4-10(c)]。六边形既具有最接近于圆的优点,也具有比三角形和正方形

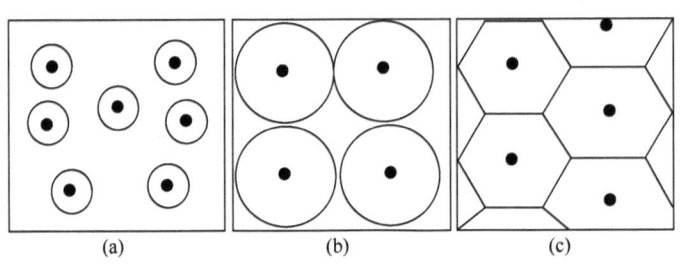

图 4-10 廖什最大利润区位论

等其他多边形运送距离短的特点,因此,需求可达到最大化。按照廖什的理论,区位空间达到均衡时,最佳的空间模型是正六边形。

廖什最大利润区位论的市场不是韦伯学派的"点"状市场,也不是霍特林学派的"线形"市场,而是蜂窝状的正六边形"面"状市场。廖什的区位论在垄断竞争。廖什的区位理论是用利润原则说明区位趋势,并把利润原则同产品的销售范围联系起来考察所形成的。廖什不认为工业的最低运输成本在工业区位趋势中起决定作用,他既从一般均衡的角度来考察整个工业的区位问题,又从局部均衡的角度考察一个工厂的区位问题。

廖什做了以下假定:①一个工业中心的周围是农业区域,农业区域的居民是工业品的购买者;这些居民的偏好是相同的,他们有相同的个人需求曲线。②工厂规定它所生产出来的产品的价格,至于把这些产品运送到消费地点的运费,则由消费者负担。由此假定,将会发生两种情况:①只要这些居民的需求是有价格弹性的,那么距离中心点越远的居民的需求就越少;②以工业所在地为中心的半径越大,到中心点来购买工业品的消费者就越多。这两种情况是并存的。假定没有新的企业加入到这个地区,那么工业区位主要由对它的产品的需求量来决定。如果工业区位设在它能够吸引足够数量的消费者的地点,就能获得利润,否则就不能获利,而不能获利的地点,就不适宜成为工业所在地。

廖什认为,对产品的需求取决于以下4个因素:价格的高低、需求的强度、市场的半径、每单位距离产品的运输成本。他还认为,工厂追求的是总利润量,在平均价格不变的条件下,要增加总利润量,必须使销售量增加或总成本减少。廖什认为,近代西欧的工业区位正是按产品需求量的大小而逐步形成的,每一个新出现的工业点都离不开它周围的消费者。廖什不把最低成本作为工业区位的决定因素,而把与工业产品销售范围联系在一起的利润原则看成决定因素。这对区域经济学产生了深远影响(杨吾扬和梁进社,1997)。

2)贝利-加里森中心地模型

在20世纪50年代末,贝利和加里森相继发表了三篇论文,论述了中心地的等级性、商品供给的范围和中心职能的成立过程。他们首次采用计量手段来研究中心地,并且提出了门槛人口,对中心地理论给予新的解释。门槛人口(threshold population)是指某种中心职能在中心地布局能够得到正常利润的最低限度的人口,也就是说,某中心职能在中心地布局成立的最低限度人口。门槛人口的概念类似于克里斯塔勒中心地理论中的商品供给范围的下限,但前者是指被供给的人口,是人口数的概念;而后者是指被供给的范围,是距离的概念。贝利和加里森通过下式决定回归曲线中的参数 A 和 B,式中,$N=1$ 时,B 值就为门槛人口。

$$P=A(BN) \tag{4-5}$$

式中，N 为中心地职能的设施数；P 为中心地的人口。

贝利和加里森按照上式详细计算了美国当时一些职能的门槛人口，如加油站为 200 人，小学为 300 人，教堂为 250 人，理发店为 400 人，牙医为 410 人，律师为 510 人等。一般门槛人口大的中心职能，供给的市场区域范围也大，通常在等级高的中心地布局；相反则在等级低的中心地布局。由此可见，中心职能的等级性可反映中心地规模的等级性。贝利和加里森根据上式求出各中心职能的门槛人口，然后再按照门槛人口进行中心地等级划分。

贝利和加里森进一步从动态角度分析了中心地规模扩大对中心职能布局的作用。他们认为，随着中心地规模扩大，中心职能数会增加，每个中心职能得到超额利润的可能性就会减小。同时，随着中心地的人口增加，市场区域规模扩大，各中心职能因规模经济而扩大，最终趋于适当的规模。在成立阈人口的研究基础上，贝利和加里森进一步探讨了中心地的布局过程。他们认为，克里斯塔勒和廖什两理论就人口和需求均等或有规律分布的假定是非现实的，根据商品供给的上限和门槛人口的概念，即使取消这些假定，中心地的等级空间结构也存在，而且他们主张这种等级结构不仅适用于区域水平的中心地系统，同时也适用于城市内部的中心地系统。

贝利和加里森的模型建立的前提条件是不需要人口和需求均等分布的假定，这无疑比克里斯塔勒和廖什的模型更接近现实。另外，门槛人口通过人口和事务所的回归分析比较容易求得，因此，该模型也便于实际操作。但他们的模型也存在着一定的问题，如门槛人口的概念不太明确，不能完全说它就代表了商品供给范围的下限。同时，区域形状、人口密度、购买力等都影响该模型的解释力。

等级性是中心地研究的一个重要概念，严格地说，等级性可分为空间等级组织和中心地等级划分两层含义。前者是以中心地和其势力范围构成的空间单位为要素，在蜂窝状原理基础上形成的等级结构；后者是忽视空间等级结构，只是追求中心地的等级水平，因此，只不过是中心地等级划分。两者关于中心地研究的区别产生于对概念和在此基础上的分析方法的差异。前者是按照周边调查法研究基于商品供给范围的空间等级系统；后者是把门槛人口作为基本概念按照中心调查法研究中心职能和中心地划分的问题。因此，即使在同一中心地系统中，两者分类的结果也不相同（杨吾扬和梁进社，1997）。

4.5.3 杜能的农业区位论

冯·杜能（J. H. von Thünen）是 19 世纪初德国经济学家、经济活动空间模式的创始人。他的名著《孤立国》（孤立国同农业和国民经济的关系）于 1826 年完成。

1. 基本假定

任何纯理论的研究必须把复杂具体的事物概括抽象化，对于地域现象更是如此，杜能在进行农业区位理论研究时，正确地运用了类型归纳和理论演绎相结合的方法。由于地域上的自然和经济现象是复杂的，为使基本模型能够导出，他首先把非主导地域现象舍弃，构成均一边界条件。他的基本假定包括以下几个方面。

（1）在一个大平原中央有一个城市，它与周围农业地带组成一个孤立的地区。该区位中，具有同样适宜的气候和肥沃的土壤，适宜植物、作物生长。而在这平原之外，没有适合耕种的土地，只有荒原与外部世界隔绝。这就是"孤立国"形成的起码条件。

（2）"孤立国"既无河川、也无运河，马车是产品唯一的运输手段。

（3）农村除同中心城市外，与其他任何市场无联系，即中心城市是唯一农产品贩卖中心，也是工矿品唯一供应者。

（4）农村农民生产力的动力是获得最大的区位地租，即纯收益，故其是根据市场的供求关系，调整其生产品类。

（5）市场的农产品价格、农业劳动者工资、资本的利息皆假定固定不变。

（6）运输费用同运输的重量和距离成正比，运输费用由农业生产者负担。

2. 经济指标

杜能根据上述基本规定，逐步形成农业区位的向心圈理论模型。他首先选用了一组供计算用的经济指标，作为推导、计算的定量依据，其经济上的内涵如下。

（1）市场上农产品销售价格取决于经营的产品种类和经营的方式，以及城市对农产品的需求。

（2）农产品的销售成本为生产成本和运输费之和。如以 π 代表利润，即纯收入，P 代表产品的销售价值（实为市场价格），C 为生产成本，T 为运输费用，则下式成立：

$$\pi = P-(C+T) \tag{4-6}$$

经计算得出以下结论，收益是随运输距离远近而发生变化的，由最高至 0，如果距离再远实际上要赔本。农民选择的经营品类是同距离密切相关的，但随着距离市场的里程增加，可选择的范围愈来愈小。

3. 区位地租

区位地租即土地经营者为了取得对空间某一处土地的使用权而需支付的代价。杜能的地租理论的依据是对古典政治经济学的见解。他承认，土地的投入，即地租，体现在两个因素上，即空间（自然区）和配置（对城市接近程度）。因为假设自然条件是单一的,所以杜能研究的是距离城市远近的地租差异,即区位或经济地租。

1)同一集约程度下产品的区位地租

杜能又假定,单一农产品的生产成本不依距城市距离远近而异,于是产品的纯收入,即总收入减去生产和运输耗费就完全取决于距离城市的远近。杜能把这一纯收入定名为区位地租。这样,杜能就把农业生产的纯收入完全与区位地租等同(杨吾扬和梁进社,1997)。

如图 4-11 所示,以 R 代表单位面积的区位地租,Q 代表单位面积的产量,P 代表单位产品的销售价格,C 代表单位产品的生产成本,K 代表对应产品的销售市场,t 代表单位产品每英里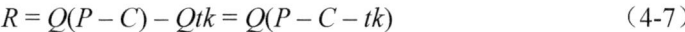的运费(即运费率),k 代表距离市场的英里数,于是,区位地租可由下式得出:

$$R = Q(P - C) - Qtk = Q(P - C - tk) \quad (4\text{-}7)$$

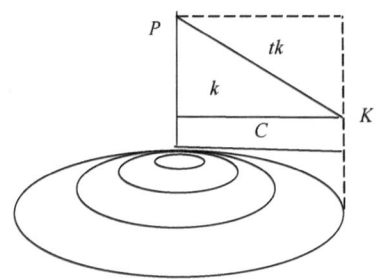

图 4-11 区位地租图

区位地租到达一定的距离就没有了,即

$$R = Q(C - P - tk) = 0 \quad (4\text{-}8)$$

2)不同集约程度下产品的区位地租

根据古典政治经济学理论,生产的三要素是土地、劳动力和资本。农业生产的集约化程度取决于一定土地上投入的劳动力和资本,即总投入量 I。每追加一个单位的劳动力和生产资料,土地产量会有相应的增加,这部分增加的产量称为边际产量,到一定程度,虽然土地的总产量仍在增加,但边际产量会不断下降,这叫作土地收益递减规律。

当 $\dfrac{dQ'}{dI} > 0$ 或 $\dfrac{dC'}{dQ} < 0$ 时,土地收益递增;当 $\dfrac{dQ'}{dI} = 0$ 或 $\dfrac{dC'}{dI} = 0$ 时,土地收益持平;当 $\dfrac{dQ'}{dI} < 0$ 或 $\dfrac{dC'}{dQ} > 0$ 时,土地收益递减。然后,将运输费计入。由于利润

---

① 1 英里=1609.344m。

是销售价格除掉生产成本及运费的差额,所以在土地收益递减的场合,继续增加投入量虽然仍可增加产量,但必须使价格减去边际成本的余额尚能偿付边际产量追加的运费,即

$$P - \frac{dC}{dQ} - \frac{dT}{dQ} \geq 0 \qquad (4-9)$$

可见,边际成本和追加运费愈低,边际产量本身需偿付的愈少,生产规模扩大的可能性愈大。根据这个前提,设备和设施良好的农场,以及距离市场较近的生产地,农民就较为趋向于增加投资,使耕作和养畜集约化。

3)不同农作制度下区位地租的变异

杜能分析了不同农作制度的差别及其对农业分布的影响。他以实例分析了欧洲中世纪沿袭下来的三圃制(three-field system)并将其同资本主义经营的改进进行了对比,分析了三圃制与区位地租的关系。

4)土地合理利用的经营品类选择

在多种农业生产品类之间,由于各类所能偿付的区位地租的差异,其空间的分布呈现以市场为中心的向心圈。这种农业各品种的空间组织,是杜能农业区位理论的精华。杜能认为,如果土地利用的可能性在空间上是连续的,农业的部门或作物的合理分布区是其能偿付区位地租的地段。因为距离市场较近的农地,其纯收益必定较大;较远的农地,其纯收益必定较小。根据区位地租的理论,杜能在其《孤立国》一书中阐述了6种农作制度,每种制度构成一个圈(环)带。上述农作区系围绕城市中心呈向心环带状分布,这就是著名的"杜能环"。

第一区:即所谓的自由农作区。该区距市场最近,主要生产易腐难运的产品,如鲜奶和蔬菜。由于当时处在马车时代,又缺乏有效的储存技术,因此,此区不可能自城市向外延伸很远,其范围依城市的需求而定。杜能根据当时的运输条件进行测算,城市周围4英里是由城市向外运送肥料的最远距离。由于该区能满足城市居民日常生活需要,故利润较高,农民可以对土地进行集约经营,投入更多的生产资料和劳动力。故自由农作区是关栏养畜和田园种植的地带。

第二区:即林业区。该区主要生产木材,以解决该时代城市居民所需的燃料问题(烹调和取暖),成材倒是次要问题。杜能根据麦克仑堡资料,经过计算证明了在第一带之外的邻近地区,生产木材较粮食收益高,这对于当时以木材为燃料和运输不方便等具体条件而言,是完全符合实际的。

第三、四、五区:这三个区是作物轮作区。三区为谷物轮作区。杜能的谷物轮作制是指在没有休闲地情况下,作物每六年轮回一次。具体来说,六年中两年种植裸麦,其余各年分别种植土豆、大麦、苜蓿和豌豆。从农业上来讲,轮作可

恢复土壤的肥力，从产品上来讲，可保证粮食的生产。农民在第二区，生产粮食是为了自己消费，而到了第三区，则主要作为商品到市场出售。

第四区为谷草轮作区：谷物、牧草和休闲地轮作，杜能分成七个区，多一个休闲地。第五区为三圃轮作，1/3 休闲，1/3 燕麦，1/3 裸麦。

三、四、五区的判别是农业的集约化程度愈来愈低。杜能定量地研究了一个区的谷物比重和休闲土地的比例，谷物依次为 50%、43%、24%，休闲地为 0.14%、0.33%。

第六区：放牧区，与第一区的饲养区在集约化高低上有显著差别。本区对于运送粮食，在该时代已嫌过远，故生产粮食自给，生产牧草养畜。杜能确定，当时向心环带由城市向外延伸的距离只能达到 250 英里，再外就是荒地了。这个区的主要产品是两项：一是活畜，二是黄油和奶酪，前者可以赶往城市出售，后者不易变质，重量不大。实际情况的发展，这个区还会有少量其他的产品外运，如菜籽、烟草、酒花、亚麻等，以取得现金收入。事实上这些产品也是质高易运的。

杜能还认为，自然条件或资源分布不均匀，形成一些地域上的分割因素，如个别土壤高度肥、瘠地段导致带局部破坏，特别是铁矿、煤和盐的不平衡分布导致城市工业区的不平衡。

杜能理论的建立分两步：第一步是构造各个农业经营门类（或项目）的竞标地租，即式（4-3）。该式说明，如果某一农场经营者欲租借某块土地从事某种农业生产，那么他必须支付式（4-3）右边所示数额的租金，方可获得该土地的使用权；如果该农场主在自己的土地上从事农业生产，那么他自然会认为式（4-1）右边的数额就是他自己的土地应该得到的地租。第二步是将各种农业经营门类的竞标曲线（地租）纳入一个体系比较，各区位土地要为竞标地租最高的农业经营项目所占据，如此，农业土地利用的空间配置被决定（杨吾扬和梁进社，1997）。

4.5.4 农牧业区位理论对沙产业的影响

沙产业（industry in sandy area）概念正是在农业科技实现跨越的背景下，由著名科学家钱学森在 1984 年中国农业科学院科技管理局组织的学术报告中首次提出的。1991 年 3 月 11 日，他又进一步明确了沙产业概念，"沙产业就是在不毛之地上搞农业生产，而且是大农业生产，是一项尖端技术"，也就是利用现代生物技术的成就再加上水利工程、材料技术、计算机自动控制等前沿高新技术，能够在沙漠、戈壁开发出新的、历史上从未有过的大农业，即农工贸一体化的产业生产基地，创造上千亿元的产值"（李发明等，2012）。

20 世纪 80 年代，钱学森针对广大西部干旱地区提出来的"沙产业"理论，推出"多采光、少用水、新技术、高效益"的技术路线。经过 20 多年的不懈实践，内蒙古沙产业已实现由农牧民个体经营到龙头企业带动、由资源简单化转化到产业链的延伸、从小基地示范到大集团加盟等方面的转变，建成了具有一定规模的沙产业示范基地，涌现出一批以民营企业为代表、以机制创新为特点的沙产业龙头企业和重点地区。内蒙古将大力发展沙产业纳入社会经济发展规划中，连续 4 年把沙草产业写入政府工作报告，并出台了加快沙产业发展的相关政策和编制了发展规划。在有效治理和严格保护的前提下，坚持防治并重、治用结合，把防沙治沙与产业发展、农牧民增收和地方经济发展紧密结合起来，推广了"企业+基地+农牧户"的经营模式，打造了一批符合地区资源特点的林沙草产业基地和龙头企业，沙产业的发展支撑着农村牧区经济步入了经营管理集约化、资源培育基地化、加工利用多样化的良性发展之路。同时，防沙治沙也成为广大农牧民群众兴家立业的广阔平台，使广大农牧民找准了生态建设与改善生产、生活的结合点和切入点，实现了绿富同兴、良性互动，增强了防沙治沙的持续发展能力。

正是沙产业这种独特的特点，以及内蒙古地区沙产业发展的现状，有关学者可以从农牧业区位理论的角度去研究沙产业的发展及影响，通过运用区位理论分析，可以很好地测度出现阶段沙产业的发展状况及在区位理论中的拟合程度。

4.6 福利经济学

4.6.1 福利界定

经济发展水平不同的国家和地区，人们对福利内涵的理解是不同的（表 4-2），挪威、瑞典、芬兰等高福利、高税收国家看重的是高品质福利的享受，德国、日本、法国等国更注重社会福利的保障性功能，英国、美国、加拿大等则强调福利私有化供给的实现。而中国由于经济发展水平有限，多数学者认为，能够确保满足社会底层人群的基本物质生活需求的物质即为福利。

表 4-2　不同时期关于福利的定义（黄晨熹，2009）

时间	福利的含义
20 世纪 20 年代	个体或者集体偏好
20 世纪五六十年代	经济福利
20 世纪 70 年代	基本需求
20 世纪 80 年代	经济福利
20 世纪 90 年代	人类发展／能力建设
21 世纪	全民权利、生存权和自由

从表 4-2 中可以看出，旧福利经济学派的学者们，单纯地从经济、收入的角度界定福利，认为福利可测量、计算，福利内容仅涵盖经济因素而未考虑非经济因素。但一个国家或个人的最终目标并非只有收入的增长、财富的累积，这些只能视为某种手段或部分目标，其局限性显而易见。新福利经济学家们则坚持由于福利的序数性质，只能对其进行比较却无法实现精确度量。直到 Sen 的可行能力理论的出现，为福利内涵的界定指出了新的思路与方向，结束了关于福利内涵的基数与序数之争，提出了将经济福利和非经济福利一并纳入福利理论体系的多维福利测度方法，使福利能够通过功能性活动指标被量化，从而推动了福利经济学理论的发展。

4.6.2 福利标准

能力的方法是以 Sen 的能力定义和 Nussbaum 的能力清单为工作基础的。Sen 认为一个人的福利可以通过他自由选择的功能组合和以此实现的生活状态或者生活质量进行评价，一个人的可行能力由个体可以自由选择的、可以互相替代的功能性活动向量（包括最为基本的吃、穿、住、行，有足够的营养，健康、不受可避免疾病的侵害，参加各种社区活动，有政治参与权利、拥有自尊等）组成，个人的功能性活动组合反映了此人实际达到的成就和机会，即福利是多维的，包含人类生活的各个方面。Veenhoven 和 Boarini 等提出了工作、教育、休闲、社会环境、物理环境、政治环境、健康和财富等各维度构建福利框架。运用能力框架构建福利指标并且探讨引起福利变化的影响因素是福利经济学发展中的一大进步和亮点，但是很多学者都没有在该框架中考虑生活满意度和幸福指标，缺少主观福利维度的衡量和考察，导致福利的测量不完整。Paul Anand 肯定 Sen 能力理论框架，并引入与主观满意度正相关的换位思考、自我价值、压力等指标建立多维福利的潜变量模型，还增加环境指标、住房指标和民主指标研究个体的福利。人类发展指数（HDI）、真正进步指标（GPI）、经济福利指数（IEW）、社会健康指数（ISH）、国内的进步措施（MDP）、经济福利措施（MEW）等指标都被用来进行能力框架的福利分析，但至今没有一个指标被认为更能代表个体及社会福利的经济、社会、环境、精神等各方面的内涵。

4.6.3 福利改进

1906 年帕累托在《政治经济学教程》中第一次提出序数效用论，借助无差异曲线分析法，提出并论证了帕累托最优理论。帕累托最优是指资源重新组合和分配不可能使一个人或者多个人福利增加，而不使其他人福利减少，整个社会达到资源配置最优状态。资源的重新配置使至少有一个人的处境变好，同时没有一个人的处境变坏，资源的重新配置导致社会福利有所增加，这种配置叫作帕累托改进。帕累托最优是帕累托改进的目标和结果，必须满足交换最优、生产最优，以及生产和交换在内的帕累托全面最优，是一种理想的状态。在现实经济运行中，更多体现的是有人有所得有人有所失，只不过是得失份额有所差距。1939年，卡尔多提出将"假想补偿原则"作为检验社会福利的标准，如果受益者完全补偿受损者之后还有剩余，社会福利水平提高（Kaldor，1939）。同年，希克斯对卡尔多补偿标准进行补充，他认为卡尔多只是一种"假想"补偿，现实中受益者并没有对受损者进行补偿，判断社会福利标准应该从长期来看，只要政府一项政策能够长期提高全社会劳动生产率，尽管在短期内某些人受损，但经过较长时间以后，所有人的状况会由于生产效率提高而"自然而然"获得补偿，被叫作"长期自然的补偿原则"（Hicks，1939）。此后，希克斯、西托夫斯基等学者继续对补偿原则进行讨论，提出了"补偿标准"，如果某种经济状态的资源重新配置使一部分人的福利增加，同时又使另一部分人的福利减少，且受益者在补偿受损者后，其福利仍能有所改善，这就是卡尔多-希克斯改进。按照帕累托改进标准，只要有任何一个人受损，政策就无法实施下去；但是按照卡尔多-希克斯改进，只要整体福利增加，政策就是可行的，无非就是确定补偿问题。卡尔多-希克斯改进主要是通过政府使用强制规范、转移支付等政策工具对受损利益集团进行补偿，协调社会不同利益集团所引发的利益冲突（孔令锋和向志强，2007）。卡尔多-希克斯适用条件更宽，逐步代替帕累托改进来分析社会福利问题（黄芳，2014；Krutilla，2005；Bruce and Harris，1982）。

　　基于沙产业既可以产生经济效益，又可以产生生态效益，利用福利经济学可以对沙产业进行解释。经济效益好、生态效益高的沙产业（梭梭—肉苁蓉产业），资源配置效率达到最优，属于帕累托最优；经济效益好、生态效益低的沙产业（硅砂资源利用产业）及经济效益差、生态效益高的沙产业（荒漠化治理产业），按照卡尔多-希克斯改进原则，受益者对受损者进行补偿，使得总体福利水平上升，也可以实现经济效益和生态效益双赢。可见，无论是经济学视角还是生态学视角，沙产业最终要实现经济效益和生态效益双赢。

　　在荒漠化治理及沙产业发展背景下，在一定程度上恢复和增加了生态系统服务功能，但同时当地的牧户的福利可能因为参与生态保护行为而受到了很大的损失，尤其是非农就业比较弱的牧户，其福利可能遭受了生态环境退化和环境保护政策的双重打击。从农牧民的生态保护意义和支付意愿研究出发，制定"生态补偿"机制，对损失的福利进行公平的补偿，让当地牧户的福利和社会福利不降低或者提高，才能激励人类积极主动地参与生态保护，实现生态系统健康稳定—人类福利增加——社会进步发展的多赢局面。

第 5 章

沙区生态产业研究方法

5.1 案例分析

5.1.1 案例研究的概念与特征

案例研究是社会科学研究中广泛使用的一种研究方法,迄今为止,这种研究方法已经得到社会学、人类学(包括民族学)、教育学、政治学及管理学等学科研究者的认可,并且被运用到特定问题的研究之中。

案例研究是社会科学及其他科学研究中的一种独立的研究方法,是定性研究的一个重要组成部分,这种研究方法综合运用多种收集数据和资料,通过对特定社会单元(个人、团体组织、社区等)中发生的重要事件或行为的背景、过程的深入挖掘和细致描述,呈现事物的真实面貌和丰富背景,从而在此基础上进行分析、解释、判断、评价或者预测。

对案例的收集、整理和叙述本身体现着研究者的研究兴趣和研究立场,但是案例素材本身并不是理论,而在研究者对案例素材进行分析、解释、判断和评价时,不可避免地要回到自己的理论假设或者理论取向,从而形成特定的理论。从这个意义上说,案例研究是从具体经验事实走向一般理论的一种研究工具。

案例研究法在社会科学研究领域被广泛应用,美国社会学家威廉·富特·怀特(William F. Whyte)的《街角社会》、中国著名社会学家费孝通的《江村经济:中国农民的生活》等,被认为是案例研究的典范。毛泽东在谈到调查研究方法时,曾经形象地将案例研究法称为"解剖麻雀",即通过对一个单一个体进行深入、全面的研究,来取得对一般性状况或普遍经验的认识。其中所依据的理性方法可以说都是案例方法。总体来看,案例研究是一种从完整丰富的经验故事中提炼理论的研究方法,是一个独特的研究体系(王金红,2007)。

5.1.2 案例研究的分类

可以根据不同的标准对案例研究的类型进行分类。根据研究中使用案例的数量,可以将其分为单一案例研究和多案例研究;根据研究中案例引入的不同功能,可以将其分为探索性案例研究、描述性案例研究和解释性案例研究。

1. 单一案例研究和多案例研究

案例研究一般通过选择一个或几个案例来说明问题。根据实际研究中运用案例数量的不同,案例研究可以分为单一案例(single case)研究和多案例(multiple cases)研究。

单一案例和多案例最主要的区别在于研究中使用案例的数量差别。选择单一案例还是多案例主要取决于研究者获取案例素材的能力、时间、研究目标和团队规模。如果这些条件相对比较欠缺，可以采用单一案例研究；如果这些条件相对优越，则可以采用多案例研究。更为重要的区别是，单一案例研究主要用于证实或证伪已有理论假设的某一个方面的问题，它也可以用来分析一个极端的、独特的和罕见的管理情境。通常单一案例研究不适用于系统构建新的理论框架。偏好单一案例研究方法的学者认为，单一案例研究能够深入、深度地揭示案例所对应的经济现象的背景，以保证案例研究的可信度。在多案例研究中，研究者首先要将每一个案例及其主题作为独立的整体进行深入的分析，这被称为案例内分析（within-case analysis）；依托于同一研究主旨，在彼此独立的案例内分析的基础上，研究者将对所有案例进行归纳、总结，并得出抽象的、精辟的研究结论，这一分析被称为跨案例分析（cross-case analysis）。多案例研究能够更好、更全面地反映案例背景的不同方面，尤其是在多个案例同时指向同一结论的时候，案例研究的有效性将显著提高。

单一案例的缺点主要出现在做出整体性设计后，整个案例研究的本质可能会在研究进行期间有所改变，但研究者却一无所知，或者只注重子单元层级，而无法回到更大的分析单元。与单一案例研究相比，多案例研究结论比单一案例研究结论更具有普遍意义，结论更加准确。案例研究作为一个类似于自然科学研究的多次重复"准实验"的研究方法，多案例研究的优势在于其所得出的结论更加可靠，研究者可以更加有把握地断定潜在的"模式"是否存在；同时从案例提取出来的"模式"更具有普遍意义。多案例研究在服务于以追求理论解释为任务的研究中比单一案例研究优势更加明显。在以建构性解释为目的的案例研究中，多案例研究由于是"重复实验"，其可以使建构性解释在重复检验的过程中不断得以检验和修正，从而使建构性解释更加准确地描述经验中可能存在的"模式"。多案例研究更容易增加对经验世界多样性的理解。多案例研究更容易导向"模式+概率"的机制解释。社会科学所追求的解释是机制解释，机制解释的典型特征是观察到的"'条件-结果'的稳定关系"是概率性的，即"机制=观察得到的概率性关系"。如果将案例研究（定性研究）与定量研究结合起来，那么研究者可以利用案例研究，先导出案例内部条件的"'条件-结果'的稳定关系（模式）"，再用定量研究（在社会科学中主要是分类数据）计算出事件发生的概率的组合型研究策略。这样的结论更加接近于"规律"。在多案例研究中，研究设计的优劣也直接决定了研究质量（黄振辉，2010）。

沙区生态产业是新生事物，宜采取多案例研究的方式，从中找出共性的生态产业发展规律，进而提炼要素，形成新的理论基础。

2. 解释性案例研究、描述性案例研究和探索性案例研究

1）解释性案例研究

解释性案例研究旨在通过特定的案例，对事物背后的因果关系进行分析和解释。在解释性案例研究中，案例中所包含的一些事实被作为自变量，另外一些事实被作为因变量，通过对案例背景的研究，寻找不同变量之间的相关性或因果关系。解释性案例研究一般适用于研究为什么、怎么样之类的有关因果关系的问题。

例如，在沙地治理中，通过不同产业的案例，应用解释性案例研究方法，分析沙区生态产业的产业链的共性问题，例如，沙区产业链投资比较大、对政府依赖性强、产业链条短、经济效益相对差等共性问题。也可以发展出新的概念，或者对概念进行剖析。

2）描述性案例研究

描述性案例研究是通过对一个人物、团体组织、社区的生命历程、焦点事件及过程进行深度描述，以坚实的经验事实为支撑，形成主要的理论观点或者检验理论假设。描述性案例研究适用于对个人、团体组织和社区等进行研究。

例如，研究阿拉善SEE生态协会可以采取描述性案例研究方法。该协会以社会责任为己任，以企业家为主体，以保护生态为目的，其聚焦的领域是阿拉善地区的荒漠化防治、绿色供应链与污染防治、生态保护与自然教育以及互联网沙漠治理。通过案例可以了解沙漠化治理方面的公益组织、互联网人群生态意识觉醒等方面的情况。

3）探索性案例研究

探索性案例研究是在未确定研究问题和研究假设之前，凭借研究者的直觉到现场了解情况、收集资料形成案例，然后再根据这样的案例来确定研究问题和理论假设。由于这样的研究方法往往不是最终的案例研究方法，而且有可能被其他研究方法所替代，因此，探索性案例研究可以是其他类型的案例研究或其他方法研究的前奏，而不是一种独立的研究方法。

探索性案例研究适合在不能确定研究问题和理论假设的情况下，为形成明确的研究问题和理论假设而使用。例如，什么是沙区产业链利益分配不均衡，为什么沙区产业链短可以通过调研形成案例，确定研究问题和理论假设，进而发展出其他研究方法，可以使用探索性案例。

可以根据不同的标准对案例研究的类型进行分类。根据研究中使用案例的数量，可以分为单一案例研究和多案例研究；根据研究中案例引入的不同功能，可以将其分为探索性案例研究、描述性案例研究和解释性案例研究。如果将这两种

分类结合起来,建立一个 2×3 的矩阵模式,则可以形成 6 种不同的案例研究类型。具体结果如表 5-1 所示。

表 5-1 案例研究类型

项目	探索性案例研究	描述性案例研究	解释性案例研究
单一案例研究	探索性单一案例研究	描述性单一案例研究	解释性单一案例研究
多案例研究	探索性多案例研究	描述性多案例研究	解释性多案例研究

5.1.3 案例研究的优势和不足

案例研究在沙区生态产业研究中的优势是通过一定程度的调研,确定统一的框架,整理成文便于记忆,可以为下一步工作提供查询、检索的条件。对沙区生态产业园区、企业和农牧民的调研整理出来的案例研究为其他类似产业案例研究提供了易于理解的解释。案例研究有可能发现被传统的统计方法忽视的特殊现象,且有助于发展出更深入的研究方向。

案例研究的不足是结果不易被归纳为普遍结论。案例研究结论的严格性容易受到质疑。案例研究耗费时间长,案例报告也可能太长,反映的问题不够明了。

5.2 产业生态学的方法

产业生态学的研究方法较多,生命周期评价(LCA)、产业代谢分析、物质流分析、总成本评估(TCA)、Exergy 分析、能值评估等方法是较为重要的方法。产业生态学的应用主要分为微观和宏观两个层面。在微观上,产业生态学主要运用生命周期评价和面向环境的设计等方法,对一个产品从原材料采掘、制造、销售、使用、回收、废弃与处置等全过程的资源与环境影响进行综合评价,以寻求改善的途径,进而减少产品在生产和使用过程中对环境的影响;在宏观上,产业生态学又包括企业、区域和国家 3 个层次,其运用的方法主要有生命周期评价、环境质量管理、代谢分析和系统分析。在企业层次上,要求企业进行清洁生产,减少原材料的使用,减少有毒物质的排放,加大资源的循环利用,不断提高产品的质量;在区域层次上,要求发展生态产业园区,通过代谢分析和资源分析,了解园区内部各企业之间的物质、能量和信息流动状况,在此基础上建立园区内部的物质、能量、信息集成系统,进而建立和完善企业之间废物的输入、输出关系;在国家层次上,既要求发展生态产业,对整个国家的经济产业结构进行调整,又要求建立健全相关法律和政策体系,推动生态产业的蓬勃发展(赵子壮和周毅,2011)。以下介绍产业生态学中常用的几类方法。

5.2.1 产业代谢分析

1. 产业代谢的概念

20世纪80年代Ayres等就经济活动中物质与能量流动对环境的影响进行了创新性研究；1989年美国环境生态学家R.A.Frosch首次通过模拟生物新陈代谢过程和生态系统的循环再生过程提出了产业代谢的概念（鞠美庭和盛连喜，2008）。

产业代谢是模拟生物和生态系统代谢功能的一种系统分析方法。与自然生态系统相似，产业生态系统也包括4个基本组成，即生产者、消费者、再生者和外部环境，可以通过系统结构变化分析、功能模拟和产业流分析来研究产业生态系统的代谢机能及控制方法。产业代谢本质上是把原材料、能源和劳动，在一种稳态条件下转化为最终产品和废物的过程（李振基等，2004）。

2. 产业代谢的研究内容

（1）在有限的区域内追踪某些污染物：例如，针对江河流域地区工业集中、人口密度大和环境污染严重的特点，可以通过产业代谢分析追踪特征污染物的迁移、转化。

（2）分析研究一组物质，特别是某些重金属：由于其潜在的毒性，重金属应列入首选研究对象。分析和跟踪环境中的重金属相对比较容易。有些合成的有机物，如多氯联苯（PCBs）或二噁英，其毒性与重金属相当，甚至有过之，但在实践中很难进行不间断的跟踪研究。

（3）产业代谢研究也可以仅限于某种物质成分，以确定其不同形态的特性及其与自然生物地球化学循环的相互影响，例如硫、碳等的工业代谢分析。

3. 产业代谢分析的类型

1）资源代谢分析（resource metabolic analysis）

资源代谢分析是研究某种具体物质收支情况的代谢分析工具。资源代谢分析可以根据物质的化学形态在几个不同层面上开展，包括以原子或者分子形式开展的资源代谢分析（如研究某种元素从一个储库到另一个储库的迁移速率）、对化学组成确定的分子或合金进行的资源分析，以及对在一系列不同的自然或人工的储库间流动并具有不同化学形态的资源所进行的资源分析（鞠美庭和盛连喜，2008）。

资源分析的关键在于分析边界的确定，它可以应用在不同的空间范围和分析多个储库，表5-2中为资源代谢分析的分类。对于资源分析，有的只需要确定资源的流量，而有的则需要同时确定资源的流量和积蓄量。资源分析可以针对自然积蓄量和自然流量,也可以只针对人为积蓄量和人为流量两部分,还可以两者兼顾(鞠美庭和盛连喜,2008)。

表 5-2 资源代谢分析的分类

中文名称	英文名称	英文缩写
元素流分析	Elemental Flow Analysis	EFA
分子流分析	Molecular Flow Analysis	MFA
物质流分析	Substance Flow Analysis	SFA
	material flow analysis	MFA

(1)元素流分析:元素流分析的对象是原子。如果某种元素非常稀缺(例如某些贵金属),或具有生物毒性(如镉),都有必要进行元素分析。开展元素分析不一定要求当前的分析对象一定处于原子状态,因为当前元素的存在状态并不会影响分析。元素流分析的优点是数据非常明确。例如,当对一个系统开展硫元素分析时,不需要考虑它究竟是单质硫、二氧化硫,还是硫酸,只需要关注单位时间内转移的硫的质量。需要强调的是,元素流分析可以在任何尺度上开展(于秀娟,2003)。

(2)分子流分析:产业生态学的第一例分子流分析是由加利福尼亚大学的 Mario Molina 和 F. Sherwood Rowland 联合开展的关于氯氟烃的大气循环研究,并获得了诺贝尔奖。科学家们在大气层中检测到了工业中用作制冷剂的氯氟烃,Mario Molina 等推断氯氟烃在大气层高能太阳辐射作用下最终将被分解,其分解产物进而与臭氧反应,消耗平流层中的臭氧。几年后,南极上空臭氧空洞的发现证明了他们的分析是正确的(鞠美庭和盛连喜,2008)。

(3)物质流分析:物质流分析主要研究物质的流动规律和对环境产生的影响。物质流分析根据研究对象的不同,主要可分为以下两种。

第一种物质流分析主要是针对那些能够引起特定环境影响的物质或原料开展的研究,通常称其为 SFA。SFA 主要研究物质向环境排放的主要途径、与之相关的过程、产业系统内部的物质存储和流动情况,以及这些物质在环境中的最终浓度等。具体包括研究重金属等有害物质的流动,因为它们可能会导致重大环境问题;研究营养物质(如氮、磷等)的流动,因为它们是造成水体富营养化的主要物质;研究碳的流动,因为它与全球变暖有关;研究能源物质、塑胶、木材、生物质及金属等的流动,因为它们也会产生一定的环境影响。通过 SFA 分析,其结果既可以用于决策的制定,也可用于产业系统自身的调节。另外,在进行元素流分析过程中,如果能够确定各种流通路径中元素的化学状态,元素流分析也可以被认为是 SFA(鞠美庭和盛连喜,2008)。

第二种物质流分析类型主要关注特定经济部门或区域的物质流数量和结构是否可持续,通常称其为 MFA。例如,对建筑业的物质或原料流动的研究;对城市、区域甚至国家层次经济系统中部分物质流及物质需求总量等的研究。通过这些研究可以得到一些环境压力指标，并以此来描述区域代谢的结构特征（鞠美庭和盛连喜，2008）。

物质流分析是产业代谢分析在物质领域的一种具体应用。对物质的生产和使用而言，资源消耗是源头，环境污染是末尾，物质的生产和使用与资源-环境有密不可分的关系。各种统计资料表明，物质的开采、加工、使用及废弃过程，一方面推动了社会经济发展和人类文明进步，另一方面又消耗了大量的资源和能源，污染了人类生存的环境。从能源、资源消费的比重及所造成环境污染的根源分析，物质及其制品制造业要对能源短缺、资源过度消耗乃至枯竭负主要责任。材料科学与工程领域的研究者从这一角度出发，开展了物质流分析及相关理论的研究，目的是有效利用有限的资源，减少物质对环境的负荷，在物质的生产、使用和废弃过程中保持资源平衡（王寿兵等，2005）。

2）组织或区域代谢分析

组织代谢分析（organismal metabolic analysis，OMA）是针对单个产业组织（如一个工厂）开展的物质流分析，而区域代谢分析（regional metabolic analysis，RMA）是指对某一特定地区内部及其边界开展的物质流分析（鞠美庭和盛连喜，2008）。

组织代谢分析对企业和商业设施十分有用。通过对一个设施的输入、输出，以及原材料利用和流失水平开展分析，研究人员可以发现显著改进该设施环境的机会。

而区域代谢分析则是针对面积更大的地区开展的分析。实际上，由于国家层面的统计数据更容易获得，所以进行国家代谢分析往往比针对那些较小的区域开展分析相对容易（鞠美庭和盛连喜，2008）。

4. 方法框架

完成产业代谢分析需进行如图 5-1 所示的 5 个过程（王寿兵等，2005）。

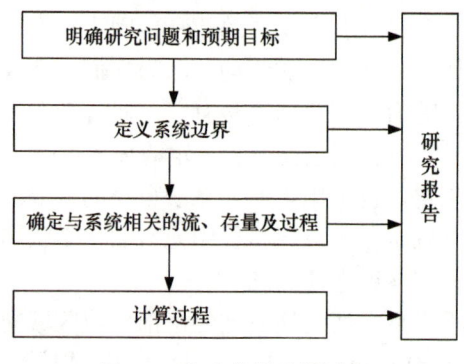

图 5-1　产业代谢分析过程

1）明确研究问题和预期目标

首先明确所研究的问题，并根据前期调研适当确定研究目标。在充分考虑资料来源的情况下，设立合理的研究目标。

2）定义系统边界

确定系统的时间、空间范围及所考虑的物质类型。时间跨度由系统的行为及研究的目标决定，对于不稳定的系统，应选择较长的时间跨度；定义系统地理边界时，最好选择在行政上或地理空间上相对独立的单元，例如一个企业或一个流域等；物质类型主要由研究的范围、精度及可获得的资源等条件决定。

3）确定与系统相关的流、存量及过程

根据质量守恒定律，初步描绘出各种物质在系统中的输入、储存、转换及输出的方式和过程。此过程涉及很多专业知识，需要提前进行资料综述并熟悉相关工艺过程。

4）计算过程

计算系统各过程的流量和存量及其转换系数。

5）研究报告

清晰、准确地描述研究过程，使其可信并且可重复。研究结果主要针对专业人士及管理人员。

5. 一般模型

Han 等（2014）在对氯碱产业进行产业代谢分析研究时，建立了链级物质流分析模型。在产业链系统中，工厂被看作是生产的基本单位。产业链的前端通常是原料开采或粗加工单元，其中产品加工所需要的物质进入系统。经过一系列转移和转换过程，原材料被转化为产品并在输出端出口。除主流外，还观察到侧流和废流。前者包含辅助材料输入和副产品输出，而后者包括废水、废气和固体废物输出。

该模型由几个单元组成，从原材料开采到最终产品加工，以及它们之间的运输线路。该模型与工厂级产业代谢模型的区别在于前者的边界是不确定的，如图5-2中的虚线所示。每个单元都可以看作是一个子系统，两个单元之间的连接起到了物质输送线的作用，可以是高速公路、铁路或管道。两个单元之间的距离由地理空间和资源因素决定。生产和运输过程都可能出现物质和能量的损失。

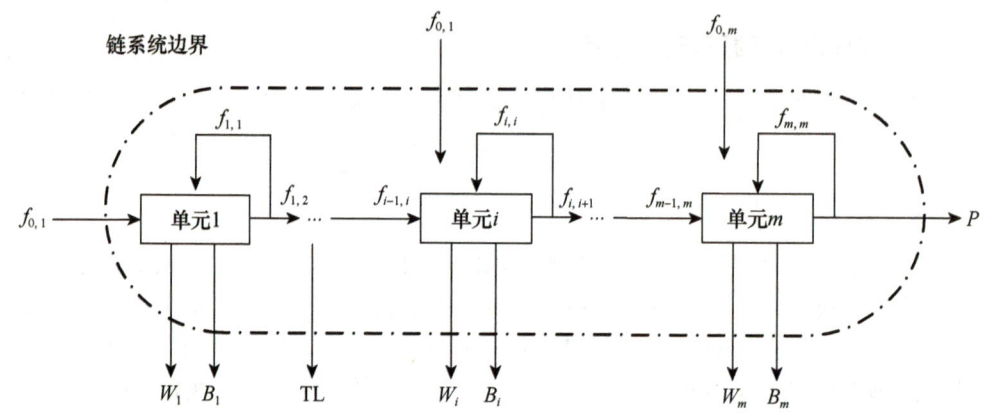

图 5-2 链级物质流分析模型

如图 5-2 所示，单元依次编号为 $1\sim m$（$m\geqslant 1$），每个单元都有自己的输入流和输出流。例如，单元 i（$1\leqslant i\leqslant m$）有 6 个相关的物质流：

$f_{0,i}$，表示外部环境对单元 i 的输入；

$f_{i-1,i}$，表示从单元 i 前面的单元输出到单元 i；

$f_{i,i}$，表示返回到单元 i 进行重用的流；

$f_{i,i+1}$，表示从单元 i 输出到单元 $i+1$；

B_i，表示来自单元 i 输出的副产物；

W_i，表示来自单元 i 输出的废弃物；

P，表示输出端单元中最终产物；

因此，$f_{i,0}$ 是单元 i 对外部环境的总输出，可以用下式计算：

$$f_{i,0}=\begin{cases}B_i+W_i, & i=1,2,\cdots,m-1\\ B_m+W_m+P, & i=m\end{cases} \quad (5\text{-}1)$$

根据质量守恒定律，物质总投入（F_{in}）值的大小应该等于物质总产出（F_{out}）值的大小。这种平衡在以下等式中得到了证明（其中 UIL 是作为平衡因子的系统的未知损耗）：

$$F_{\text{in}}=\sum_{i=1}^{m}f_{0,i}=F_{\text{out}}=\sum_{i=1}^{m}f_{i,0}+\text{UIL} \quad (5\text{-}2)$$

6. 评价指标

评价指标用于分析物料流动系统的状态。为科学地评价链系统中物质的代谢效率，本节选择基于链级 MFA 模型的 7 个评价指标，这些指标的表达式见表 5-3（Han et al.，2014）。

表 5-3 指标定义及表达式

指标	具体指标	定义	表达式
正指标	PE_{unit}	单元生产效率	$f_{i,j+1}/(f_{i-1,i}+f_{0,i})$
	RE_{unit}	单元重用效率	$(f_{i,i}+B_i)/(f_{i-1,i}+f_{0,i})$
	PE_{sys}	系统生产效率	$P/\sum_{i=1}^{m}f_{0,i}$
	RE_{sys}	系统重用效率	$\sum_{i=1}^{m}(f_{i,i}+B_i)/\sum_{i=1}^{m}f_{0,i}$
	SE	源效率	$\left(P+\sum_{i=1}^{m}B_i\right)/\sum_{i=1}^{m}f_{0,i}$
负指标	LR_{unit}	单元损失率	$w_i/(f_{i-1,i}+f_{0,i})$
	LR_{sys}	系统损失率	$\sum_{i=1}^{m}w_i/\sum_{i=1}^{m}f_{0,i}$

用正指标评价了系统单元对输入物质的利用能力，正指标的值越大，表明系统单元对输入物质的利用能力越强，产业代谢效率越高（王贵明，2007）。包括：①单元生产效率（PE_{unit}）。显示为单元的物质输出与单元的物质输入之比，用于评价单元内产品产量水平。②单元重用效率（RE_{unit}）。即副产物中的可用物质和重复使用废料中的可用物质与同一单元物质输入的比例，用于评价单元内物质可重复使用水平。③系统生产效率（PE_{sys}）。即最终产品占系统总物质投入的比例，用于评价整个系统的产品产量水平。④系统重用效率（RE_{sys}）。即生产过程中所有副产物和可重复使用的废料占系统总物质输入的比例，用于评价整个系统的物质可重复使用水平。⑤源效率（SE）。即转化为最终产品和可利用副产物的物质占系统总物质输入的比例，用于评价输入物质的使用水平。

用负指标评价系统单元输入物质的损失，负指标值越小，表明系统单元输入物质的损失越小，产业代谢效率越高。包括：①单元损失率（LR_{unit}）。即转化为不可利用的物质与同一单元的物质投入的比例，用于衡量单元内基于质量守恒定律的物质损耗水平。②系统损失率（LR_{sys}）。是指整个系统中转化为不可利用的物质占总物质投入的比例，用于衡量系统中基于质量守恒定律的物质损耗水平。

5.2.2 生命周期评价

1. 生命周期评价的概念

生命周期评价（life cycle assessment）最早出现于 20 世纪 60 年代末～70 年

代初，1963 年 Smith 在世界能源大会上首次提交关于化学煤产品的累积能量需求报告，这是 LCA 的第一份研究报告（陆钟武，2010）。之后在 1969 年，美国中西部资源研究所（MRI）开展针对可口可乐公司饮料包装瓶从原材料采掘到废弃物处理全过程的资源与环境状况评价研究。70 年代中期政府开始积极支持并参与生命周期评价的研究，美国国家环保局开始将 LCA 应用于能源保护与固体废弃物减量目标的制定，欧洲经济合作委员会（EEC）颁布 LCA 具体应用的相关指南，但由于缺乏明确的方法步骤，而且一系列关于资源和环境状况研究未取得良好进展，政府和工业界对其兴趣逐渐降低。而学术界从未停止对生命周期评价方法的研究，欧洲、美国、英国、瑞士、荷兰研究机构从清单收集、方法论的角度探索生命周期评价方法在分析资源和环境方面的潜在影响研究，并逐步形成较为规范的分析方法。1990 年由环境毒理学与化学学会（SETAC）首次召开有关生命周期评价主题的国际研讨会，提出了"生命周期评价"的概念，并将其定义为："生命周期评价是一种对产品、生产工艺及活动对环境的压力进行评价的客观过程，它是通过对能量和物质利用及由此造成的环境废物排放进行辨识和量化来进行的。其目的在于评估能量和物质利用及废物排放对环境的影响，寻求改善环境影响的机会及如何利用这种机会。这种评价贯穿于产品、工艺和活动的整个生命周期，包括原材料提取与加工，产品制造、运输及销售，产品的使用、再利用和维护，废物循环和最终废物弃置"。90 年代以后，由于资源、环境问题呈全球化趋势加剧，可持续思想逐渐普及，各国逐步推行可持续行动计划，人们期待有统一方法能够明确分析此类问题，因此生命周期评价受到广泛关注并迅速发展（邓南圣和王小兵，2003；杨建新等，2002）。

SETAC 之后多次主持和召开了学术研讨会，对 LCA 从理论与方法上进行了广泛研究。1993 年国际标准化组织（ISO）开始起草 ISO14000 国际标准，正式将 LCA 纳入该体系，ISO14040 国际标准将 LCA 定义为"对产品系统在其整个生命周期的输入和输出及潜在的环境影响进行汇总和评估的过程"。目前，已颁布了有关 LCA 的多项标准，中国也根据 ISO 国际标准在这方面颁布了多项国家标准，国家质量监督检验检疫总局、国家标准化管理委员会颁布《环境管理 生命周期评价 原则与框架》（GB/T 24040—2008）、《环境管理 生命周期评价 要求与指南》（GB/T 24044—2008）（袁增伟和毕军，2010）、《产品生命周期数据管理规范》（GB/T 35119—2017）等。

2. 生命周期评价的特点

生命周期评价的目的在于确定产品或服务的环境负荷，比较产品和服务环境性能的优劣，从而以生命周期思想为依据对产品和服务进行设计。它具有以下特点（鞠美庭和盛连喜，2008）。

1)生命周期评价是对产品系统的全过程评价

全过程是指从摇篮到坟墓,即从原材料采掘、原材料生产、产品制造、产品使用直到产品废弃后的处置。从产品系统角度看,当前环境管理的焦点通常局限于原材料生产、产品制造和废物处理三个环节,而忽视了原材料采掘和产品使用阶段。对产品系统的全过程评价是实现可持续发展的必然要求。

2)生命周期评价是一种系统性的、定量化的评价过程

生命周期评价以系统的思维方式去研究产品或服务在整个生命周期的每个环节中的资源消耗、废弃物产生情况,并定量评价这些能源和物质的消耗以及所排放废物对环境的影响,从而辨识和评价能够避免或减缓环境影响的机会。

3)生命周期评价是一个开放性的评价系统

生命周期评价体现的是可持续环境管理思想,与其他环境管理手段相比,生命周期具有其自身的优势和缺陷(表5-4)(鞠美庭和盛连喜,2008),LCA还需要不断完善。

表5-4 不同评价方法的比较

项目	风险评价	项目环境影响评价	LCA
目标	预告目标生物的危险性	具体工程或项目环境影响	产品或服务的生命周期全过程环境影响分析
方法论	查询分析	综合评估	溯源分析
内容结构	接触评价,危险识别,风险描述,风险管理	范围界定,影响识别,影响度量,影响预测,减轻措施,评价和监测	目标定义,清查分析,影响评价,改善评价
评价对象	潜在有害物	具体的工程或项目	产品及产品系统
局限性	仅限于小地域的人类健康;忽略持续性风险;极少分析自然环境	局限于具体地域的具体项目;方法论不统一	无法分析偶然性排放;对数据高度综合的结果,忽略了对局部的影响

3. 生命周期评价的方法框架

环境毒理学与化学学会(SETAC)是最早提出生命周期评价的概念框架的学术组织,将生命周期评价框架归纳为定义目标与确定范围;清单分析;影响评价;改善评价,如图5-3所示(杨建新等,2002)。

国际标准化组织于1997年6月颁布了ISO14040标准,在SETAC框架的基础上做出了一些改进,生命周期评价技术框架分为目的与范围确定、清单分析、影响评价和结果解释4个相互联系的、不断重复的步骤,图5-4中的框架为指导企业进行环境管理和生命周期评价的一个重要国际标准,也是目前应用最为广泛的评价方法和步骤(杨建新等,2002)。

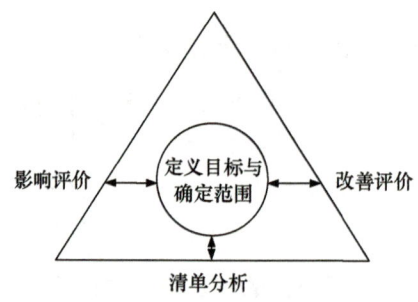

图 5-3　SETAC 概念框架图

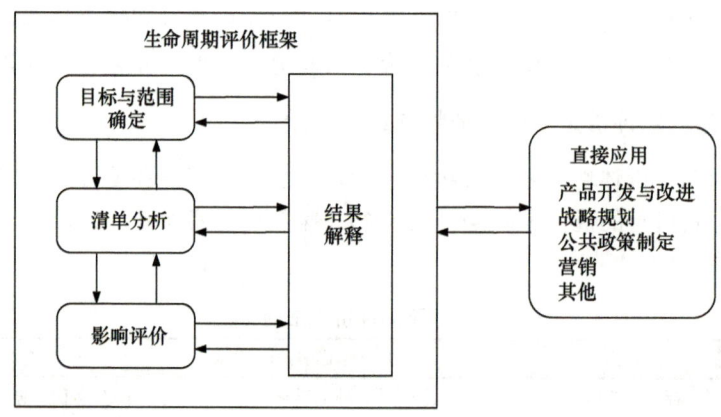

图 5-4　ISO14100 标准框架

1）目标与范围确定

开展生命周期评价工作首先要明确开展生命周期评价的目的和原因，并尽可能精确，即定义目标，并说明研究结果的意义和应用领域，这将影响研究的方向与深度。进一步确定研究范围，要根据研究目的确定所研究的对象或系统，以及研究的系统边界、功能单位、数据要求等，并给出重要假设和限制。此外应详尽绘制产品系统，便于后续评价开展。生命周期评价研究范围及清单分析如图 5-5 所示。

2）清单分析

清单分析作为评价的基础，核心是建立依据功能单位对产品系统投入-产出的定量统计。根据系统边界和功能单位，统计产品生命周期过程中消耗的所有原材料和能源消耗，将此过程中产生的产品、副产品及所有影响环境的污染物（包括废气、废水、固体废物等）作为输出逐一列出，对输入和输出数据进行客观量化和分析。理想的生命周期清单数据收集范围为从原材料开采到产品最终处置，即

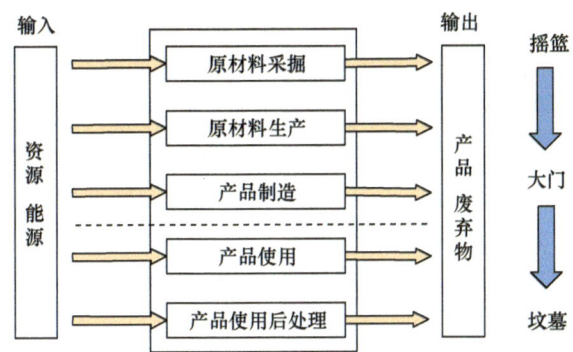

图 5-5　生命周期评价研究范围及清单分析示意图

"摇篮到坟墓"的全过程的输入输出,但是在实际应用中,根据不同的研究目的列出与之相关的输入输出清单即可,例如由于某些产品的使用和最终处置阶段的数据获取困难、无法计算等问题,仅能开展"摇篮到大门"的原材料开采到产品出厂的评价研究,则只需要列出此周期的所有物质输入输出清单;或者只评价某产品生产过程中造成的全球变暖影响,则只需要列出会造成该影响的物质输入输出清单。

3)影响评价

生命周期影响评价的目的是建立与清单相对应的环境影响类型,以环境视角对评价系统进行分析,并为结果解释提供研究数据。

(1)环境影响类型:根据研究目的和范围确定环境影响类型,可按照风险程度、影响空间尺度及影响对象和途径进行分类,目前常用的分类方法是将环境影响类型分为资源耗竭影响、人体健康影响和生态系统健康影响三类,还可以继续细分为全球变暖潜值、臭氧层损耗潜值、酸化潜值、富营养化潜值等不同的类型。

(2)对于不同的环境影响类型,要量化分析其对环境的影响大小,需要选择环境影响类型参数和建立特征化模型,即环境压力和环境影响之间的关系模型,目前已经有很多如 CML 2001、Eco-Indicator 99、ReCiPe 等成熟且应用广泛的特征化方法和模型。

(3)分类:是将清单分析中的输入输出数据分配到不同的环境影响类型中去,不同环境影响类型受到不同环境干扰因子的影响,且同一干扰因子均会对不同环境影响类别有贡献。该阶段假设环境影响因子与环境影响类别之间为简单线性关系。例如,将不同的化石燃料资源的输入统一划分到化石类非生物资源耗竭潜值中。

(4)特征化:是将不同的环境压力和环境影响之间的关系整合成一个通用的

环境影响类型结果的过程，采用同一个当量单位来表示不同环境影响物质的特征化结果。例如，采用全球变暖潜值（GWP）定量比较不同的排放物质如 CO_2、CH_4、NO_x 等对温室效应造成的影响，最后统一用 kg CO_2 当量来表示。

（5）归一化（标准化）：特征化得到的结果是有量纲的，需要对其进行标准化之后才能实现不同环境影响类型之间的对比。通常的标准化方法是用特征化结果除以基准值（一般采用与各个环境影响类型相关的区域资源总量或污染物排放总量），从而得到不同环境影响类型的标准化结果，目前开发了不同的标准化方法针对不同的特征化模型。

（6）加权：根据不同组织对不同的环境影响类型的相对重要性程度对各因子赋予权重的过程即加权。但加权过程无法避免评估者或专家的主观因素影响，具有很大的不确定性，使此部分内容一直存在较大的争议，因此目前大部分 LCA 研究都只进行到特征化或标准化阶段。加权过程如某国际标准组织可能会认为全球变暖影响的重要性是臭氧层损耗影响的 2 倍，并将该权重系数应用到相应的环境影响类型标准化结果中。

4）结果解释

该阶段根据清单分析、影响评价得出的结果，系统地评估产品、工艺或活动在整个生命周期内的改善机会，提出改进措施，例如重新选择原材料和能源、改善生产工艺和产品结构、进行废弃物回收利用等。结果解释主要包括以下 3 个方面：①根据清单分析和影响评价结果识别对环境影响较大的环节和问题；②对 LCA 过程进行检查和敏感性分析、不确定性分析等；③得出 LCA 结论，提出改进建议。

可借助软件来实现 LCA 在清单分析和影响评价中较为复杂的计算过程，目前国际上比较常用的软件有 SimaPro（荷兰）、GaBi（德国）、TEAM（法国）等，内嵌国际上通用的一些基础数据库和影响评价方法，使得 LCA 分析变得简单易行，分析结果也广受认可。我国近年来也开发了专业的 eBalance 软件，包含国际通用的数据库和影响评价方法，并开发出我国特有的一些基础数据库，并在国内应用越来越广泛。

5.2.3　生态效率与资源生产力

1. 生态效率

1）生态效率的概念

1990 年，"生态效率"一词最早由巴塞尔的研究员 Schaltegger 和 Sturm 提出。

世界可持续发展工商理事会（WBCSD）将生态效率定义为："提供有价格竞争优势的、满足人类需求并保证其生活质量的产品或服务，同时逐步降低对生态的影响和资源消耗强度，使之与地球的承载能力相一致"。经济合作与发展组织（OECD）将生态效率定义为："为了符合人类需求而使用生态资源的效率"（李丽平等，2000）。它可视为一种投入-产出比，其中产出是指一个企业、行业或整个经济体提供的产品与服务的价值，投入是指由企业、行业或经济体造成的环境压力。另外，欧洲环境署（EEA）将生态效率定义为："从更少的自然资源中获得更多的福利"（鞠美庭和盛连喜，2008）。

可见，所有对生态效率的定义和解释，其基本思想是一致的，即在最大化价值的同时，最小化资源消耗、污染和废物排放。生态效率概念的直观表达式为

$$生态效率 = \frac{产品或服务的价值}{环境影响} \quad (5\text{-}3)$$

式中，环境影响是指原材料、能源的使用和废弃物的排放。

2）生态效率的特点

（1）生态效率最核心的内涵是"以少产多"，即使用较少的能源和原料，制造数量更多、品质更好的商品，同时将整个生命周期中产生的废弃物与污染降至最低。生态效率集产业经济绩效和环境绩效目标于一身，它强调以较少资源投入和较低成本创造较高质量的产品，提供具有竞争力价格的产品和服务，因此代表了企业获得经济效益和环境效益的双赢状态（鞠美庭和盛连喜，2008）。

（2）生态效率是一种产业经营管理的哲学。生态效率鼓励产业寻求环境改善与经济利益同步发展，通过科学化管理来增强产业的竞争力。就生态环境而言，符合生态效率的商品能降低环境的污染负荷，更接近可持续发展的目标；就各产业本身而言，使用较少的能源与原料、减少污染产生量，直接意味着生产成本的降低（鞠美庭和盛连喜，2008）。

（3）生态效率是实现整个社会可持续发展的重要手段和工具。"持续改善"使各产业能够根据市场的变化，顾客对环保商品的需要，以及相关环境法规的限制等来调整经营策略，持续增加商品的需求与附加价值，开创新的商业机会，实现可持续发展（鞠美庭和盛连喜，2008）。

（4）生态效率的基础是生态平衡和生态系统的良性、高效循环。生态效率包括很多方面的产业理念，例如鼓励各产业防治污染、减少使用天然资源量、减少废弃物排放量，以及采用先进的清洁生产工艺等（鞠美庭和盛连喜，2008）。

3）生态效率评价的基本原则

生态效率评价的基本原则包括以下几点：指标必须与保护环境、人类健康及

改善生活品质相关,且具有重要意义。指标能促使决策者改善产业的环境行为。指标能体现各产业的差异性。在指标评测与监控基准方面要求能改善各产业活动或产品的生态效益,关注不同过程或产品数据的收集,并保证信息的有效性。指标要考虑测量的可重复性,数据的代表性和可比性,以及与相关基准或标准的兼容性(鞠美庭和盛连喜,2008)。

为了能有效地指导政策的制定,指标界定必须明确,且可以直接度量或依据明确规定的判断/估算方法进行计算。此外,度量指标的界定方法和范围必须有利于数据的收集和处理。指标应让使用者易于理解,要保证产业管理者和外部的利益相关者都可以清楚地理解相关指标,因而指标不能太复杂;要仔细考虑不同过程或产品数据的组合,让应用或参考这些指标的人员一目了然。指标应着眼于对产业的总体评估,着眼于物质和能量的减量化。指标必须考虑经营过程,以及产品上游(供应者)和下游(使用/消费者)相关的问题(李丽平等,2000)。

4) 生态效率评价的指标体系

由于各行业特性不同,其生态效率评估方式也会有所不同。许多政府、研究机构和企业都已经开展了此方面的研究,WBCSD 制定了一套生态效率评价指标体系(表 5-5)(周国梅等,2003)。

表 5-5 WBCSD 制定的生态效率评价指标体系

项目	一般通用指标	企业特有指标
原则	可应用于所有的企业	根据特定企业及利益相关人的需要选择;主要与特定的公司及区域或价值有关;无特定、无一致的定义
产品或服务的价值	标准定义:单位产品(数量/体积)、净销售额; 非标准定义:附加值、毛利、利润、收入	
产品或服务在生产时的环境影响	标准定义:能源总消耗量、原料总消耗量、水总消耗量、温室气体排放量、破坏臭氧层物质排放量; 非标准定义:酸性物质排放量、有机物排放对水的影响、水中生化需氧量(BOD)、挥发性有机化合物(VOC)排放量、难分解有机物排放量(POP)、重金属物质排放量、土地使用	内容根据不同企业的特性而定

注:企业可以根据表中的内容及自身具体情况选择和编制适当的生态效率指标来进行企业生态效率评价。

(1) 环境效益指标的选择根据环境问题的严重程度,可以将环境指标分为通用环境指标(表 5-6)和潜在环境指标(表 5-7)(鞠美庭和盛连喜,2008)。

表 5-6 通用环境指标

项目	单位	潜在数据来源
能源消耗(所有能源消耗的总量)包括:①电力和热力;②化石燃料;③其他生物、树木燃料;④风力、水力等非燃烧能源	J	采购文件、能量、燃料清单、设备管理报告、总结报告

续表

项目	单位	潜在数据来源
原料消耗（所有购买或获取的原料总和）包括：①原材料；②中间原料；③半成品	t	采购文件及成本报告
水的消耗：所有从公共系统购买的新鲜水或从地表、地下获取的水（包括冷却用水）	m^3	采购文件及成本报告
破坏臭氧层物质排放量包括生产过程排放和贮存过程泄漏的总和	与 CFC 相当的质量（t）	工厂调查、环境健康安全（EHS）报告估算或计算
温室效应气体排放量包括燃料燃烧、生产过程和处理过程中排放的温室气体	与 CO_2 相当的质量（t）	成本报告、燃料清单、工厂调查、EHS 报告、估算和计算

表 5-7　潜在环境指标

项目	单位	潜在数据来源
向大气排放的酸性物质	折算成 SO_2 的吨数（t）	工厂调查、EHS 报告、估算及计算
总废弃物	t	工厂调查、EHS 报告、估算及计算

A. 通用环境指标

a. 能源总消耗量：能源消耗关系到所有产业的各相关部门。能源总消耗量计算公式如下：

能源总消耗量=企业所有购买与获得的能源（煤、天然气、风力、水力等）-输送给其他企业的能源（电力、蒸汽等）。

b. 原料总消耗量：原料总消耗量是指企业所有购买的或从其他来源获得的原料的总质量，包括原材料的转化、其他过程的原料、半成品的货物、部件和模块（如汽车部件、计算机部件等）。

c. 水总消耗量：水总消耗量是指各产业从自来水公司购买的或从地表、地下获取的清洁水。

d. 破坏臭氧层物质（ODS）排放量：ODS 的排放是全球性问题，《蒙特利尔条约》中列出了对臭氧层有影响的气体并描述了它们的影响。

e. 温室气体排放量：温室气体排放包括燃料燃烧、化学反应和废弃物处理过程中排放的二氧化碳（CO_2）、甲烷（CH_4）、氮氧化物（NO_x）、羟基和氟化物（HFCs，PFCs，SF6）等。

B. 潜在环境指标

a. 向大气排放的酸性物质：包括燃料燃烧、化学反应和废弃物处理过程中产生的酸性气体和微粒，如 HF、NO_2、SO_2 和其他酸性微粒。目前，测量方法还没有达成一致。如果方法统一，该指标有可能成为通用的环境效益指标。

b. 总废弃物：所有废弃物的总和，或者称"非产品总输出"，包括固体、气体和液体废弃物。特殊的废弃物种类，如填埋的、焚烧的废弃物可能会作为特殊的企业指标。

（2）经济绩效指标也可分为通用价值指标（表 5-8）和潜在价值指标（表 5-9）（周国梅等，2003）。

表 5-8　通用价值指标

项目	单位	潜在数据来源
产品质量或数量	个或 t	成本、产品或销售报告、年度财经报告
销售额/营业额	美元、欧元或其他货币	年度财经报告

表 5-9　潜在价值指标

项目	单位	潜在数据来源
净收益/收入/利润	美元、欧元或其他货币	成本、产品或销售报告、年度财经报告

A. 通用价值指标

a. 产品质量或数量：是对产品/服务的生产、转移或销售的物理计量或者计算，能测算数量、体积和质量。

b. 销售额/营业额：指除了错漏、退货或者折扣之外的总销售记录非常容易测算，并且可对所有商业行为提供价值指标。

B. 潜在价值指标

潜在价值指标主要包括净收益/收入/利润。人们还努力寻找除了销售额以外的财经价值指标来判断经济绩效，如利润或价值增加。利用利润能测算一个企业的整体绩效，对于企业来说，显然是一个重要的价值指标。实际上，所有的公司都测算该指标，它能够表达通用价值指标所不能表达的特殊含义（鞠美庭和盛连喜，2008）。

当使用利润信息时，可借鉴《通用会计准则》（Generally Accepted Accounting Principles，GAAP）中关于净收益/收入/利润的定义。在实际工作中可以把"税前利润"、总余额和价值增加等列入特殊工商指标。

目前被广泛采用的一个指标是经济增加值（economic value added，EVA），经济增加值是公司业绩度量的指标，基本计算公式为

$$EVA=税后净营业利润-资本成本$$

EVA 克服了传统指标的缺陷，比较准确地反映了公司在一定时期内为股东创造的价值，成为传统业绩衡量指标体系的重要补充。与销售收入和营业利润相比，EVA 在资源使用、环境影响与经济产出之间可建立更为精确的关系。这是因为它与企业经营过程的资源输入、废弃物排放及产品和劳务输出密切相关，易于界定企业的环境和财务业绩（鞠美庭和盛连喜，2008）。

5）生态效率的提高途径（鞠美庭和盛连喜，2008）

（1）物质减量化。物质减量化又称为"非物质化"或"去物质化"等，它要求绝对或相对地减少生产或服务过程中的物质消耗和废物产生，即用更少的资源来获得更多的产品或服务，同时将环境影响降到最低限度。当把物质减量化作为一项政策时，可以通过减少对自然资源的消耗来提高生态效率。

（2）能源利用效率提高及能源脱碳。温室气体排放量是一个重要的生态效率指标，排放量的减少对于生态效率的提高有着非常重要的作用。随着人口和人均 GDP 的增长，经济活动能源强度（即单位 GDP 的能源需求）不断增加。减少二氧化碳排放的途径有两条，即提高能源利用效率和脱碳。

提高能源利用效率是减少现有自然资源消耗战略的一个重要组成部分。提高能源利用效率的政策包括：推进对小煤炭企业的关停并转和整合，提高煤炭生产的规模效益；考虑资源行业的社会成本，关注资源的社会综合效益；提高耗能行业的行业准入标准，严格控制新建高耗能项目；大力推广先进的生产技术和节能技术，淘汰落后的生产技术、工艺和技术标准；制订合理的能源价格，一方面要有效地促进能源生产与流通，另一方面要有效地抑制能源的过度消费；加强新能源的立法与经济激励，完善能源税收与节能企业税收优惠政策。

脱碳（decarbonization）即从使用含碳多的能源（如煤）逐步转向使用含碳少（如石油、天然气）甚至无碳（如氢气）能源的过程。从产业生态学的角度看，能源脱碳的方法有：实施物质减量化战略以减少能源的消耗；重新组织物质流的路径（制造过程、基础设施管理、农业等），减少工业体系运行对能源的需求；逐渐用石油替代煤炭，用天然气替代石油；使用氢燃料；使用碳水化合物，即用生物质能替代碳氢化合物；使用水能、风能、太阳能等。

（3）功能经济。传统企业常以产品生产和利润作为经营目标。但实际上，消费者所需要的往往只是产品所提供的功能，并不是产品本身。当前，经济系统正从供应驱动经济转向需求驱动经济，各公司正在考虑如何针对客户的需求制造出具有新功能的产品，并通过销售、保养保修等有关服务，增加产品的功能性价值。WBCSD 制定了一套标准，可以持续地衡量和报告企业生态效率的改善情况，被广泛用于各公司实践中。增加财富，但并不扩大生产，企业通过优化产品和服务的使用和功能，对现有财富进行优化管理，从而减少自然资源的使用和废物的产生。其目标是最充分、最长时间地利用产品的使用价值，同时消耗最少的物质和能量，因此这种经济是可持续的、非物质化的。

（4）清洁生产。清洁生产是 20 世纪 80 年代发展起来的一种新的环境保护战略，其核心思想是在污染前采取防治对策，而不是在污染后采取治理措施，因此清洁生产战略的实施可以极大地减少资源消耗和污染物排放，从而提高生态效率

（鞠美庭和盛连喜，2008）。

2. 资源生产力

1）资源生产力的概述

资源生产力是经济社会发展的价值量（即总量）和自然资源（包括能量物质资源与生态环境资源）消耗的实物量比值，它可以表示经济增长与环境压力之间的关系，是一个国家或地区绿色竞争力的重要体现。资源生产力的公式如下（鞠美庭和盛连喜，2008）：

$$e = \frac{\text{GDP}}{N} \tag{5-4}$$

式中，e 表示资源生产力；GDP 表示社会经济发展；N 表示资源。

公式的含义为单位资源所产生的经济社会发展量（用 GDP 表示）。

根据公式，可以进一步给出以下指标（鞠美庭和盛连喜，2008）。

（1）能量及物质资源生产力相关指标。单位能耗的 GDP（能源资源生产力）、单位土地的 GDP（土地资源生产力）、单位水耗的 GDP（水资源生产力）和单位物耗的 GDP（物质资源生产力）。

（2）生态环境资源生产力相关指标。单位废水的 GDP（废水排放生产力）、单位废气的 GDP（废气排放生产力）和单位固废的 GDP（固废排放生产力）。

2）资源生产力的框架

（1）社会、经济和资源循环

经济、环境、社会与资本之间的相互作用可以用图 5-6 来表示。其中给出了几种不同类型的流，这些流可以被看作是循环的过程。

资源/物质流：从开采、制造、使用、废弃，并最终返回环境的循环过程。

经济流：即传统的货币/资本的循环过程。

社会流：考虑劳动、生产、消费、"效用"/"产出"，以及社会福利"产出"的循环过程。

需要指出的是该图仅仅是探索性的设计。另外，该图在"物质减量化"和"再社会化"思想的基础上，还针对每种流给出了总体的政策目标或努力方向：①资源流。使影响最小化，以维持生命支持系统。②经济流。使经济效益最优化。③社会流。使社会福利和社会资本最大化（鞠美庭和盛连喜，2008）。

（2）资源生产力评价模型简介

A. 区域经济-环境投入产出（REEIO）模型：REEIO 模型是基于每个区域详细经济情况的经济计量学投入产出模型，以及广泛使用的"地方经济预测模

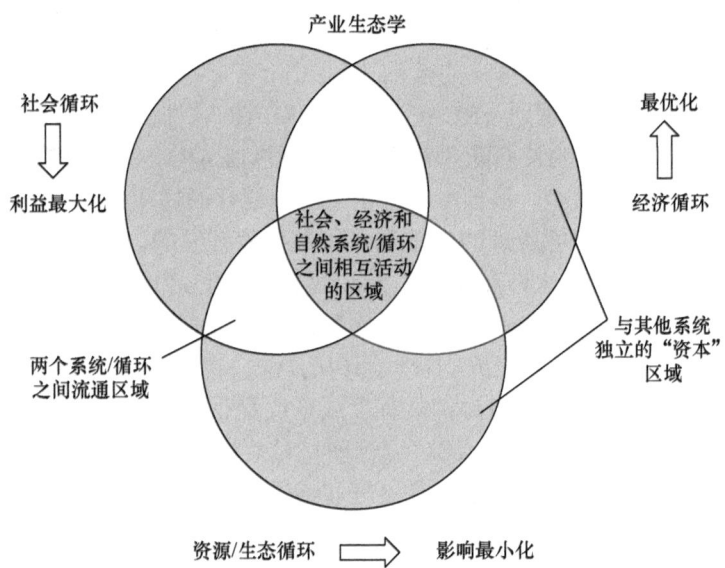

图 5-6 资源生产力框架：系统和循环

型"——英国经济 MDM 模型建立起来的。REEIO 模型将经济和职业变化与关键的环境-资源压力联系起来。该模型设定了一系列情景假设，这些假设涉及从总体污染趋势到废弃物或能源管理的每个细节。这些假设通常以政策输入或技术变化的形式出现，但是也会模拟短期的干涉、计划和冲击。通过衔接研究产生的路线图显示了 REEIO 和相关模型的应用范围（图 5-7）（Green et al.，2014）。

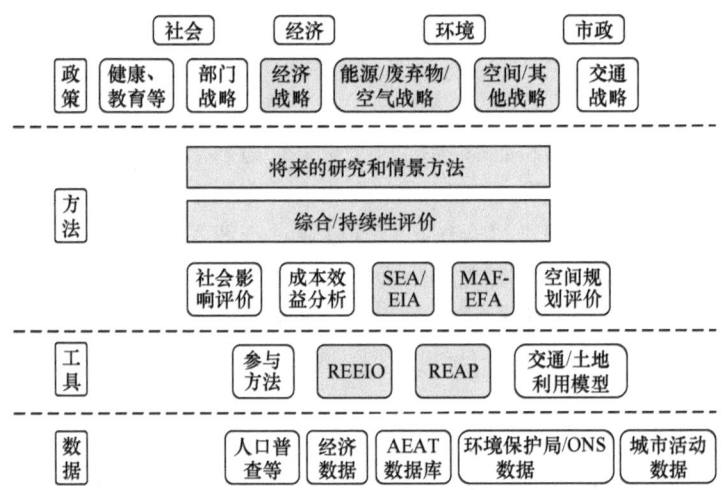

图 5-7 区域可持续发展工具箱（Ken G，Sally Randles，2006）
SEA——战略环境影响评价；EIA——环境影响评价；MAF-EFA——物质流与能流分析；
AEAT——英国原子能机构；ONS——英国国家统计办公室

REEIO模型向区域战略和政策评价提供了一个相对详细的量化分析方法,同时也为其他分析提供了一个可靠的技术基础。

B. 资源与环境分析规划（REAP）模型：REAP 软件模型和数据库是由斯德哥尔摩环境研究所开发的长期能源替代规划系统（LEAP）模型改进而来的,目前40多个国家在使用该模型。该模型是基于生产和消耗的物质流分析,以及不同假设情况下经济发展或环境管理的政策选择等数据库开发的。REAP 系统具有以下4个方面的分析功能。①人口和需求。影响经济、劳动力和消费总规模的因素——区域迁移、人口统计因素、家庭收入/存款等。②技术和生产。影响经济部门之间参与和交易的因素,例如,废弃物管理部门的规模,以及其对交通服务设施的使用用等。③生产力和生态效率。资源消耗强度或单位营业额产生的废弃物/排放物量,例如,建筑活动产生的废弃物。④环境管理。对某些方法和措施可以做进一步的选择,例如废弃物处理/循环方法（鞠美庭和盛连喜,2008）。

5.2.4　园区层面的产业共生设计

1. 产业共生

1）产业共生的概念

产业共生强调人类的工业活动应当模仿自然生态系统,使产业系统和谐地被纳入自然生态系统物质循环和能量流动的大系统中。产业共生的运作以共生体内所有成员（包括企业、政府、社区等）的相互合作为基础,以减少废弃物和增加经济效益为目标,以资源的高效利用与回收为重点。

2）产业共生的特征

（1）产业共生的群落特征。传统的产业集聚通常只是一定区域内相关企业的简单叠加,所产生的是关联效应。而产业共生具有类似于生物群落的特征,通过多个彼此关联的企业互相进行合作,特别是通过产业系统内物质闭路循环、物质减量化和能源脱碳等方法以实现产业重组,从而使得企业群落内的总体资源得到最优化利用。在外部形态上,共生产业常常表现为一定区域范围内的产业集聚,并且相互结合的产业群分别处于产业链上、中、下游的不同位置（邓南圣和吴峰,2002）。

（2）系统内部的复杂性。与传统产业集聚模式相比,产业共生体内部组织结构较为复杂,需要考虑的因素较多,一方面要寻找自己的废弃物被利用的可能性,另一方面还要考虑将其他企业废弃物作为本企业原料的可能性,而且仅当这两种可能性变成现实且持续运行的条件得到满足时,才能使企业间形成产业共生关系。

（3）上下游产业的关联性。生态产业的主要做法是将上游企业的废弃物用作下游企业的原料和能量，在形成共生体的"食物链"中首先要减少上游企业的废弃物，尤其是有害物质。也就是说，系统中每一环都要进行资源削减，要考虑到整个共生体对资源的需求程度与废物量的接纳能力（邓南圣和吴峰，2002）。

（4）资源使用的循环性。产业共生系统具有资源循环的特征。把传统的由"资源→产品→废物"构成的物质单向流动的生产过程，重构组织成一个"资源→产品→再生资源→再生产品"的反馈式流程和"低开采、高利用、低排放"的循环经济模式，使经济系统和谐地纳入自然生态系统的物质循环过程中（邓南圣和吴峰，2002）。

（5）生产成果的增值性。产业共生体的目标是在减少污染、节约资源、保护环境的基础上实现互利与共赢。

3）产业共生的基本形式

（1）生态工业园。在生态工业园中，可以将各产业进行有效配置，通过对能源、水和材料这些基本要素在内的环境与资源进行优化管理，实现生态环境与经济的双重优化和协调发展，最终使该企业群落取得的群体效益远远高于形成共生体的各公司效益的总和。

（2）产业共生网络。产业共生网络是一类突破地理位置和行政区域限制的更广泛意义上的产业共生体。产业共生网络可能包括多个产业园区或由单个企业组成的网络，如菲律宾的普莱姆项目，它由五个产业园区共同组成，该项目建立了一个区域副产品交换系统，该系统体现了整体资源循环和企业孵化的可操作性。

（3）复合实体共生。复合实体共生指产业共生是以某个企业集团为主体，该集团拥有共生体决定性的控制权（罗宏，2002）。

4）产业共生的机理和作用

对于产业共生系统，首先要分析该系统是如何构成的。通常，共生系统被看作是系统内所有共生单元及共生关系的集合。共生单元主要是构成该系统的各个企业。共生关系是指参与工业共生的各个企业之间的合作关系（王兆华和武春友，2002a）。

产业共生的作用主要表现在以下几个方面。

（1）促进各产业的协同进化。随着产业共生的形成和运行，企业间相互开展生产、经营、资本、技术等多方面的协作，上下游产品连成一条条产业链，能够充分协调产业群落各组成部分的行为，使之更有效、更合理地处理共生单元和系统的共存关系，实现协同进化。共生过程也是共生单元的共同进化过程。共同进化、共同发展、共同适应是共生的本质。

（2）促进资源充分共享和合理利用。产业共生单元之间的关系体现为物质、信息和能量等要素的共享关系。共生关系的存在不仅体现在单元之间的物质、信息和能量的交换，更体现在由共生体的有效生产、交换与配置产生的共生能量上，这种能量能促进共生关系的进一步稳定，从而使得共生单元都获利。

（3）促进竞争形式由"排他性"转为"排劣性"。共生反映了组织之间的一种相互依存关系，这种关系的形成和发展能使组织向更有生命力的方向演化。

5）产业共生模式

（1）企业间利益关系确定的产业共生模式。①共栖-互利型产业共生。共栖-互利型产业共生是指两个或两个以上成员企业之间不直接竞争和相互抑制，而是通过互利共存、优势互补组成利益共同体。②寄生型产业共生。在寄生型产业共生中，寄生产业依附于寄主产业，寄居在寄主产业的系统之内，与寄主组成一个有机联系的有序系统。③偏利型产业共生。偏利型产业共生是一种比较特殊的共生关系，是从寄生型共生向互利共生转换的中间类型（王兆华等，2002）。

（2）企业所有权关系确定的产业共生模式。①自主实体共生模式。自主实体共生模式是指若干具有独立法人资格的企业相互间进行优势互补或资源优化配置，寻求与自然生态系统平衡相适应的发展模式。企业之间的合作关系不是依靠上级公司的行政命令来约束，完全是受利益机制驱动的。②复合体共生模式。复合体共生模式是指所有参与共生的共生单元同属于一家大型公司，是该大型公司的分公司或某一生产部门（王兆华等，2002）。

2. 生态产业园

生态产业园作为产业生态学在园区层面的研究对象和主要实践模式而迅速发展起来。生态产业园是一种新型的工业发展模式，是产业共生的重要实现形式。目前，生态产业园已成为许多国家产业发展战略的一个重要组成部分，并对经济的发展起着积极的推动作用。

1）生态产业园的特征

尽管生态产业园的定义繁多，其研究与实践尚处于初级阶段，但目前已然认识到同传统工业园相比，生态产业园具有以下特征。

（1）具有明确主题，但不仅仅只是围绕单一主题而设计、运行，在设计产业园的同时考虑了社区。

（2）通过毒物替代、二氧化碳吸收、材料交换和废物统一处理来减少环境影响或生态破坏；但生态产业园不单纯是环境技术公司或绿色产品公司的集合。

（3）通过共生和层叠实现能量效率最大化。

(4) 通过回用、再生和循环对材料进行可持续利用。

(5) 在生态产业园定位的社区以供求关系形成网络，而不是单一的副产物或废物交换模式或交换网络。

(6) 具有环境基础设施或建设，企业、工业园和整个社区的环境状况得到持续改善。

(7) 拥有规范体系，允许一定灵活性而且鼓励成员适应整体运行目标。

(8) 应用减废减污的经济型设备。

(9) 应用便于能量与物质闭路循环的信息管理系统（劳爱乐和耿勇，2003）。

2）生态产业园的类型

从园区的规划设计来看，生态产业园主要有以下 4 种类型。

(1) 实体改造型。此类生态产业园是对现已存在的工业企业通过适当的技术改造，在区域内企业间建立废物和能量的转换关系，建立工业链，充分发挥企业的集聚效应，形成互利共生的横向耦合关系。

(2) 全新规划型。该类生态产业园是在园区良好规划、设计基础上，从无到有地进行规划建设，园区的生态产业网络会在园内产业的发展过程中逐渐丰富。

(3) 虚拟型。该类园区企业在地理上较为分散，通过建立网络平台，使"虚拟"园区内外企业共同组成一个产业共生系统。

(4) 复合型。随着信息技术的飞速发展，生态产业园在发展过程中也越来越重视信息平台的建设。

3）生态产业园系统结构设计

在规划设计生态产业园时，借鉴生态学的理论来构筑企业共生体，构筑生态产业链，提高生态工业园及生态产业网络中企业的竞争力，提高生态产业园或网络的稳定性，实现物质集成、能量集成和信息集成的高效人工生态系统。

(1) 生产者、消费者和分解者。按照在整个产业生态系统中所起作用的不同，类比自然生态系统，生态产业园的成员和结构可以分为 3 种类型，即资源生产企业（生产者）、加工生产企业（消费者）和还原生产企业（分解者）。

(2) 生态产业链。生态工业园中产业链的理论源于自然生态系统中的食物链，它通过模拟自然生态系统中生产者-消费者-分解者的循环途径，在各企业部门之间构筑生态产业链，实现物质、能量和信息的交换，完善资源利用和物质循环，实现物质闭路循环和能量梯级利用（罗宏等，2004）。①物质循环生态产业链。物质循环生态产业链指在生态产业园、生态产业网络中各成员之间根据物质传递、供应和副产品交换关系建立起来的生态产业链。②能量梯级利用生态产业链。生态产业园、生态产业网络成员依据能量的品质差异，进行"能量层叠"梯级利用，如热电联产、冷热电三联供等。③信息链。在生态产业园中，信息的畅通是园区内进行物质、能量顺利交换的基础。我们要依据产业系统中物质、能量、信息流动的特点和规律来构筑生态产业链，以实现园区内物质循环使用、能量高效利用、废物排放最小化，并保证系统的稳定性。

（3）企业生态位。在生态产业园中，需要充分考虑企业的生态位，在同一生态产业园、生态产业网络中，同一类企业能否同时存在多个生态位，需要定量分析其生态状况来决定。生态位窄的企业，应该利用其潜在的生态位，即开拓新的生态位，如降低成本、加强技术科研力量、开拓产品市场等。根据生态位理论，生态产业园、生态产业网络内的企业可以实现错位经营，可通过经营规模上的错位、档次上的错位、业态上的错位、时空上的错位等来保持企业的竞争力。

总之，在生态产业园的规划和发展中，通过构建合理的生态位和利用生态位可以促进园区的发展，同时提高企业的竞争力。

（4）生态系统的稳定性。目前的产业生态系统普遍存在结构简单、系统稳定性差等问题。在构建生态产业园时需要注意以下一些问题：①在设计生态产业园时，首先要根据当地的资源、能源等状况，设计多种产品、构建多样化的产品结构，产品结构越复杂，市场适应能力越强，越有利于产业生态系统的稳定。②构建多样性的生态产业园，如火电厂生态产业园、石化生态产业园、煤炭生态产业园、钢铁生态产业园、水泥生态产业园、制糖生态产业园、酿酒产业生态园、高新技术生态产业园等。③建立生态产业园之间协同作用的多样性，保持生态产业园之间相互联系、协调发展。④建立生态产业园、生态产业网络中的企业或企业之间多渠道的输入、输出。

4）生态产业园的规划设计内容

（1）物质集成。物质集成主要是根据园区产业规划，确定成员间上下游关系，并根据物质供需方的要求，运用过程集成技术，调整物质流动的方向、数量和质量，从而完成产业生态网的构建。尽可能考虑资源（包括水、油和溶剂等）回收利用或梯级利用，最大限度地降低对物质资源的消耗。

（2）水系统集成。水系统集成是物质集成的特例。水系统的目标是节水，应考虑水的多用途使用策略。由于下一级使用的水质要求较低，因而可以采用上一级使用后的出水。例如目前许多企业采用的水循环利用系统，即"清水→第一次清循环水→第二次浊循环水"的循环过程，以及蒸汽冷凝回用、间接冷却水循环利用、封闭水循环等技术，都可以在生态产业园中跨企业采用。

（3）能源集成。能源集成不仅要求园区内各企业寻求各自的能源使用效率最大化，而且园区要实现总能源的优化利用，最大限度地使用可再生能源（包括太阳能、风能、生物质能等）。

（4）技术集成。关键技术的长期发展创新是园区可持续发展的一个决定性因素。在园区内推行清洁生产、实现绿色管理是实现园区可持续发展的具体途径。为此在园区的规划和建设中，从产品设计开始，按照产品生命周期的原则，依据生态设计的理念，引进和改进现有企业的生产工艺，建立资源消耗少、废物产生少的高新技术系统。

（5）信息共享。配备完善的信息交换系统或建立信息交换中心是保持园区活力和不断发展的重要条件。园区内各企业之间有效的物质循环和能量集成，必须以了解彼此供求信息为前提，同时生态产业园的建设是一个逐步发展和完善的过程，其中需要大量的信息支持。

信息交换系统的主要功能是：提供园区信息管理支持，便于物质和能量在园区、周围社区和区域内进行流动和交换；通过示范、宣传等手段，扮演教育和营销角色，以宣传生态工业原理，帮助企业特别是中小企业理解环境问题和环境法规，克服生态产业运行的障碍；提供有关提高能源效率、节约资源、废物最小化、清洁生产技术和应急反应等指南和建议。

（6）设施共享。设施共享是生态产业园的特点之一。实现设施共享可减少能源和资源的消耗，提高设备的使用效率，避免重复投资。

设施共享对于一些资金尚不十分充足的中小型企业而言尤其重要。园区内的共享设施包括：①基础设施。如污水集中处理厂、固体废物回收和再利用中心、消防设施等。②交通工具。如班车、其他运输和交通设备等。③仓储设施。如园区内企业闲置的仓库等。④闲置的其他维护设备、施工设备等。⑤培训设施等（王寿兵等，2005）。

5.2.5　面向环境的设计

1. 面向环境的设计的概念

面向环境的设计是指在产品设计阶段要充分考虑产品的环境特性，要求尽量减少资源（特别是不可再生资源）、有害物质等的使用，提高资源的循环利用率，同时使产品在整个生命周期（原材料获取、生产、运输、使用到产品报废/回收等）中的废物排放最小化，尽可能减少对生产者、使用者及周围人群的不良影响（周洪和邹慧君，1998）。

2. 推行面向环境的设计的意义

1）调动企业保护环境的积极性

可以帮助制造商识别污染和废弃物的来源，使企业获得解决环境问题较为经济的方法，从而实现减少资源消耗、降低产品成本、减少污染物排放、减轻监管压力、增加用户可接受性、改善劳资关系、提高职业道德和劳动生产率，实现企业效益增加和环境保护双赢的目标。

2）改进设计

面向环境的设计强调考虑更多的因素，特别是环境因素。它使制造商在环境法规日趋严格、消费需求不断提高的背景下，重视提高其产品的环境性能。

3）改进市场定位

公司可以通过对其产品附加"绿色"标志等手段来扩大市场份额或得到新的市场。

4）减少将来所负的环境责任

在设计阶段，一个精明的决定往往能避免企业日后可能要承担高代价的环境责任。

3. 面向环境设计的方法工具

1）面向环境的设计矩阵

可以将某产品生命周期内各阶段所涉及的环境影响以矩阵表的形式表现出来获取到评分。矩阵评分可以评估整个产品的一个环节，并且可用于确定最终采取哪些产品设计。得到设计矩阵后可以更加客观地比较两个设计方案，还可以通过矩阵优先考虑产品的一些改动，在未考虑环境的情况下考虑这些设计改动的重要性。然后对最可行的和最不可行的产品设计改动进行分级（罗榜圣，2001）。

2）流程图法

流程图法为指导和分析产品的设计特征提供了一个直观的方法。使用流程图，设计人员可以轻易地抓住关键点。

3）生态指标工具

生态指标工具是用于评估不同材料和生产过程所产生影响的一种方法。

4）软件工具

可以通过 SimaPro、Boustead Model、Umberto、Gabi 等软件进行选择和制定。

5.2.6 产品导向环境政策

1. 产品导向环境政策的概念

产品导向环境政策是由政府机构通过对环境负责人提出可行性建议,并制定切实可实施的规则制度来协调产品相关负责人或单位的环境责任,同时借助一系列信息工具的辅助进行实施,以此来实现环境的保护和持续性发展。通过产品导向环境这种新形式的政策范式对产品生命周期的环境影响进行监测,从而弥补传统工艺导向环境政策中产品跨环境媒介及生命周期阶段环境影响转移的不足。产品导向的环境政策可以改善产品的环境友好性质,是产业生态学较新的研究领域(申进忠,2006)。

产品导向环境政策是指政府或政府部门用来控制产品整个生命周期环境影响的政策,包括政策目标和由各种实施措施组成的政策框架(鞠美庭和盛连喜,2008)。

2. 产品导向环境政策的总体目标

产品导向环境政策的总体目标是持续降低产品整个生命周期的环境影响。Odsterhuis 等学者将该目标细化为以下 3 个方面。

1)降低产品的产量

一方面,要求消费者改变消费方式和需求,放弃使用特定物质或高耗能的产品;另一方面,要求产业通过强化和延长产品使用寿命等方式来提高总的资源利用效率。

2)设计环境友好产品

改变产品有害环境的性能,包括减少有害物质使用,减少原材料和能源消费,改善生产工艺和产品设计,以及替代有害产品等。

3)优化产品的使用和处置方式

例如,提高产品使用效率、对特定物质进行再利用和再循环等(鞠美庭和盛连喜,2008)。

3. 产品导向环境政策的必要性分析

产品导向环境政策具有很强的可塑性与扩展性,其运用范围比较广,从而形成了整合环境、经济和社会等因素于一体的"可持续的产品政策"。想要改善我国环境质量，提高环境保护水平，处理好产品环境方面的问题，同时促进保护环境与经济发展的有机结合，引入产品导向环境政策是必不可少的一项重要举措，这样才能为提高我国经济发展水平提供强有力的环境政策支撑（薛言祯，2016）。

（1）为环境保护提供更为综合性的政策框架。在当前社会条件下，国内的环境保护主要采取着重于污染物源头治理的传统工艺导向的环境政策，较少涉及宏观决策层面的污染预防措施。产品导向环境政策可以以产品的视角透析产品的生产、销售、使用及回收处理等整个生命周期对环境的压力，并予以政策指导；可以从宏观社会经济系统的角度，具体到产品的环境评估，形成政策制度性的环境保护办法机制，以政策性的指导促进实现可持续发展（薛言祯，2016）。

（2）符合国内当前循环经济的需要。循环经济以节约资源和循环利用资源为特征，倡导物质闭环流动型经济。通过资源减量再利用及资源循环等途径可以使生态环境的录用效率得以大幅提升，从而降低经济活动对资源的消耗及对环境的污染。从德国、欧盟等一些实际政策的颁布来看，在避免废物产生及环境的防治方面，产品导向环境政策和循环经济具有相同点（薛言祯，2016）。

（3）产品导向环境政策利于协调环境与贸易关系，促进我国对外贸易的可持续发展。产品导向环境政策的引入符合我国现阶段经济发展追求可持续性、循环性等以提升经济发展质量为目标的发展方式；符合我国现在相关环境保护政策，并对现有制度有很大程度的提升、促进作用；有利于我国现阶段国际贸易中取得自我建设和增强国际竞争力；进而通过制度、技术的先进性实现可持续发展的目标（薛言祯，2016）。

5.2.7　产业生态学方法的应用

1. 企业层面

产业生态学是一个整体概念，它的实践要落实到企业、区域和系统各个层面。企业作为微观经济主体，是产业生态学实践的基础和推动力。产业生态学在企业层面的应用，主要是针对企业提出一种环境友好的管理理念、生产方式及评价体系。从管理上来说，最重要的是要求企业树立"三重底线"的理念（Graedel and Allenby，2002），即企业不仅要追求经济利益，还应该承担社会责任和生态责任。以此为基础，可以在企业中开展"生态供应链管理"（Polonsky，1994）及ISO14000管理和认证；从生产方式及评价体系来讲，可以采用产业生态学中的物质和能量流分析、清洁生产审核及 ISO14000 管理体系中的生态标志、绿色会计等方法，对企业进行分析和评价。另外，产业生态学在企业层面的一个重要实践内容就是生态效率。

2. 区域层面

生态工业园是依据产业生态学原理设计而成的一种新型工业组织形态，是产业生态学的重要实践形式，其概念模式见图 5-8（Deag-Seong Oh et al.，2003）。目前这方面的研究主要集中在生态工业园的设计与建设、园区生态产业的发展及生态工业园区评价指标体系的建立等。伴随着理论研究的加深，实践方面也取得了重大进展。在丹麦卡伦堡生态工业园被提出之后，美国、加拿大、日本、中国、泰国等很多国家都先后建立了各具特色的生态工业园（Heeres et al.，2004）。

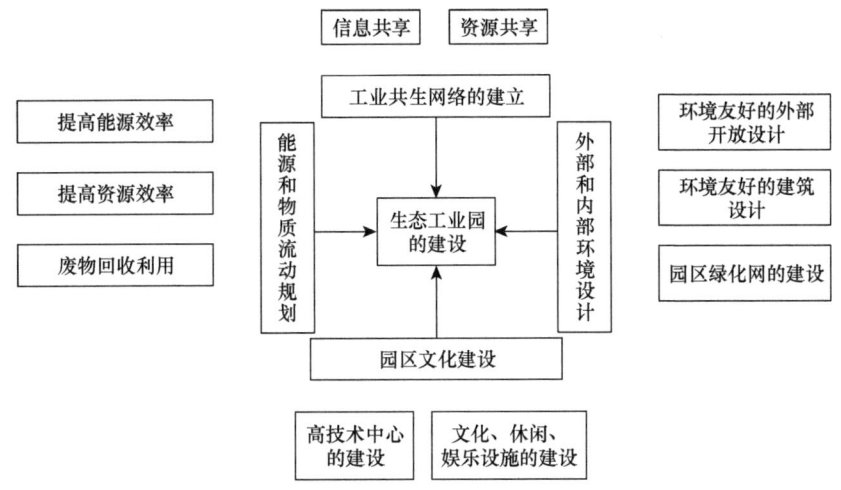

图 5-8　生态工业园建设的概念模式（Deag-Seong Oh et al.，2003）

生态农业园建设的基本思路是在建设和保护园区生态环境的前提下，融入科学化、专业化和社会化的发达产业，实现"整体、协调、循环、再生"的目标，在提高农业生产力的基础上，充分发挥本地资源优势，全面合理安排农、林、牧、副、渔等各产业的结构，把高产和优质结合起来，努力实现生态农业园在高产值、高效益和高附加值上的整体效益。这方面研究的内容包括：农业产业网的分析，因地制宜地选择生态农业的类型及发展模式，生态农业园的规划与建设，农业生态技术的开发与应用等。

3. 国家/全球层面

产业生态学为产业系统的结构平衡和环境优化提供了一个新的范式，也为国家/全球产业政策提供决策支持，其中既涉及技术政策，也涉及经济、法律、财政政策等。通过对经济系统的物质流和能量流分析，可以了解全球、国家、区域范围内物质与能量流动的情况，研究这些流动对经济与自然生态环境的影响，同时提出减少这些影响的理论、方法和技术，从而推动可持续发展的实现。通过对资源生产力的研究，可以检验国家技术政策和产业政策的有效性，从而合理地配置和使用资源（Allenby，2006）。另外，还可以将产业生态学的工具和方法应用于国家预算中，如绿色审计等。为此，应该借助产业生态学来研究新的产业战略与政策体系，为可持续发展提供科学依据。

5.3　荒漠生态系统服务评估方法

生态系统服务（ecosystem service）产生以来，不同的研究者对生态系统服务提出了不同的概念。20 世纪 80 年代，Ehrlich P 和 Ehrlich A 正式提出"生态系统服务"这一概念，Daily（1997）将其定义为"生态系统对人类生存和生活质量有贡献的产品和服务"，同年 Costanza 等（1997）称其为"生态系统与生态过程中所形成的，能够维持人类生存的自然环境条件及其效用"，由此也促使全球掀起相关研究的热潮。2001 年正式启动的"千年生态系统评估（millennium ecosystem assessment，MA）"对世界生态系统服务进行了评估（Millennium Ecosystem Assessment，2005），在总结前人观点的基础上明确各种服务之间的关系，并将生态系统服务划分为供给服务（如维持人类生存的粮食、淡水等）、调节服务（如洪水调节、气候调节等）、文化服务（如精神、娱乐和文化收益）及最基础的支持服务（如维持地球生命生存环境的养分循环），MA 的分类方法目前使用最为广泛。欧阳志云等（1999）、陈仲新和张新时（2000）、谢高地等（2003）引入最初研究，在此基础上，国内众多学者开展了大量生态系统服务相关研究工作。

沙漠生态系统在我国西北地区分布较为广泛，在陆地生态系统中具有重要地位，可提供水源涵养、防风固沙、气候调节、生物多样性保育等重要生态系统服务，这些功能不仅为当地居民提供赖以生存和发展的基本物质需求，也为维持区域乃至全球的生态安全提供了重要保障。但荒漠地区环境干旱恶劣、植被稀少，生态系统极为脆弱且不稳定，是沙尘暴的主要发生地和尘源区，也是贫困人口集中区，土地沙漠化、荒漠化、生态破坏对当地居民生活、环境及土地资源已经造成了严重威胁（常兆丰，1997）。沙区生态产业试图解决长期困扰我国的荒漠化防治可持续性难题，破解生态工程与经济效益不能兼顾的问题，强调沙区生态、环境、资源、经济、社会的可持续性发展（赵吉等，2020），沙区生态系统服务的评估对于合理规划生态沙产业发展布局、探寻适合的发展模式，以及了解生态沙产业地区生态环境状况具有重要的参考价值，对于治理荒漠化、加强西北部生态环境建设、促进社会进步经济发展具有现实意义。

合适的评估方法可以帮助我们更深入理解生态系统提供的服务，目前已有的生态系统服务评估方法可以分为能值分析法（周炎妍和万荣荣，2019）（部分研究将其归入物质量评估的方法）（赵景柱等，2000）、物质量评估法（陈亚宁，2009）和价值量评估法（任晓旭，2012）。

5.3.1 生态系统服务能值分析法

"太阳能值"概念由美国生态学家 Odum（1977）于 20 世纪 80 年代初创立。因各种资源、产品或劳务在形成过程中均直接或间接起源于太阳能，所以通过能值转换率将不同种类、不可比较的能量转换成同一标准，即太阳能值便于比较。能值分析法是用太阳能值来表示人类从生态系统获得的服务或者产品的一种评估方法，也就是用这些产品或服务在形成过程中直接或间接消耗的太阳能总量来衡量。能值是指某种流动或储存的能量所包含的另一种类别能量的数量。

5.3.2 生态系统服务物质量评估法

生态系统服务物质量评估是从物质量的角度对生态系统所提供的服务进行整体评价的方法。随着生态系统服务分类的细化，物质量评估法逐渐成为生态系统服务评估研究领域的主流（周炎妍和万荣荣，2019）。物质量评估法通常是基于生态系统过程而构建的，可比较客观地反映生态系统的生态过程，进而反映生态系统服务的可持续性，评价结果可信度更高，可为决策提供更加科学可靠的依据。生态系统服务物质量评估方法主要依赖于模型，如 InVEST（Sharp et al.，2015）、ARIES（Kenneth et al.，2014）、SolVES（Benson et al.，2011）、MIMES（Roelof et al.，2015）、TESSA（Kelvin et al.，2013）等，这些模型的使用使研究方法更具可操作性，研究成果更具准确性和科学性。其中，InVEST 内涵评估模块较多，发展得最为完善；SoLVES、ARIES、MIMES 等模型针对特定的区域有较好的评估结果，应用前景较好。

5.3.3 生态系统服务价值量评估法

生态系统服务价值量评估法是用货币的形式评估生态系统的能力，能直观反映生态系统服务效益的变化。研究区域时空动态能定量描述生态系统服务演化特征，对区域生态保护及生态安全稳定具有重要意义（谢高地等，2015）。目前生态系统服务价值量评估法可分为两种（赵同谦等，2003）：一是基于单位面积价值当量因子的评估方法（简称当量因子法），此法由谢高地等学者在前人研究基础上率先提出（谢高地等，2003；Kelvin et al.，2013），主要是基于各种服务的价值当量，结合不同土地利用类型的分布面积对生态系统服务进行评估，该方法适用范围较广泛，且不断被改进以提高准确度（谢高地等，2003）；二是基于单位服务功能量价格的评估方法，功能价值法是基于生态系统服务功能量的多少和功能量的单位价格得到总价值的评估方法，通常运用直接市场价值法（包括市场价值法、费用成本法、生产效应法等）、间接市场价值法（包括机会成本法、重置成本法、替代成本法、享乐价格法、旅行费用法、环境损益法等）、模拟市场价值法（主要分为条件价值评估法和支付意愿调查法）等进行价值转化（Robertson and Swinton，2005）。生态系统服务价值量评估法对于食物生产、原料生产、水资源供给等供给服务的价值量评估结果具有较大的经济意义。

5.3.4 常见的荒漠生态系统服务类型及评估方法

荒漠生态系统具有独特的结构和功能，是我国西北地区具有代表性的生态系统类型。荒漠内部灌木植被及荒漠边缘的植物具有强大的防风固沙能力，也使当地土壤保持、水源涵养能力较强，荒漠中含有大量珍稀物种和珍贵的野生动物，对于生物多样性保育具有重要贡献，同时在碳汇和生物地球化学循环方面具有不可代替的作用，而荒漠中独特的景观及消遣方式也吸引着大量游客，荒漠所提供的生态系统服务以其为主，但远不止这些。依据现有荒漠生态系统服务的相关研究，针对荒漠主要选取的生态系统服务评估指标及方法见表 5-10。

表 5-10　针对荒漠生态系统服务主要评估指标及常用的评估方法

荒漠生态系统服务主要评估指标	常用的评估方法		
	物质量评估法	价值量评估法	能值分析法
防风固沙	修正风蚀方程（RWEQ）（祝萍等，2020；马会瑶，2019）；风蚀流失量模型（周晓等，2017；董治宝 1998）	影子工程法（冯达等，2020；李海涛，2017）	
土壤保持	InVEST 模型（张恒玮，2016）；改进的通用土壤流失方程（RUSLE）（王凤歌，2019）	当量因子法（温璐等，2020；谢高地等，2015）；影子工程法（卢周扬帆，2019）	
水源涵养	InVEST 模型（卢周扬帆，2019）	当量因子法（赵敏敏等，2017）；机会成本法（李青等，2016）	
碳储量	InVEST 模型（薛卓彬，2017）	碳税法（任鸿昌等，2007）	
生物多样性保育		当量因子法（帕茹克·吾斯曼江，2019）；支付意愿法（荒漠生态系统服务功能监测与评估技术研究项，2014）	能值价值计算（刘博，2014）
景观游憩		当量因子法（温璐等，2020）；支付意愿法（郭剑英和王乃昂，2005）；旅行费用法（郭剑英和王乃昂，2004）	

5.4 生态补偿

5.4.1 生态补偿概念

生态补偿概念起源于生态学理论，指为恢复自然生态系统的动态平衡及循环而采取一定的措施。20世纪90年代以来生态补偿被引入社会经济领域，更多地被理解为一种资源环境保护的经济刺激手段。狭义上，生态补偿一般指对人类的保护和建设生态环境行为而产生的正外部性所给予的补偿，往往等同于国外的生态系统服务付费（payment for ecosystem service，PES）或生态效益付费（payment for ecosystem benefit，PEB）概念，是一种高效的环境管理策略。广义的生态补偿往往是各种生态环境行为及其相关费用管理机制的综合体，既包括能增加环境保护正外部性效益的各种环境保护和生态建设行为的利益驱动机制、激励机制和协调机制，也包括对环境损害而产生的生态负外部性的损害责任赔偿（即减少环境损害的付费），还指以外部成本内化为目标的为控制生态破坏而征收的费用，以及对缺乏或丧失自我修复与恢复能力的生态系统进行物质、能量的反哺和调节机能的修复所需的费用，即对生态服务的各种恢复、惩罚和机会损失等行为而进行付费、交易、奖励或赔偿的综合体。目前国内外实施的一系列环境经济政策，如排污收费、环境税、生态税、矿产资源开发税、退耕还林还草等都属于生态补偿的范畴。

5.4.2 生态补偿交易方式

第一是财政性补偿。这是目前国际上最为普遍的生态补偿交易方式，主要运用于以政府为主导的生态补偿情况下。由于生态补偿仍然作为国家政府或区域政府的一项政策或制度进行实施，其补偿支付就需要由政府承担，以税收或付费的形式从生态受益区或经济发展导致的生态破坏地区（如污染企业和矿山等）征收上来，再以转移支付的方式发放到生态服务区和需要生态恢复重建区（植树造林或放弃经济发展机会）。对于全国性的生态补偿政策，其补偿款一般由中央政府支付，而区域内实施的生态补偿政策，补偿款则由区域政府承担。像我国实施的几个大型的生态补偿工程，退耕还林、三北防护林及生态移民等都属于此类。由于财政性生态补偿过程完全由政府控制，所以不会产生补偿利益双方的矛盾和补偿障碍。但是考虑到补偿款从提取到发放要经过政府的许多机构，其交易成本可想而知。不仅如此，国家性的生态补偿额度一般都比较少，不足以补偿生态保护参与者的直接成本和机会成本，并不会产生激励作用。

第二是建立信贷补偿额度。这种方式主要用于补偿对象比较多，而且有明确的生态指标监测标准可供参考的情况下。也就是对某一生态指标建立信用额度，通过项目实施者的努力达到预期的减排量，并被监测属实，则可以得到减排量的信用额度，这种信用可以通过减排交易制度销售给排放污染物的企业或个人，从而获得因采取生态措施的报酬。例如，美国的污染信贷交易及澳大利亚土地的减盐信用和水分蒸发蒸腾信贷等都属于此类。

第三是国际贸易补偿。主要是基于清洁发展机制（clean development mechanism，CDM）的碳汇交易，部分发达国家签订了《京都议定书》，为了实现其关于温室气体减排量的承诺，一方面通过自身努力在国内减排，另一方面为了降低减排成本，通过向其他国家购买温室气体的"减排量"额度来完成任务。由于发展中国家没有减排任务，并且减排措施刚刚起步，只需要较低成本就可以实现部分减排，因此可以申请 CDM 委员会并在其认可后获得"减排额度"，这种减排额度类似于前文提到的信用额，可以在国际温室气体减排市场进行交易，出售给需要购买"额度"的发达国家，从而获得报酬。

第四是直接补偿。一般在生态关联区域之间或者生态受益和服务关系十分明确的较小规模补偿实践中可以使用直接补偿方式，形式可以多样。例如，在生态受益区，为了保证周围区域提供的生态服务质量，可以通过协议直接帮助生态服务区治理污染，提高水质量和空气质量；也可以提供异地经济发展补偿其机会成本，或者按照提供的生态服务量直接付费等。例如，纽约市帮助其上游居民治理水污染，而节省在本市建设净水厂的成本，以及我国村镇间引水付费的方式都可以算是一种直接补偿。这种补偿方式生态交易双方关系十分明确，而补偿形式也比较直接方便，容易实施，由于直接关系到补偿双方的利益问题，往往效率也比较高。

5.4.3　补偿支付原则

首先是污染者付费。"谁污染，谁治理，谁污染，谁付费"，这一原则是最早进行生态破坏后补偿的主要原则，也是目前较为流行的补偿原则之一。例如，征收环境治理税费时，都是向制造污染的企业主收取，并将其作为财政转移支付补偿方式的主要资金来源。

其次是受益者付费。"谁受益，谁付费"原则是指在生态环境还未破坏之前，为了恢复和保护生态环境应该遵循的主要原则，即在生态未破坏前，实施了生态措施以恢复和保护资源，以及环境的参与者由于向其他人提供了生态服务而应该得到的回报，而这一部分回报就由生态受益者支付。

对于获得经济利益而造成的污染，需要为此补偿，不论是通过付费的形式还是治理的方式。同样地，对于得到了生态资源与服务而获得了经济发展，则受益者需要为此支付生态服务价值。应该获得补偿的对象则是在没有经济激励的情况下进行生态措施的一方，即如果没有补偿存在，进行生态建设没有任何动机。例如，退耕还林，需要农民把产生经济来源的耕地恢复为林地，实施这项政策导致收入下降，才需要进行生态补偿。

另外，按照补偿与生态建设的时间差，还可以将补偿分为事前补偿和事后补偿，即补偿是发生在生态破坏前还是破坏后。严格地说，还应该有事中补偿，即破坏与补偿同时进行。这种情况是比较常见的，因为经济发展伴随着生态破坏是不可避免的，也就必然涉及一边造成污染，一边进行治理恢复的情况。例如，信贷性质的补偿，就是一边生产、一边监测、一边补偿。

5.4.4 生态补偿标准计算方法

关于补偿标准的研究方法，比较常用的有生态系统服务价值评估法、成本核算法、意愿调查法（CVM）、选择实验法等。这些方法具有各自的优点和缺点，在实际应用过程中由于条件及方法的局限性，不同方法测算的补偿标准具有较大的差异。

1. 生态系统服务价值评估法

1997 年 Costanza 等首次对全球生态系统服务价值进行了评估，从科学意义上明确了生态系统服务价值评估原理和方法。Costanza 将全球陆地生态系统分为 9 个一级类型，即森林、农田、草地、湿地、荒漠、湖泊（河流）、冰川、冻土和城镇，包括气体调节、气候调节、水调节、水供给、干扰调节、食品供给、原材料、侵蚀控制、废弃物处理、土壤形成、营养循环、授粉、生物控制、基因资源、栖息地、娱乐和文化 17 类生态服务功能（Costanza et al.，1997）。某一级类型生态系统的生态系统服务价值计算公式为

$$V_j = \sum_{i=1}^{n} A_j P_{ij} \tag{5-5}$$

某区域陆地生态系统服务总价值为

$$V = \sum_{i=1}^{n} \sum_{j=1}^{m} A_j P_{ij} \tag{5-6}$$

式中，V 为区域生态系统服务总价值（元）；A_j 为第 j 种土地类型的总面积（hm^2）；P_{ij} 为第 j 种土地类型第 i 类生态服务功能的单位价值量（元）。要运用上述方法评估我国陆地生态系统服务价值，首先应制定符合我国现状的生态系统服务价

值当量及其单位价值量。谢高地等（2003）首次提出了适用于我国陆地生态系统的生态系统服务价值当量，之后，诸多学者又在此基础上发展了多种改进方法。目前，我国学者利用运用最为广泛的是由谢高地等（2015）提出的单位面积生态系统服务价值当量（表 5-11）。

表 5-11 单位面积生态系统服务价值当量

生态系统分类		供给服务			调节服务				支持服务			文化服务
一级分类	二级分类	食物生产	原料生产	水资源供给	气体调节	气候调节	净化环境	水文调节	土壤保持	维持养分循环	生物多样性	美学景观
农田	旱地	0.85	0.40	0.02	0.67	0.36	0.10	0.27	1.03	0.12	0.13	0.06
	水田	1.36	0.09	−2.63	1.11	0.57	0.17	2.72	0.01	0.19	0.21	0.09
森林	针叶	0.22	0.52	0.27	1.70	5.07	1.49	3.34	2.06	0.16	1.88	0.82
	针阔混交	0.31	0.71	0.37	2.35	7.03	1.99	3.51	2.86	0.22	2.6	1.14
	阔叶	0.29	0.66	0.34	2.17	6.50	1.93	4.74	2.65	0.20	2.41	1.06
	灌木	0.19	0.43	0.22	1.41	4.23	1.28	3.35	1.72	0.13	1.57	0.69
草地	草原	0.10	0.14	0.08	0.51	1.34	0.44	0.98	0.62	0.05	0.56	0.25
	灌草丛	0.38	0.56	0.31	1.97	5.21	1.72	3.82	2.40	0.18	2.18	0.96
	草甸	0.22	0.33	0.18	1.14	3.02	1.00	2.21	1.39	0.11	1.27	0.56
湿地	湿地	0.51	0.50	2.59	1.90	3.60	3.60	24.23	2.31	0.18	7.87	4.73
荒漠	荒漠	0.01	0.03	0.02	0.11	0.10	0.31	0.21	0.13	0.01	0.12	0.05
	裸地	0.00	0.00	0.00	0.02	0.00	0.10	0.03	0.02	0.00	0.00	0.01
水域	水系	0.80	0.23	8.29	0.77	2.29	5.55	102.24	0.93	0.07	2.55	1.89
	冰川积雪	0.00	0.00	2.16	0.18	0.54	0.16	7.13	0.00	0.00	0.01	0.09

资料来源：谢高地，张彩霞，张雷明，等. 2015. 基于单位面积价值当量因子的生态系统服务价值化方法改进. 自然资源学报，30（8）：1243-1254.

生态系统服务的单位价值量 P_{ij} 是根据农田生态系统的食物生产生态服务单位价值确定的。根据某一研究区的粮食播种面积、粮食单产、粮食全国平均价格，利用以下公式计算单位面积农田粮食生产生态服务价值。

$$E_a = \frac{1}{7}\sum_{i=1}^{n}\frac{m_i p_i q_i}{M} \quad i = 1, 2, \cdots, n \tag{5-7}$$

式中，E_a 为单位面积农田粮食生产生态服务价值（元/hm²）；i 为粮食种类；p_i 为第 i 种粮食平均价格（元/t）；q_i 为第 i 种粮食单产（t/hm²）；m_i 为第 i 种粮食种植面积（hm²）；M 为 n 种粮食作物种植总面积（hm²）。

根据单位面积生态系统服务价值当量和研究区单位面积农田粮食生产生态服

务价值可得研究区各种土地类型的生态系统服务单位价值。

$$E_{ij} = e_{ij}E_a \quad i=1, 2, \cdots, n; j=1, 2, \cdots, m \quad (5\text{-}8)$$

式中，E_{ij} 为第 j 种土地类型第 i 类生态服务功能的单位价值（元/hm²）；e_{ij} 为第 j 种土地类型第 i 类生态服务功能的当量因子。

2. 条件价值法（CVM）

1）支付意愿和受偿意愿

条件价值法是国际上资源环境物品和生态系统服务价值评估研究最主要方法之一。近年来，该方法在理论和实践上都有很大的发展。CVM方法随机选择部分家庭或个人作为样本，以问卷调查形式通过询问一系列问题假设，模拟市场来揭示缺乏市场的资源环境公共物品的偏好，偏好通过询问人们对于环境质量改善的支付意愿法（willingness-to-pay，WTP），或忍受环境损失的受偿意愿（willingness to accept，WTA）来表达，确定生态补偿量，最终赋予资源环境价值的方法。

在提供的环境服务产品一定情况下，所期望的支付意愿与受偿意愿如图5-9所示。图5-9表示在既定的货币收入 M 及外生变量环境质量 E 约束下，消费者为维持效用水平不降低或者追求效用最大化的图形变化。每条等效用曲线所带来的效用和满足是相同的，对于 A 点来说，此时环境状况为 E_0，所对应货币收入为 M_0，效用水平为 U_0。若环境状态从 E_0 状态降到 E_1 状态，在货币收入一定情况下，单个消费者为环境质量下降而愿意接受补偿的最小值即 D 和 B 两点的差额，即在新的环境状态水平下，回到原来效用函数曲线时所增加的货币收入，此时为受偿意

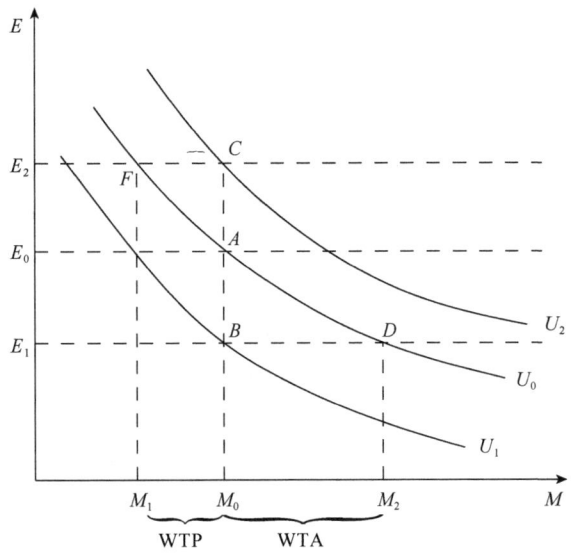

图 5-9　WTP 和 WTA（章铮，2008）

愿 M_2-M_0。另外，可以从图 5-9 中看出 M_2-M_0 是最小受偿额度。因为低于 M_2-M_0 的效用水平回不到原来效用水平函数曲线上，当然大于 M_2-M_0 的效用水平函数曲线是可行的，消费者也绝不会排斥效用水平高于 U_0 状态。

同样环境质量上升为 E_2 水平时，在一定货币水平 M_0 下，单个消费效用水平增至 U_2。环境质量提高而愿支付的最大值为 C 和 F 之差，即在新的环境质量水平下回到原来效用函数曲线所减少的收入 M_0-M_1 与 M_2-M_0 为 WTA 与 WTP，其表示在环境质量发生改变后，为避免环境品质对消费者影响或者接受环境质量变差情况下，人们愿意支付或者愿意接受的补偿额度。

2）经济模型

基于相关文献，大部分学者采用双边界二分法（CVM）。事实上，条件价值法就是为了获得某商品的效用愿意支付的费用或者希望得到多少费用能放弃该效用，这就是最高支付意愿 WTP 与最低受偿意愿 WTA。其形式如下。

$$\text{WTP} = F(P, Q_1, U_0) - F(P, Q_0, U_0) \tag{5-9}$$

式中，P 为价格向量；Q_0 和 Q_1 分别为环境改变前后品质；U_0 为环境改变前后不变的效用水平；$F(x)$ 函数为个人支出函数；WTP 为 Hicks 的补偿变量，在其他商品价格不变时，消费者为了维持原有的效用水平 U_0 不发生变化，在环境发生变化后，所愿意支付的金额即补偿量。WTA 为 Hicks 的均等变量，是在价格改变后，在原价格下，为维持价格改变后的效用，避免环境恶化，所需增加或减少的数额。

1979 年 Bishop 和 Heberlein 提出单边界二分选择法，该方法只需受访者回答对单一参考价格愿意或者不愿意，每一位受访者真实意愿不需要直接询问出来，而是 WTA 或者 WTP 被间接估计出来。虽然该方法使访问过程较为容易，但调查结果的效率降低，不能较为准确测出受访者偏好与意愿。

1984 年 Hanemann 首先提出双边界二元选择法。双边界二元选择法是询问受访者两次是否愿意支付或接受某一特定金额 Bi。第一次询问时为被调查者提供一个投标值，让其回答"愿意"或"不愿意"，第二次询问将第一次回答的意向作为第二次询问调整时的参考依据。对于 WTP 来说，当受访者第一次回答的是"愿意"时，则第二次询问为其提供另一较高的投标值 Bi_H，否则为其提供另一个较低投标值 Bi_L，即 $Bi_L<Bi<Bi_H$；对于 WTA 来说，当受访者第一次回答的是"愿意"时，则第二次询问为其提供另一较低投标值，否则为其提供另一个较高投标值。对于 WTP 或者 WTA 来说，被调查者的回答将有四种可能：愿意–愿意，愿意–不愿意，不愿意–愿意，不愿意–不愿意。

以支付意愿为例，Bi_L、Bi、Bi_H 是可观察的断续的数列，而受访者真实的支付意愿是无法观察到的数列，假设受访者的实际支付函数为线性的，$\text{WTP}_i = \beta X_i + \mu_i$。$\text{WTP}_i$ 为最大的支付意愿，X_i 为影响支付意愿的解释变量，β 为影响解释变量的系数，μ_i 为残差项，服从正态分布，$\mu_i \sim (0, \sigma^2 I)$。

如果用指标 T 表示受访者对给定数额 Bi 后的反应，假设愿意支付表示 $T=1$，不愿意支付表示 $T=0$。

调查者回答以上四种情况的概率分别为 Pr_{11}、Pr_{00}、Pr_{10}、Pr_{01}。假设其分布函数为 Logit 函数，并根据随机效用最大化原理可得

$$Pr_{11}(Bi, Bi_H; \theta) = Pr\{Bi \leqslant WTP \text{且} Bi_H \leqslant WTP\}$$
$$= Pr\{Bi_H \leqslant WTP\} = 1 - G\{Bi_H; \theta\} \quad (5\text{-}10)$$

$$Pr_{00}(Bi, Bi_L; \theta) = Pr\{Bi > WTP \text{且} Bi_L \geqslant WTP\} = G\{Bi_L; \theta\} \quad (5\text{-}11)$$

$$Pr_{10}(Bi, Bi_H; \theta) = Pr\{Bi \leqslant WTP \leqslant Bi_H\} = G\{Bi_H; \theta\} - G(Bi; \theta) \quad (5\text{-}12)$$

$$Pr_{01}(Bi, Bi_L; \theta) = Pr\{Bi_L \leqslant WTP \leqslant Bi\} = G\{Bi_L; \theta\} - G(Bi; \theta) \quad (5\text{-}13)$$

$$Pr_{11}(Bi, Bi_H; \theta) = Pr\{Bi \leqslant WTP \text{且} Bi_H \leqslant WTP\} = 1 - G\{Bi_H; \theta\} \quad (5\text{-}14)$$

式中，G 为参数 θ 的累积密度函数，并为 Logit 分布；$G(B;\theta) = \dfrac{e^{(B-X\beta)}}{1+e^{(B-X\beta)}}$，$X$ 为解释变量，$\theta = \beta$，为 X 系数。

若受访者有 N 个人，Bi_L、Bi、Bi_H 是受访者面临的选择金额，则对数似然函数可写成：

$$L(\theta) = di_{11} Pr_{11}(Bi, Bi_H, \theta) di_{00} Pr_{00}(Bi, Bi_L, \theta) di_{10} Pr_{10}(Bi, Bi_H, \theta) di_{01} Pr_{01}(Bi, Bi_L, \theta)$$

式中，di_{11}、di_{00}、di_{10}、di_{01} 为 0 或者 1 的常数，如果两次都回答愿意，则 $di_{11}=1$，否则 $di_{11}=0$；如果两次都回答不愿意，则 $di_{00}=1$，否则 $di_{00}=0$；如果第一次回答愿意，第二次回答不愿意，则 $di_{10}=1$，否则 $di_{10}=0$；如果第一次回答不愿意，第二次回答愿意，则 $di_{01}=1$，否则 $di_{01}=0$。

$$\ln L(\theta) = \sum_{i=1}^{n} \{di_{11} \ln Pr_{11}(Bi, Bi_H, \theta) + di_{00} \ln Pr_{00}(Bi, Bi_L, \theta) \\ + di_{10} \ln Pr_{10}(Bi, Bi_H, \theta) + di_{01} \ln Pr_{01}(Bi, Bi_L, \theta)\} \quad (5\text{-}15)$$

求待估计参数，则令 $\dfrac{\partial \ln(\theta)}{\partial(\theta)} = 0$，求出 θ 的系数。因此，综合个体社会经济特征，WTP 可以表示为

$$WTP = \dfrac{\ln\left[1 + \exp\left(\alpha + \sum_k \gamma_k X_k\right)\right]}{-\beta} \quad (5\text{-}16)$$

3）选择实验法

自然资源非市场价值评估另外一种常用的方法就是选择实验法。选择实验法

的理论框架可以追溯 Lancaster 提出的要素价值理论及 McFadden 提出的随机效用理论。Lancaster 和 Kelvin（1966）的消费理论认为，消费者消费某一物品/服务所获得的效用可分解为对该物品/服务的各个特征属性消费所获得的效用。随机效用理论认为，消费者会根据商品/服务特征属性水平和自身特征进行效用最大化选择。选择实验模型是通过构造选择的随机效用函数，将选择问题转化为效用比较问题，用效用的最大化来表示消费者对选择集合中最优方案的选择，以达到估计模型整体参数的目的。

消费者从备选方案中选择某一商品/服务消费所获取的效用函数可表示如下：

$$U_{ij} = V_{ij} + \varepsilon_{ij} = V_i(X_j, T_j) + \varepsilon_{ij} \tag{5-17}$$

式中，U_{ij} 为消费者 i 选择方案 j 的直接总效用；V_{ij} 为消费者 i 选择方案 j 的系统、可观察效用部分；ε_{ij} 为不可观测效用部分，即随机误差项；X_j 为消费者选择方案 j 的属性特征；T_j 为消费者 i 选择方案 j 的支付货币量。

对于某一个选择集 M，消费者 i 选择选项方案 j 而不选择选项方案 n 的概率为

$$P(j) = \Pr(U_{ij} > U_{in}) = \Pr\left[(V_{ij} + \varepsilon_{ij}) > (V_{in} + \varepsilon_{in})\right] \forall n \neq j \tag{5-18}$$

假设随机效用 ε_{ij} 是相互独立的且服从 Gumbel 分布，选择概率 P_{ij} 可以用多项式 Logit（multinomial Logit，MNL）模型表示。

$$P_{ij} = \frac{\exp(\sigma V_{ij})}{\sum_j \exp(\sigma V_{ij})} \tag{5-19}$$

式中，σ 为标量参数，一般情况下为常数 1。

多元 Logit 模型产生系统效用函数。

$$V_i(X, T) = \sum_p \beta_p X_p + \beta_T T \tag{5-20}$$

式中，X_p 是相关选择的属性特征；β_p 和 β_T 分别是选择属性和经济属性估计系数。在 MNL 模型估计的基础上及效用最大化下，环境物品单个属性的价值可表示为

$$MWTP_p = \frac{\beta_p}{\beta_T} \tag{5-21}$$

而各个属性组合方案价值可以用初始效用状态偏好与最终效用状态偏好的差异表示。

$$CS = -\frac{1}{\beta_T} \left| \ln \sum_i \exp V^0 - \ln \sum_i \exp V^1 \right| \tag{5-22}$$

沙区生态产业具有较强的外部性，对生态效益强的沙区生态产业提供补偿是实现沙区生态产业可持续发展的重要保障，利用生态系统服务价值评估法、条件价值法及选择实验法对沙区生态服务价值进行评估，为沙区生态补偿提供理论依据。

5.5 夏普利值法

5.5.1 夏普利值法的基本原理

夏普利值法（Shapley 值法）是一种较为普遍的收益分配方法，是由 Shapley 于 1979 年提出的用来解决多人合作对策的数学模型。Shapley 值实际上是一个概率值，即联盟中的成员应按各自对联盟总体收益的贡献率来分配收益。对于从事经济活动的每个人，他们中的若干组合的每一种合作形式都会得到一定的收益。当他们的利益活动具有非对抗性时，合作中人数的增加不会引起收益的减少，这样，全体个人的合作将会带来最大收益，而 Shapley 值法就是分配这个最大收益的一种方案（Shapley，1953）。目前，利用 Shapley 值法来解决收益分配问题，主要集中在两个方面：一方面的研究是直接应用 Shapley 值法来求解供应链合作伙伴间的收益分配问题；另一方面的研究就是对基础的 Shapley 值法进行修正，进而调整利益分配额。

其基本思想是：假设有个局中人的集合 I，$I=\{1, 2, 3, \cdots\}$，I 中的任一子集表示局中人可能形成一个联盟 S，$V(S)$ 为该联盟的特征函数，表示联盟 S 通过协调其成员的能力而获得的最大收益。N 人合作对策的解是对总体 S 联盟所获得利益的一个分配方案。用 $\phi_i(V)$ 表示局中人 i 从合作中获得的报酬。

一般来说，N 人合作博弈有很多解，而如何获得一个更合理的唯一解是解决问题的关键。联盟博弈需要满足以下 3 个公理。

1）对称性

参与人因合作而分配到的利益与他被赋予的记号 i 无关，意味着局中人的平等关系。

2）有效性

如果成员对他所参加的任一合作都无贡献，那么给他的利润分配应为 0。同时，各个参与人的最终收益之和应该等于全体的合作收益总和。

3）可加性

对其中任意两个特征函数 V 与 U，$\phi(U+V) = \phi(U) + \phi(V)$，即如果 N 人同时进行两项合作时，分配方案应该是两项合作的分配方案之和。

满足上述 3 个公理的值就称为 Shapley 值，Shapley 证明了对任意 N 人合作的对策，Shapley 值是唯一存在。

如果在联盟 s 中第 i 名成员获得的利润大小表示为 $\phi_i(V)$，则

$$\phi_i(V) = \sum_1^n \omega(|S|)[v(S) - v(S-i)], i = 1, 2, 3, \cdots, n \quad (5\text{-}23)$$

$$\omega(|S|) = \frac{(|S|-1)!(n-|S|)!}{n!} \quad (5\text{-}24)$$

式中，S 为 I 中包含局中人的所有子集；n 为集合 S 中的人数；$\omega(|S|)$ 可看成是加权因子；$v(S)$ 为子集的收益；$v(s-i)$ 为子集中除去企业 i 后可取得的收益。

5.5.2 夏普利值法的优势和不足

1. 夏普利值法的优点

夏普利值法的分配模型依据每个成员对联盟的边际贡献值的大小来确定收益分配的标准，成功解决了平均分配主义所造成的不公平性，同时考虑了个人和集体的公平性，可以更好地激发每个成员为联盟做出贡献的主动性。

2. 夏普利值法的不足

1）未考虑市场地位的差别

夏普利值法认为联盟内的每个成员的特征都是相同的，没有任何差异性，每个成员对联盟的边际贡献值的多少成为确定他们获得收益多少的标准。但是，因为不同的市场地位会影响最终利益分配的结果，所以需要考虑各成员企业的市场地位。

2）未考虑固定投入的差异

夏普利值法分配利益的唯一标准就是每个成员对联盟的边际贡献值的多少，这样的分配方法忽视了他们对联盟贡献的起始投资额的不同。因此，在利益分配中也应该考虑各企业的固定投入。

3）未考虑承担风险水平的差异

夏普利值法假设加入到联盟中的每个成员均承受 $1/n$ 的风险。但是，在现实中，每个成员在参与联盟时所遭受的风险是不同的。因此，应该根据成员参与联盟时所承受的风险高低来分配收益，否则会影响成员参与联盟合作的积极性。

沙区生态产业链主要包括沙区从事种植业和养殖业的农牧民，以及种植养殖企业、沙产业产品加工企业和沙产业产品销售企业。沙区生态产业以生态农业为主，由于农业具有季节性，在农产品收获时期出现了一定程度的市场僵化，种植养殖环节利益被挤压，企业被迫围着原材料转的现象。加工企业原料收购价格不定，农民的出售意向随价格反复波动，使农户在高价时处于供不应求的状态、价低时处于谷贱伤农的境地。沙产业产品加工企业则利用其在产业链上的位置优势，乱定原料收购价或者利用繁多的交易费来不断压榨上游农户的经济利益，对下游零售商出售高价成品，因此沙产业产品加工企业出现"两头赚"的现象，从而获取了产业链大部分利润。另外，一些农业合作经济组织为农牧民找市场，提供农资也会收取不同的费用，这些问题导致沙区生态产业从生产到销售所获得的利润在产业链各环节不能被有效、合理分配，处于价值链最低端的农牧民获得的利润最少，这也是产业链效率不高的根本原因。因此沙区生态产业链利润分配问题变得十分重要。

5.6 区位理论研究方法

5.6.1 古典区位理论

古典区位理论以产业的空间布局为核心，以成本-收益分析为方法，从经济活动的空间分布和空间联系进行考察。早在18世纪，欧洲古典经济学家，如康提隆、亚当·斯密、毕什等探讨并论述过运费、距离、运输等对工业分布的影响，但最具影响力的主要是杜能、韦伯两人的区位理论（赵渺希，2018）。

5.6.2 杜能的农业区位论

1. 孤立化的方法

排除其他要素（土质、肥力、河流等）而只探讨一个要素（即市场距离）的作用。也就是不考虑所有自然条件的差异，而只考察在一个均质的假想空间里，农业生产方式的配置及与城市距离的关系（方大春，2017）。杜能农业区位论对经济区位研究而言，其孤立化的研究思维方法，最具有重要意义。这种方法对于韦伯及克里斯塔勒等后来的区位理论研究者有很大影响与启发。同时，杜能第一次从理论上系统地阐明了空间摩擦对人类经济活动的影响，不仅可用此原理说明农业土地利用，对于其他土地利用仍然有效，是土地利用一般理论的基础（李小建，1999）。

2. 类型归纳和理论演绎相结合的方法

任何纯理论研究必须把复杂、具体的事物概括、抽象化，对于地域现象更是如此，杜能在进行农业区位理论研究时正确地运用了类型归纳和理论演绎相结合的方法。由于地域上的自然和经济现象是复杂的，为使基本模型能够导出，他首先把非主导地域现象舍弃，构成均一边界条件（高进田，2007）。

3. 抽象法和边际分析法

在经济研究中，杜能借助"观察、微分学、实用会计学"等方法构筑其"边际分析"的体系和方法，且借助微分学对经济变量的增量进行分析，这种分析方法可以称做增量分析法，在西方经济论著中又常被称为"边际分析法"（高进田，2007）。

5.6.3 韦伯的工业区位论方法

1. 抽象和演绎的方法

韦伯首次将抽象和演绎的方法运用于工业区位研究中，建立了完善的工业区位理论体系。韦伯在分析复杂的工业区位现象前，用抽象的方法做出"简单化的假设"，从而演绎出他的理论。韦伯的假设是把他认为次要的因素舍掉，将其视为一个常数，不引入模式（闫庆武，2017）。

2. 成本因素研究方法

成本因素是研究区位因素较为传统的一种方法，也是最基本的研究方法，根据韦伯对工业区位理论的探究，将成本因素归纳为：劳动力成本、运费和集聚、分散所带来的成本变化。韦伯认为考虑三者之后的最低成本点就是最佳区位点（齐晶晶和陈芳，2016）。

3. 微观分析法

韦伯的工业区位论的主要分析方法是微观分析法，主要从个别企业的立场出发，以古典经济学为基础，以成本分析为依据，以寻求成本最小化为目的，并作出最优区位决策的过程，因而具有很大的可操作性（刘再兴，1996）。

4. 静态分析法

韦伯的分析方法又是微观经济学的静态分析法，他没有考虑到其他因素对工业区位的影响，因而是抽象的、静态的工业区位理论。第二次世界大战后，许多西方经济学者对韦伯的工业区位理论从不同的角度进行了修正和发挥，导入了宏观因素的分析，诸如政策因素、社会因素、人本因素等，形成了动态的、宏观的工业区位理论（成金华，2002）。

5.6.4 克里斯塔勒的中心地理论方法

抽象演绎的方法：将克里斯塔勒的中心地理论引入抽象演绎的思维方法，研究空间法则和原理，带来地理研究思维方法大革命。

抽象的理论演绎方法是一切成熟的学科所采用的方法。世界上的事物都是错综复杂的，要想认识和掌握客观的内在规律，必须进行抽象的假设，舍去次要的和不相关的因素，抓住主要矛盾，内在的规律性才可能被揭露。可以列举出运用这一方法的典型范例。在政治经济学中，马克思通过对抽象的商品概念的分析，解释了资本主义生产的本质和剩余价值规律，为无产阶级革命提供了理论依据。在物理学中，有了刚体和理想气体这种实际中不存在的抽象概念，才发现了固体运动和气体分子运动规律。克氏的前提是地域为均一的平面，即人口和经济密度均匀，各方向上的阻力相等，经济活动可以长年在任何方向上进行。在这样一种舍去了自然和人工干扰的均一的各向同性面上，克氏发现了内在的地域经济规律，即中心地方结构体系（杨吾扬，1989）。

5.6.5 胡佛的运费最小区位分析方法

胡佛对韦伯区位理论中的运费计算方法做了很大的改进，他将运费分为场站作业费和线路运费两个部分，并指出总运费是一条增长逐渐放慢的曲线而不是直线。在此基础上，他提出了自己的运费最小区位分析方法。研究结果表明，在区位三角形内部一般很少存在最小运费点，而在三角形顶点处出现的可能性较大（袁华斌和岑国璋，2017）。

5.6.6 动态分析的区位理论

20 世纪 30 年代以后，经济学界有一些对贸易或市场区的进一步分析的理论出现，其改进并不大，但却采用了动态分析的经济学方法（杨吾扬，1989）。主要有市场区的竞争区位理论、盈利边际区位理论和自由入口理论。

瑞典经济学家帕兰德（T. Palander）1935 年提出了市场区的竞争区位理论。该理论是在费氏市场区位理论的基础上，采用动态经济分析方法研究竞争区位（夏泽义和刘英姿，2017）。

盈利边际区位理论是英国经济地理学家罗斯特朗（E.M.Rawstron）和美国经济地理学家史密斯（David smith）提出的。该理论将西方新古典主义经济学的供求价格引入区位决策中，该理论告诉我们，哪些因素决定商品价格，什么地方设企业盈利，什么地方设企业亏损，其对布局商店、确定产品范围也有意义，对布局城镇、确定城镇影响范围也有意义。

自由入口理论是吉（J.Gee）创立的，是关于在自由竞争条件下，成本、运费和地价完全平等、企业自由迁入，新企业如何打进原企业控制的市场区，瓜分市场的理论（李秉毅，1999）。

5.6.7 现代区位理论方法

在研究方法上，现代区位理论由静态的空间区位选择转入区域各发展阶段空间经济分布和结构变化与过程的研究，从纯理论多假设的理论推导走向面对实际的区域分析和应用模型研究。同时，由于现代社会中的区位决策受很多因素的影响，加之区位因素及区域经济发展又处于不断变化中，因此，区位理论的研究在定性分析不断强化的同时，逐步扩大了数理统计、投入-产出、线性规划等方法及计算机的应用。这些新方法、新工具的应用，加强了区位理论的生命力和解决实际问题的功能（刘再兴，1996）。

5.6.8 个体主观因素的群体客观分析法

个体主观因素的群体客观分析法是一种考虑与分析人的主观因素（对环境的知觉和相应的行为）从而对工厂区位进行决策的方法，其考虑了人的心理过程。最早提出行为分析的学者是英国经济学家邓尼逊（S. Dennison），他在20世纪30年代批评韦伯等的区位论是一种技术联系的空间或地域分析，而忽视了心理社会联系的一面（丁生喜，2018）。实际上，只有同时考虑后者，才能对现实工业区位做出满意解释。

5.6.9 空间行为法和行为空间法

到了20世纪70年代，对于区位问题有两种研究法，即空间行为法（spatial behavior）和行为空间法（behavior space）。空间行为法是从普遍性的角度研究人的行为对地理环境的影响，以便从中得出一些能够在不同环境里都适用的理论模式。克利斯塔勒研究的城市居民购买物品的模式便是一例，因为每个居民购买物品都受到距离的影响，购买物品的中心越远，给居民带来的不便就越大。这种现象在任何一个城市里都存在，因而具有普遍意义。行为空间法则是从特殊性的角度研究人的行为对地理环境的影响。瑞典地理学家霍杰斯特兰德的空间扩散研究便是一例。他在研究农作物的新品种在空间中的扩散时，首先全面地观察和分析这个区域里的人的行为，再把这些行为所具有的特征上升为理论，然后应用到相似的地区中去，提出一系列比较合适的推广新品种的方法和措施（杨国璋等，1985）。

5.6.10 一般均衡分析方法

中心地理论和市场区位理论研究的是在不完全竞争结构中，用一般均衡分析方法来尝试解释如何通过扩大区域面积，优化区域各市场功能以实现成本最小化、利润最大化的区位选择决策（李幽竹，2018）。廖什是研究经济区总体系统均衡的第一位学者，他把需求作为空间变量，引入了一般均衡分析方法来表述区位均衡，提出了组织区位体系的方程式（钟海燕，2013）。

5.7 荒漠地区人类福祉的评估方法

人类福祉一词是由生活质量、幸福感和生活满意度等概念演化发展而来的，是根据经验而定的人们认为有价值的活动和状态，由于其本身的多维性和复杂性，不同学科领域的学者根据学科特点提出了福祉的定义，到目前为止，还没有统一的定义。人类福祉的理论源于政治哲学，与良好社会本质及解释人类思想的心理学有关（王博杰和唐海萍，2016），最初人类福祉被认为是客观的物质条件，如经济状况、住房、福利等，而 Dodds（1997）认为不能仅用物质生活水平来描述福祉，还需要从生态经济的角度进行分析。在"千年生态系统评估"（millennium ecosystem assessment，MA）研究计划中，首次将生态系统服务与人类福祉联系起来，进一步拓展了人类福祉的研究领域。而 Summers 等（2012）提出了人类福祉的 4 个方面，包括基础需求、环境需求、经济需求和主观幸福感，将物质、社会和心理福祉全部包括在内。总结上述概念，人类福祉被定义为一种积极的状态。发展沙区生态产业的目的是促进沙漠地区实现社会、经济、生态环境高质量协同发展，强调人地关系稳定平衡，而人类福祉的评估正是从人类角度出发，涵盖了居民对环境、经济、社会各方面的满意程度评估，因此可作为评估沙区生态产业发展状态的重要指标。

从人类福祉的概念可知，它是一种人们幸福状态的主观表达，又与人们生活的客观环境紧密相关，因此可以将其分为主观福祉和客观福祉。在评估人类福祉时，多采用主观调查法、客观指标评价法及主客观相结合的评价方法，主客观相结合的评价方法综合了前两者的不足，对人类福祉的评价也更为综合、全面。

5.7.1 主观调查法

主观调查法更能反映被调查者真实的福祉认知情况，有利于管理决策，但也存在着样本大小、调查方式等对结果的不确定性影响，以及数据获取难等问题。首先需要建立福祉评估的指标体系。在目前已有的研究中，MA 提出的人类福祉概念框架得到了国内外学者的广泛认同，它将人类福祉要素划分为维持生活的基本物质需求（家用电器满意度、通信工具满意度、交通的便捷性）、安全（良好的社会治安、食品安全、水质满意度、自然灾害发生）、健康（健全的医疗设施和条件、医疗保险的满意度、身体健康、心理健康、多样化的食物种类）、良好的社会关系（和睦的邻里关系、和睦的家庭关系、参加社会集体活动）及选择和行动的自由（教育的自由和选择、工作的自由和选择、生活用品的自由和选择）5 种，以及其下属的 19 种指标。主观调查法主要有问卷调查法（柳冬青等，2019）、参与式福祉评估法（Abunge et al., 2013）、参与式农村评估和快速农村评估法（Pereira et al., 2005）、面对面访谈法（Pereira et al., 2005）等。而针对荒漠地区的主观福祉研究案例极少，评估指标不统一，不能全面涵盖福祉各要素，研究仍然处于起步阶段。

5.7.2 客观指标评价法

客观指标评价法是利用物质和社会属性对人类福祉进行量化（李琰等，2013），数据获取较容易，并适合于大尺度下人类福祉的评估比较，较主观调查法而言，不受被调查者的影响。客观福祉指标暂时没有统一的标准，因此评估方法也比较多样化。由联合国开发计划署（UNDP）提出的人类发展指数（HDI）是目前影响力较大的人类福祉评估客观指标体系，它整合了人类出生时的预期寿命、入学率、成人识字率和人均 GDP 4 个指标。Vemuri 和 Costanza 在人类发展指数的基础上进行完善，整合生态系统服务价值及社会指标（新闻自由）之后形成了国家福祉指数（NWI），分析了 57 个国家的人类福祉（Vemuri and Costanza，2006）。在国内评估客观人类福祉的指标更加多样化：基于生态系统服务供给和消费量（潘影等，2012）；选取合作医疗覆盖率、住房面积、农村收入和支出等作为人类福祉评估的指标（Hou 等，2014）；也有学者选取人均 GDP 作为表征人类福祉的参数（王大尚等，2014）。目前，关于荒漠地区客观人类福祉评估的研究比较缺乏，相关领域研究内容也亟须发展和丰富。

5.8 资源承载力的评估

资源承载力是体现一个国家或区域对人口、经济和社会发展的支撑能力。其概念的直观性和形象性使其在地球系统科学领域得到了广泛应用，成为近年有关学科领域持续关注的热点问题。随着全球人口与经济规模持续增长，世界各国面临的资源短缺问题日益凸显，因此如何促进资源的集约利用、可持续利用成为全球尤其是广大发展中国家普遍面临的难点问题之一。沙区生态产业的发展依赖于沙区独特的地理位置及自然资源，因此发展沙区生态产业必须以当地资源承载力为前提。

5.8.1 资源承载力评价指标体系

学者们针对资源环境影响因素的多样性和综合性特征，根据资源环境承载力的评价对象和研究区的区域特性，构建了资源环境单要素和综合要素承载力评价指标体系，评价指标体系内容不断得到拓展，综合性也不断增强（黄贤金和周艳，2018）。科学、合理的资源承载力评价指标体系不但可以涵盖经济、社会、环境系统中诸多要素的相对情况，还可以在时间和空间维度上进行比较，反映区域资源承载力的变化状况，为政府部门决策提供建议。通过构建指标体系来反映区域资源承载力是当前研究的通常做法。资源承载力评价指标体系需要探寻并构建具有描述性、评价性的可度量参数的集合，并遵循科学性、系统性、层次性、动态性、可量化等原则。

20 世纪 90 年代至 21 世纪初期，有关研究多以资源环境单要素为评价对象，构建单要素承载力评价指标体系。例如，以土地作为评价对象，从水土资源、生态环境、经济技术及社会 4 个方面构建了土地承载力评价指标体系，分别对渤海沿海地区和我国东部沿海地区的土地综合承载力进行了探讨（于广华和孙才志，2015；王书华和毛汉英，2001）；也有研究以水资源作为评价对象，从水资源利用率、供需水模数、人均供水量、生态用水率、耕地率等方面选取指标，对干旱区的水资源承载力进行了综合评价（许有鹏，1993）；还有研究从水资源的供给能力、水环境容量、水资源区际调配及人口与经济社会发展等方面构建了指标体系，开展水资源承载力评价研究（朱一中等，2002）。此外，有的研究基于压力-状态-响应概念模型，以山东半岛作为研究区，开展生态环境承载力评估（王奎峰等，2014）。

近年来，随着研究的深入，资源环境承载力评价指标体系构建由单要素指标体系向多要素综合指标体系发展，资源环境承载力评价综合指标体系构建及综合评价成为研究热点。例如，有学者将区域资源环境承载力评价指标分为压力类指标和承压类指标，压力类指标主要包括经济类与人口类指标，承压类指标主要包括资源环境类和潜力类指标（毛汉英和余丹林，2001a）；有学者从资源子系统、环境子系统和经济社会子系统等方面选取指标构建评价指标体系，开展区域资源环境承载力评价（雷勋平和邱广华，2016；余丹林等，2003）；也有学者从水、土资源、水环境、土壤环境、地质环境等方面构建承载力综合评价指标体系，并以徐州为例开展评价（黄敬军等，2015）。

现阶段国际学术界可持续发展研究包括许多对资源环境承载力有关的概念和衡量方法。联合国诸多机构，例如联合国可持续发展委员会、联合国环境规划署（UNEP）、联合国统计局、联合国环境问题科学委员会和世界银行等都提出了具有代表性的可持续发展指标体系，其中最具影响力的指标体系为 UNEP 研发的驱动力-压力-状态-影响-响应（driving forces-pressure-state-impact-responses，DPSIR）模型（刘文政和朱瑾，2017）。DPSIR 模型包括驱动力、压力、状态、影响和响应 5 个部分。每一个部分为同一类型的指标，其下面又分为若干指标项（任守德等,2011)。该模型从系统分析的角度看待人与环境系统的相互作用,涉及经济、社会、环境、政策等诸多要素,既反映社会、经济发展和人类行为对环境的影响,也体现人类行为及其最终导致的环境状态对社会的反作用(曹红军,2005)。

5.8.2 资源承载力评价方法

1. 农业生态区法

农业生态区域(AEZ)法是最经典的土地资源承载力评价方法,由联合国粮食及农业组织(FAO)创立,其核心假设是气候类型、土壤环境近似的地区,亦具有相似的农业生产潜力。具体做法是将土地按照气候、土壤、地形、水文等划分为若干自然特征、作物种类、种植制度、生产潜力均相似的区域,在此基础上对土地的生产潜力进行计算。其主要评价过程包括作物潜在生产力计算、土地资源清查、土地利用方式确定、土地人口承载力分析等。

AEZ 法于 20 世纪 70～80 年代在非洲、西南亚、东南亚、南美洲、中美洲五大区的 117 个发展中国家得到了广泛应用和推广,并得以不断完善。国内学者主要利用 AEZ 法开展土地资源承载力评价,例如,邓祥征等(2005)利用 AEZ 法分析了耕地变化对生物生产力的影响;封志明等(2007)利用改进的 AEZ 法对全国的粮食生产资源潜力进行评估,李忠武等(2010)对我国重要商品粮基地洞庭湖区的晚稻生产潜力进行研究,为充分挖掘这些地区的粮食生产潜力做出了理论支撑。

2. 系统动力学法

系统动力学(system dynamics,SD)模型是当前应用领域使用最为广泛的一种评价方法。其原理是通过建立一阶微分方程组,反映系统中各模块变量之间的因果反馈关系。由于系统动力学模型能够对不同发展方案进行模拟研究,预测决策变量,因此用这种方法对资源、环境承载力指标体系进行评价,能够得到最佳的发展方案及相应的承载力状态(刘文政和朱瑾,2017)。

Meadows 等(2004)在提出了著名的"增长的极限"理论后,进一步集成多种因子开发了"世界模型Ⅱ",成为系统动力学在资源、环境承载力研究中应用的典范。在联合国教育、科学及文化组织(UNESCO)的资助下,英国的 Slesser(1990)提出提高承载力的系统动力学模型,以能量为折算标准,综合考虑人口(population)、资源(resources)、环境(environment)、发展(development)之间的相互关系,建立了模拟不同发展策略下,人口与资源、环境承载力的弹性关系模型,并以此作为优选区域发展方案的标准。该模型已在非洲的肯尼亚、毛里求斯、赞比亚等发展中国家成功应用。

由于系统动力学模型是研究复杂系统的有效方法,因此得以在不同领域得到广泛应用。瑞典和冰岛学者利用此方法计算了工业革命以前冰岛的自然资源承载力;张志良和范小琴(1992)、郭守前(1992)、祝秀芝等(2014)则将系统动力学模型引入土地承载力研究领域中,分别对宁夏、四川、上海的土地承载力进行分析;毛汉英和余丹林(2001b)利用系统动力学模型对环渤海地区区域承载力进行研究;方创琳等(2003)基于多模型互补对接支持下的系统动力学模型对塔里木河下游尉犁地区的生态-生产-生活承载力进行了预测研究。

3. 生态足迹法

生态足迹(ecological footprint,EF)法是 1992 年加拿大生态经济学家 William Rees(1996)提出的定量核算人类社会经济活动对自然资源的需求与地球承载力之间的关系、度量可持续发展程度的生物物理方法。该方法首先进行土地面积量化,并计算需求层面的生态足迹和供给层面的生态承载力,然后对比供需是否平衡,进而评价系统是否可持续发展。该方法是目前生态承载力研究的主流。生态足迹法具有概念标准统一、方法简便易行、便于区域之间进行比较等优点,并在全球多个国家和地区得到广泛应用。徐中民等(2003)对全国生态足迹进行计算和发展能力分析;闵庆文等(2005)则从生活消费角度对全国部分城市的生态系统的占用进行分析;谢高地等(2010)则将生态足迹法引入生态服务消耗中,并对其所形成的生态债务进行分析。

4. 水足迹法

水足迹(water footprint,WF)的概念于 2003 年由荷兰学者 Hoekstra(2003)首次提出,它表征的是维持人类产品和服务消费所需要的真实水资源量。水足迹有别于传统取水指标,是对水资源占用的综合表征。水足迹主要由地表水和浅层地下水的蓝水资源、储存在非饱和土壤层中并通过植被蒸散消耗的绿水资源,以及经济活动产生污染的灰水三部分组成。其计算方法主要分为两种,即由区域所消耗的产品(服务)数量与单位产品(服务)的虚拟水含量相乘求和的自下而上法,以及用本地用水总量加上虚拟水进口量减去虚拟水出口量的自上而下法。

水足迹法通过整合人类消费产品或服务对水资源的使用和污染,定量核算产品或服务的潜在水资源占用,揭示了人类生产、生活消费与水资源利用之间,以及全球贸易与水资源管理之间的联系。盖力强等(2012)利用水足迹法对全国水生态功能进行分区,李泽红等则通过绿洲水足迹的变化和驱动机制研究为绿洲农业可持续发展提供了依据。

5. 能值分析法

美国生态学家 Odum 等（1977）在 20 世纪 80 年代后期提出能值理论，他将一种流动或储存的能量中所包含的另一种能量的数量称为该能量的能值，例如，产品或劳务形成过程中直接和间接投入应用的某种有效能量，就是其所具有的能值。能值分析是以能值为基准，统一化、标准化地衡量和分析生态经济系统中众多非同类、不可比的能量，综合分析系统中各种生态能，构建能值综合指标体系。就具体操作而言，能值分析法主要分为如下步骤：①资料收集；②能量系统图的绘制；③编制各种能值分析表；④构建系统的能值综合结构图；⑤建立能值指标体系；⑥系统模拟；⑦系统发展评价和策略分析。

由于能量贯穿了区域系统运行的始终，因此生态系统和人类社会经济系统均可视为能量系统。这些能量系统通过能量的流动、转化和储存，形成了系统内部多种复杂作用形式。因此，人们可以使用能值定量评价区域生态承载力。Campbell（1998）利用能值分析法对美国缅因州的人口承载力进行了研究；Nam 等（2010）运用能值分析法对韩国西南海岸带荒岛进行了承载力评估；严茂超和 HTOdum（1998）利用能值分析法分别对西藏生态经济系统承载力进行了分析；刘钦普和林振山（2009）运用能值分析法对江苏省耕地承载力进行了研究；张雪花等（2011）提出了能值-生态足迹整合模型，并用于天津市生态承载力的计算。

第 6 章

沙区生态产业发展的前提条件

沙区发展生态沙产业能促进沙漠地区实现社会、经济、生态环境高质量协同发展，对于造福沙漠地区居民、环境具有重要意义，但生态沙产业的发展不可盲目、无限制进行，因此本章在沙区生态产业理论框架体系中设计了沙区生态红线、资源承载力及环境容量3个重要的生态沙产业发展前提指标。资源承载力是评估区域资源储量是否能够支持生态沙产业可持续性发展的指标；环境容量是评估区域环境容纳污染物的能力是否能够支持生态沙产业可持续发展的指标；而沙区生态红线指标则从国家政策层面上为生态沙产业的发展设定了前提。

6.1　生态保护红线

6.1.1　生态保护红线概述

"红线"一词起源于城市规划，在规划单位的建筑用地示意图中，用来表示建筑物占用土地的边界线。随着"红线"概念的不断深化，"红线"一词也逐渐被运用到环境领域，2011年发布的《关于划定并严守生态保护红线的若干意见》中，首次提出生态保护红线一词，要求国家编制环境功能区划，在重要生态功能区、陆地和海洋生态环境敏感区及脆弱区等区域划定生态保护红线。2014年环境保护部印发的《国家生态保护红线—生态功能红线划定技术指南（试行）》中将生态保护红线定义为：对维护国家和区域生态安全及经济社会可持续发展，保障人民群众健康具有关键作用，在提升生态功能、改善环境质量、促进资源高效利用等方面必须严格保护的最小空间范围与最高或最低数量限值。到目前为止，生态保护红线的定义被总结为在生态空间范围内具有特殊重要生态功能，必须强制性严格保护的区域，是保障和维护国家生态安全的底线和生命线，通常包括具有重要水源涵养、生物多样性维护、水土保持、防风固沙、海岸生态稳定等功能的生态功能重要区域，以及水土流失、土地沙化、石漠化、盐渍化等生态环境敏感脆弱区域（饶胜和张箫，2017）。

生态保护红线是我国环境保护的重要制度创新。生态保护红线是指在自然生态服务功能、环境质量安全、自然资源利用等方面，需要实行严格保护的空间边界与管理限值，以维护国家和区域生态安全及经济、社会可持续发展，保障人民群众身心健康（高吉喜，2014）。"生态保护红线"是继"18亿亩耕地红线"后，另一条被提到国家层面的"生命线"。

生态保护红线的实质是生态环境安全的底线，目的是建立最为严格的生态保护制度，对生态功能保障、环境质量安全和自然资源利用等方面提出更高的监管要求，从而促进人口、资源、环境相均衡，经济、社会、生态效益相统一，是保障和维护国家和区域生态安全的生命线。生态保护红线具有系统完整性、强制约束性、协同增效性、动态平衡性、操作可达性等特征。具体来说，生态保护红线可划分为生态功能保障基线、环境质量安全底线、自然资源利用上限。

近年来，随着工业化和城镇化的快速发展，中国资源、环境形势日益严峻。尽管中国生态环境保护与建设力度逐年加大，但总体而言，资源约束压力持续增大，环境污染仍在加重，生态系统退化依然严重，生态问题更加复杂，资源、环境与生态恶化趋势尚未得到逆转（赵成美，2014）。已建各类保护区在空间上交叉重叠，布局不够合理，生态保护效率不高，生态环境缺乏整体性保护，且严格性不足，尚未形成保障国家与区域生态安全，以及经济、社会协调发展的空间格局（李干杰，2014）。

6.1.2 我国生态保护红线制定的发展历程

2012年3月，环境保护部组织召开全国生态红线划定技术研讨会，邀请国内知名专家和主要省份环保厅（局）管理者对生态保护红线的概念、内涵、划定技术与方法进行了深入研讨和交流，并对全国生态保护红线划定工作进行了总体部署。

2012年4~10月，生态保护红线技术组草拟了《全国生态红线划定技术指南》，初步制定生态保护红线划定技术方法，形成《全国生态红线划定技术指南（初稿）》（简称《指南》）。

2012年底，环境保护部召开生态保护红线划定试点启动会，确定内蒙古、江西为生态保护红线划定试点，随后，湖北和广西也被列为生态保护红线划定试点。

2013年技术组全面开展了试点省（自治区）生态保护红线划定工作，提出了试点省（自治区）生态保护红线划分方案，并进一步完善了《指南》。

在划定试点省（自治区）生态保护红线过程中，生态保护红线技术组分别于2013年5~8月陆续开展了内蒙古、江西、广西、湖北等省（自治区）生态保护红线区域实地调查，充分听取了地方政府各部门的意见和建议，为《指南》的修改、完善提供了有利的工作基础条件。

2014年1月，环境保护部印发了《国家生态保护红线—生态功能红线划定技术指南（试行）》，成为中国首个生态保护红线划定的纲领性技术指导文件。2014年，中国已完成"国家生态保护红线"划定工作。

生态保护红线目前仍处于不断探索阶段，对生态保护红线的理解和划分方法还没有形成统一的标准。国家和省域生态保护红线划分已有一定基础，江苏省率先在全国制定出台省级生态保护红线区域保护规划，划出15种类型生态保护红线区域，出台补偿政策和管控制度。2014年天津市出台《生态用地保护红线划定方案》,明确生态保护红线区内禁止一切与保护无关的建设活动,黄线区内从事各项建设活动必须经市政府审查同意。2014年环境保护部出台《国家生态保护红线—生态功能红线划定技术指南(试行)》,将内蒙古、江西、湖北、广西等地列为生态红线划定试点,但尚未提出大中型城市划分生态保护红线的指导和要求。红线的概念最早源于城市规划领域,是指城市建设用地的控制边界,长期以来城市规划领域一直将建设用地和发展空间作为关注重点,近些年来生态用地空间开始逐渐受到重视。城市生态保护红线的划分与管理已经有不少有益的探索,例如深圳、东莞、无锡、武汉、广州、天津等城市已经在编制城市规划的过程中,陆续划定城市生态红线。

2015年5月,环境保护部印发了《生态保护红线划定技术指南》(环发〔2015〕56号),指导全国生态保护红线划定工作。其是在《国家生态保护红线—生态功能红线划定技术指南(试行)》基础上,经过一年的试点试用、地方和专家反馈、技术论证后所形成的。

2015年11月,环境保护部办公厅印发了《关于开展生态保护红线管控试点工作的通知》(环办函〔2015〕1850号),选择江苏、海南、湖北、重庆和沈阳作为生态保护红线管控试点,指导试点地区在生态保护红线区环境准入、绩效考核、生态补偿和环境监管等方面进行探索。

2017年5月,环境保护部办公厅、发展改革委办公厅共同印发《生态保护红线划定指南》(环办生态〔2017〕48号)。

2018年9月,天津市发布了《天津市生态保护红线》,陆海统筹划定生态保护红线总面积1393.79km^2(扣除重叠),占陆海总面积的9.91%。其中,划定陆域生态保护红线面积1195km^2,占天津陆域面积的10%;划定海洋生态红线区面积219.79km^2,占天津管辖海域面积的10.24%;划定自然岸线合计18.63km,占天津岸线的12.12%。

2018年10月,生态环境部自然生态保护司司长崔书红表示,生态保护红线主要保护的是生态功能重要和生态环境敏感脆弱的区域。目前15个省份生态保护红线划定工作已经结束。其余省份生态保护红线划定方案待国务院批准后由省级人民政府对外发布。初步估计全国生态保护红线面积比例将达到或超过国土面积25%的目标。

2019年8月,生态环境部办公厅、自然资源部办公厅发布《关于印发〈生态保护红线勘界定标技术规程〉的通知》。其要求"请参照本技术规程,推进生态保护红线勘界定标工作。京津冀、长江经济带省份和宁夏回族自治区等15省(区、市)依据国务院认定的生态保护红线评估结果,开展勘界定标;其他省份请在国务院批准生态保护红线划定方案后,启动勘界定标。按照《若干意见》要求,生态保护红线勘界定标应于2020年年底前全面完成。"

6.1.3 生态保护红线的划定

1. 生态保护红线划定理论

从划定的根本目的出发，生态保护红线应该注重从生态安全、生态承载力、生态完整性和生态功能等方面进行综合考虑。广义的生态安全是指人的生活、健康、安乐、基本权利、生活保障来源、必要资源、社会次序和人类适应环境变化的能力等方面不受威胁的状态，包括自然生态安全、经济生态安全和社会生态安全；狭义的生态安全指自然和半自然生态系统的安全，即生态系统完整性和生态系统健康的整体水平反映，一个区域的生态安全主要看其生态系统的完整性和稳定性、生态系统健康与服务功能的可持续性、主要生态过程的连续性（吴柏海等，2016）。生态安全的研究内容包括区域生态系统健康的诊断和评价、划分生态安全等级，并制定相应的安全预警和管理措施。生态保护红线划定的目的是保证国家和区域生态安全，重点是使区域的生态系统保持完整性和稳定性。生态功能保障基线包括禁止开发区生态红线、重要生态功能区生态红线和生态环境敏感区、脆弱区生态红线（侍昊等，2015）。纳入生态保护红线管理的区域，禁止进行工业化和城镇化开发，从而有效地保护我国珍稀、濒危并具代表性的动植物物种及相应的生态系统，维护我国重要生态系统的主导功能。禁止开发区红线范围包括自然保护区、森林公园、风景名胜区、世界文化自然遗产区、地质公园等。自然保护区应全部纳入生态保护红线的管控范围，明确其空间分布界线。其他类型的禁止开发区根据其生态保护的重要性，通过生态系统服务重要性评价结果确定是否纳入生态保护红线的管控范围。纳入生态保护红线管理的区域当遭受外界干扰时具有良好的自我调节和恢复能力，保护区域的生物多样性，使区域的植被覆盖增加、空气清新，土壤肥力、地表水和地下水洁净等得以保证。

生态承载力是生态系统的自我维持、自我调节能力，资源与环境子系统的供容能力及其可维系的社会、经济活动强度和具有一定生活水平的人口数量（王宇峰，2005）。当人类活动对生态环境造成的影响尚未超过生态系统自我维持和调节的能力范围时，自然生态系统能够维持社会、经济的发展，但当这种影响超过了生态系统自我调节范围时，区域的生态环境系统就会遭到破坏，区域生态安全和经济、社会的可持续发展受到威胁。生态承载力理论是生态保护红线的环境质量和资源利用底线划定的理论依据之一。在评估区域自然生态环境基础上，确定区域生态承载力范围，例如环境要素的污染物容量、自然资源的最高消耗量等，将人类活动约束在该范围内，保证区域生态环境健康发展。

生态系统的完整性可以认为包含生态系统结构的完整性和生态学过程的完整

性。生态系统结构的完整性包含物种组成、营养结构和空间格局等方面的完整性；生态学过程的完整性是生态系统中物质循环、能量流动和信息传递等机制的完整性。生态系统是由生物因子与环境因子构成的多层次的错综复杂的整体，初级生产者、消费者和分解者分别发挥着重要的生态学功能，而且生态系统中的每一个组分都具有不可替代性，只有结构完整和功能稳定，才能保证生态系统中正常的物质循环、能量流动和信息传递过程。而生态学过程的完整性或者说持续健康的生态学过程，直接影响生态系统为人类提供的各种服务功能，进而影响一个地区、国家、区域社会经济的可持续发展。生态系统的完整性可以从以下 3 个方面进行考查：①生态系统在正常条件下维持系统最优化运行的能力；②生态系统在不断变化的条件下抵抗人类胁迫和维持最优化运作的能力；③生态系统进化和发展的能力。生态保护红线的划定就是要划出能够保证生态系统结构和生态学过程完整性的最小空间范围，使当地生态系统能够维持在一个较为稳定的状态下运行，同时具有一定的抵抗干扰的能力和恢复能力，使其在遭受环境突变时不至于偏离稳定状态，导致生态系统崩溃。

生态系统服务是生态系统与生态过程所形成、维持人类生存的自然环境条件及其效用。根据联合国千年生态系统评估，生态系统服务可归纳为供给、调节、文化、支持四大类（欧阳志云等，2004），包括为人类提供薪柴、食物、淡水、药材资源等直接的物质性服务，还包括调节气候、净化环境、保持土壤、涵养水分、初级生产等间接性服务，以及一些具有特殊意义、美学价值的景观，为人类提供教育、休闲娱乐等非物质性生态系统服务。人类的生存环境及所需物质资源都离不开自然，生态保护红线的划定，就是要保证区域内的生态系统能够持续、健康地向前发展，从而为当地社会、经济的发展提供生态基础条件，为人类的生存及健康的生活提供环境保障。当经济发展过分消耗资源、过度污染环境，超过了生态系统所能够维持自身正常运转的限值时，健康的生态系统将遭到破坏，甚至崩溃，其所提供的生态服务将大大降低或消失，这对于地区、国家和区域的发展将是灾难性的（孙衍芹，2009）。所以，在考虑生态系统服务的基础上划定生态保护红线，使区域发展既能满足当代人的需要，又不损害后代人满足其发展的能力。

2. 生态保护红线划定和空间范围

生态保护红线划定的空间范围是区域生态功能最为重要、生态脆弱性和敏感性最高的地区。因此，选择能够表征生态系统特征和功能，有效评价其生态敏感性和脆弱性的指标体系，是划定"空间"生态保护红线的关键（万军等，2015）。中国位于亚欧大陆东南部，地形自西向东跨越三大阶梯，复杂的地貌格局和独特的气候特征形成了多种生态系统类型，提供了众多生态系统服务。而快速城市化和工业化过程,导致土地利用方式的急剧变化和大量污染物的排放,形成了土壤生态功能丧失、生物多样性减少、环境污染、资源耗损等生态环境问题。

蒋大林等(2015)对生态系统功能、生态敏感性及生态保护红线划定进行了研究,综合中国自然环境特征和主要生态系统分布特点,从生态保护红线划定的角度将中国划分为东北、东部沿海、北部和西北、中部和南部、西南5个地区,针对每个地区的生态环境现状和面临的主要环境问题,提出各区域在划定生态保护红线空间范围时,可供参考的关键评价内容及对应的指标体系。

此外,各个地区都具有一定的自然文化遗产或景观保护区域,可将其与其他特殊保护区统一归为禁止开发区,包括国家和地方规定的自然保护区、森林公园、地质公园、古迹遗址、重点文物保护地、水源保护地、基本农田保护地等,也应是生态保护红线划定的空间范围。

3. 生态保护红线评估方法介绍

生态保护红线划定有空间划定和数量确定两个主要部分。生态保护红线的空间划定,需要在对区域内的生态环境现状进行调查、分析和评价的基础上,根据研究区域的实际情况和数据的可得性,识别重要的生态功能和生态系统敏感性问题,选择科学合理的评价内容和评价指标,通过数据的标准化处理和模型运算,评价研究区的生态功能、生态敏感性、生态脆弱性。其中生态功能最重要、生态敏感性最高和生态最脆弱的区域属于红线区。同时,通过实地调研,考察划定区域的生态完整性、景观破碎状态和廊道连通性,基于景观生态学或生态网络理论,注意红线区之间的连接性,避免红线区过于集中或者过于破碎化,对初步划定结果加以修正,得到最终的红线空间范围。生态保护红线的划定应该充分利用3S技术在空间数据获取和处理方面的优势,提高工作效率。

生态保护红线的数量确定在资源现状和环境本底调查的基础上,分析研究区域内各类自然资源的总量和各环境要素(如大气、水体、土壤等)的状态,根据国家相关标准、地方环境保护目标和红线区环境目标,分析各种自然资源利用的上限和各环境要素的剩余最大环境容量,提出环境和资源利用的红线。对于区域中环境污染程度超过了生态保护红线的子单元,应该限制其发展,进行生态修复。

6.1.4 沙区生态保护红线研究

荒漠地区具有防风固沙、气候调节、水源涵养、旅游观光及生物多样性保育等重要生态系统服务(Taylor et al.,2017)。同时沙漠生态系统也是地球上最为脆弱的生态系统之一(黄湘和李卫红,2006),水资源贫乏、植被稀疏、生物量和生物多样性相对较低,社会经济发展缓慢(曹燕丽等,2006)。沙地、荒漠、戈壁等地区是生态保护红线划定的重点地区。内蒙古自治区将于2020年底前全面完成生态保护红线划定,届时沙区生态产业的发展将会受一定程度的影响或限制。

6.2 环境容量

6.2.1 环境容量起源与发展

"容量"一词在很多学科中均有应用,20世纪30年代,在美国牧场管理和野生动物管理研究中将其应用于牧场容纳牲畜的量化,并引申为环境容量。环境容量最初指一块土地单元能够承受的牲畜数量。随后,环境容量的概念逐渐在生态学中得到运用并在其他学科中发展起来。1838年,比利时生物学家P.E.弗胡斯特从马尔萨斯的生物总数增长率出发,认为生物种群在环境中可以利用的食物量有一个最大值,相应地,生物种群的增长也有一个极限值,种群增长越接近这个极限值,增长速度越慢,直到停止增长(方秦华等,2004)。这个极限值在生态学中被定义为"环境容量"。这种方法后来被应用到人口研究、环境保护、土地利用规划、旅游开发等多个学科。它作为反映人口、资源与环境之间关系的重要指标,其实质在于保证人口、资源与环境之间的协调,保证发展的可持续性,即经济的增长不能以生态系统的破坏、环境质量的下降及子孙后代的生存与发展受到威胁为代价。Stankey和Manning(1986)总结了牧场管理中的容量概念与户外游憩中的容量概念的本质区别在于前者聚焦于生态要素,而后者则是对自然资源、社会、管理等要素同样重视。

环境容量概念提出以后,很快得到广泛的学术研究和实践应用,在人口研究、环境保护、城市规划、旅游开发、社会经济发展等多个学科得到广泛发展。各学科均结合各自的特点,在原来环境容量概念的基础上,加入新的内涵,对环境容量的概念进一步细化和发展。

在环境科学领域中的发展:1968年日本学者将环境容量的概念运用到环境保护科学领域,环境容量的概念在环境科学领域逐渐发展为环境科学的基础概念之一,是指某环境单元所允许承纳污染物质的最大数量,是一个变值,包括两个组成部分,即基本环境容量和变动环境容量。前者可以通过拟定的环境标准减去环境本底值得到,后者是指该环境单元的净化能力。1972年米都斯等受罗马俱乐部的委托,完成《增长的极限》这一著名的报告,研究了人口、经济增长与资源、环境之间的关系。其实质内容乃是关于现代人类发展的逻辑斯谛动态变化过程及环境容量问题。

在土地利用规划中，环境容量是指"某一地区的环境状态和结构在不发生对人类生存发展有害变化的前提下，所能承受的人类社会作用在规模、强度和速度上的限值"（杨锐，1996）。著名景观建筑学家约翰·奥姆斯·西蒙（John Ormsbee Simonds）从土地-水的角度阐述环境容量的概念（周建东，2009）。他提出"环境容量是在给定时间，在不耗尽资源和使自然生态系统崩溃的前提下，水和土地所能承受的人口数或人类活动的水平"。

环境容量的概念在旅游学科拓展为旅游环境容量，Mathieson 和 Wall 等（1982）将旅游环境容量定义为"在自然环境没有出现不可接受的变化和游客体验质量没有出现不可接受的降低的情况下，使用一个景点的游客人数最大值"。该定义被普遍认为是对旅游环境容量的最初意义的典型概括。随后，Mc Intyre 给出的较新定义"在没有引起对资源的负面影响、减少游客满意度、对该区域的社会经济文化构成威胁的情况下，对一个给定地区的最大使用水平。"比之于前者定义，后者增加了社会、经济、文化等方面的要素，使研究内涵从自然环境扩展到人文社会环境，并且在 TECC 概念体系里也就相应出现了社会容量、经济发展容量等一些新的研究内容。在欧洲，TECC 理论被广泛地应用到岛屿、海滨、历史地带、乡村、山地度假区、自然保护区等案例研究之中。

国内对于不同环境介质的环境容量都已经开展了相关的研究工作。大量学者对于不同的河流环境系统分别建立了不同的水质模型，用来计算不同河流体系的水环境容量（董飞等，2014）。同样，对海洋水环境容量也开展了相应的工作，例如对渤海内部石油环境容量（孙学娟，2013）的研究，以及对海水中有机污染物和重金属环境容量（王长友，2008）的研究；孙炳彦和黄秉禾（1981）利用箱式扩散模型，对大气中的污染物进行了相应的环境容量研究；许可（1981）在研究大气环境时，提出了单个污染物质大气环境容量的模式。

6.2.2　环境容量的定义

如今广泛使用的环境容量的定义是指某环境单元在一定区域、一定时限内，在确保人类生存发展不受危害、自然生态平衡不受破坏的前提下，所能容纳污染物的最大负荷值。环境容量的大小与环境空间的大小、各环境要素的特性、污染物本身的物理和化学性质有关。目前对环境容量有两种评价方式，即静态环境容量评价和动态环境容量评价。前者主要通过合适的环境标准值减去环境本底值得到，后者加入了环境系统内对污染物的各种动态作用，不仅包括环境单元原有的容纳污染物的量，还包括由于环境中的净化作用而体现出的额外的容纳量。因为工农业生产和人们生活都会排放污染物，所以环境容量的多寡直接或间接地决定了区域的工矿企业和人口数量，甚至是功能定位，在环境科研与管理过程中具有基础性地位。

6.2.3 环境容量的分类与特征

环境容量的分类比以往更加细致,根据不同的要素有不同的分类。根据环境介质,可将其分为大气、水、土壤和生物环境容量等,它们又统称为生态环境容量。此外,随着学科的发展,还包括人口环境容量、城市环境容量等。如果按照污染物的种类划分,又可分为有机物的(易降解的和难降解的)环境容量、重金属元素的环境容量等。如今,随着旅游业的发展,又产生了旅游环境容量这一概念,将旅游区的环境质量与旅游业经济的效益联系起来,计算出一个既能满足旅游区域环境质量不被破坏,又可获得最大经济收益的容量范围。

环境容量的主要特征可分为有限性、客观性、稳定性、变更性和可控性。

有限性是指在所评价区域的时空、天然及人为条件下,以该区域现有的结构和功能为基础,环境所能包含的污染物的量是有限的。区域内的各种天然过程、人类行为、经济发展方式等对环境容量阈值的大小均有很大的影响。因此,不论是对于整体的一个环境单元还是单一的环境元素,环境容量都是有限的,人类的各种生产、生活必须在环境容量阈值的范围内,才能保证所处环境中各方面的稳定发展。

客观性是指环境容量的大小。环境容量是客观存在的。环境容量的大小虽然受到各种自然的、人为的过程的约束,但是其自身也可以通过改善环境系统的能量、物质及结构而提高环境容量,但这不等同于环境容量的大小可以随意改变,特别是环境的净化能力,是环境系统自身经过长期演变而形成的一种自我调节能力,人类对环境容量的利用只能在这个基础上进行。

稳定性是指在一定的自然条件、一定的人类社会规模,以及环境单元内部保持相对稳定的各部分结构、功能的前提下,环境单元作为一个独立的系统,其内部的各种变化处于动态平衡中,在能量流动、物质交换和信息传递等过程中保持相对稳定的状态,因此环境容量必然具有一定程度的稳定性。

变更性是指自然条件的变化、社会经济的发展、人类的各种活动,一方面会影响污染物的产生与处理,另一方面会使得环境评价指标的确定有所变化。在这两种因素的影响下,环境容量的大小就会发生变化。

可控性是指自然环境对各种污染物的降解能力是有限的,但是可以通过人为活动提高其环境容量。随着科学技术的发展,可以通过对各种生产技术、使用的材料和器材、工艺流程和设备进行转型升级,同时大力兴建各种处理污染物的设施来增强对污染物处理的能力,从而达到控制环境容量、提高资源生产力的目的。

根据环境容量的分类,其测算方法也变化多样,且环境容量测算及多目标规划建模过程比较困难,本节不对环境容量的测算方法进行介绍。

6.3 资源承载力

6.3.1 资源承载力概述

承载力是指承载主体在结构和功能不被破坏的前提下对承载对象的最大可接受限度。常将研究区域作为承载主体，承载力则为该区域对外部环境变化的最大承受能力。资源环境承载力作为连接社会系统、环境系统与经济系统之间的纽带，是协调人口、资源与环境相互联系、又彼此相对独立的矛盾统一体的关键所在。资源环境承载力是地理学综合研究的重要方向。

纵观国内外资源环境承载力研究近百年的发展，其从最初的单一的土地资源承载力、水资源承载力、耕地资源承载力发展到资源承载力、环境承载力及生态环境承载力。近几十年，生态足迹、虚拟水、能值分析法等综合研究理论与方法兴起，极大地推动了资源环境承载力研究的定量化和模式化。对该理论的应用也遍及区域经济、城市和城镇化、自然资源与生态系统管理及环境规划管理等领域。

1. 水资源承载力

水资源承载力和水环境承载力是承载力概念与水资源和水环境领域的有机结合。目前有关研究主要集中在我国，国外专门的研究较少，一般仅在可持续发展文献中简单地涉及。水资源承载力的概念是由我国学者在年代末提出的。例如，惠泱河等（2001）认为水资源承载力可理解为某一区域的水资源条件在自然-人工二元模式影响下，以可预见的技术、经济、社会发展水平及水资源的动态变化为依据，以可持续发展为原则，以维护生态良性循环发展为条件，经过合理优化配置，对该地区社会、经济发展所能提供的最大支撑能力。该定义充分考虑了人类活动的影响对水资源系统的干预和水文循环过程的影响，并强调了动态发展的观念；许有鹏（1993）认为水资源承载力是在一定的技术经济水平和社会生产条件下，水资源可最大供给工农业生产、人民生活和生态环境保护等用水的能力，也就是水资源最大开发容量；夏军（2002）认为水资源承载力是在一定水资源开发利用阶段，满足生态需水的可利用水量能够维系该地区人口、资源与环境优先发展目标的最大的社会-经济规模；Mourad（2014）认为水资源承载力是通过合理配置，符合可持续发展的原则，确保良好的生态环境、人口、农业、工业和其他工业发展规模的水资源量。Jia 等（2018）认为水资源承载力在数量上代表着水资源的供给能力，是水环境承载力的支撑基础，水资源承载状况是指在人类活动的破坏下而产生的环境压力对水资源的承载状况所造成的破坏程度。

2. 土地资源承载力

土地资源作为人与自然的综合体，尤其是其所具有的不可替代的粮食及农业生产功能，使得土地资源可持续承载研究得到了更多的关注。国外关于土地资源人口承载力的研究起步较早，土地资源能否生产出足够的食物以供养日益增长的人口成为国际关注的焦点。1949 年，威廉·福格特在《生存之路》中较早地提出了关于土地资源人口承载力的测算方法。1970 年以来，土地资源承载力研究成为热点并不断得到发展。20 世纪 70 年代初，澳大利亚学者探讨了本国在资源限制下所能承载的人口规模（Millington et al.，1973）。随后 FAO 和 UNESCO 先后组织和开展了全球主要国家的土地资源承载力研究，发展了土地资源承载力的内涵、评价内容和方法体系。1977 年，FAO（1982）开展了发展中国家土地的潜在人口承载能力研究。80 年代初，增加人口承载力的策略模型在 UNESCO 资助下成功设计并在欧洲试运行。目前，ECCO 模型在肯尼亚、毛里求斯、赞比亚等发展中国家的土地资源人口承载力研究中得到了广泛运用（UNESCO and FAO，1985）。

3. 生态承载力

生态承载力是资源环境要素在生态系统中相互作用关系的体现，作为度量可持续发展的重要工具之一，国内外学者对它开展了大量的研究。早期研究更多的是基于种群生态学的视角，对生态系统中的种群数量及其阈值进行研究（Hudak，1999；Smaal et al.，1997）。随着 1992 年生态足迹这一概念的提出，生态承载力的研究内容不断得到拓展，其研究从单一生态要素转向整个生态系统。近年来，生态足迹在生态承载力研究中得到了广泛应用。例如，世界自然基金会（WWF）利用生态足迹测算了 149 个国家的生态赤字和盈余情况；有学者应用生态足迹法开展不同国家的生态承载力研究并进行了对比分析（van Vuuren and Smeets，2000）；还有学者以奥地利为例，利用生态足迹测算了该国 1926～1995 年的生态环境变化情况（Haberl et al.，2001）。此外，生态承载力在生态建设中的应用、生态承载力及生态安全方面也得到了研究（王开运等，2005；黄青和任志远，2004）。20 世纪 90 年代初，我国学者开展了生态承载力研究，探讨了生态承载力的概念及理论等（高吉喜，2001；杨贤智，1990），测算了甘肃省 1998 年的生态足迹（徐中民等，2000）。生态足迹相关理论和方法在区域（张志强等，2001）、流域（王家骥等，2000）、城市（郭秀锐等，2003）等地区的生态承载力评价中也得到了广泛应用。

6.3.2 沙区资源的特点及承载力现状

长久以来，不少人一直把荒漠视为灾害，却忽视其也蕴含丰富资源，具有一定的经济价值。沙区资源的特点是光能、热能、风能资源充足，土地资源广阔，具有珍稀动植物资源及特殊的景观资源，但其水资源较为短缺。

1. 丰富的光能、热能、风能资源

沙区丰富的光能、热能和风能可替代化石能源成为绿色能源、再生清洁能源，对其加以利用可有效减少污染物排放量。我国陆上可开发风能大多集中在常年风沙肆虐的西北荒漠风带，其中内蒙古和新疆两地风能蕴藏总量占全国的70%以上（张云雁，2015）；沙漠日照非常强烈，面积巨大的沙漠蕴藏着丰富的太阳能，西部沙漠地区≥10℃积温3700℃，气温年温差32~48℃，日较差10~20℃，内蒙古年均日照时间2896h，日照百分率60%~80%，太阳能全年辐射总量4830~7104MJ/m^2，≥0℃积温5700℃，如果在这里建设太阳能电站，每年产生的电量可以替代耗煤巨大的火力发电厂（马慧等，2020）。

2. 广阔的土地资源

广阔的沙漠土壤富含石英、长石等矿物，可作为一种优良的农作物生长土壤。面积巨大的无污染的沙漠，只要有水灌溉，土地资源利用就会前景光明。战斗在治沙前线的某集团董事长王文彪（2014）说："我国至少可以从沙漠中改造出三四亿亩良田，相当于18亿亩耕地红线的六分之一，可以大大缓解我国日益加重的土地压力。根据库布齐治沙实践经验看，如我国可治理的沙漠全部得以利用，将产生近2万亿元的绿色GDP，就能让2亿多沙区人民摆脱贫困，就能创造上百万个绿色岗位。"通过改造沙漠来增加耕地面积和提高农牧民的收入，对我国来说意义重大。

3. 珍稀动植物资源

沙漠虽贫瘠但不是不毛之地，在这里生长着奇特的动植物。在极端环境中，沙漠进化出抗寒、抗旱、耐盐、抗风沙的植物，很多还是珍贵的药用、食用植物，如白刺、骆驼刺、四合木、沙冬青、发菜、沙木耳、甘草、麻黄、锁阳、苁蓉等；适宜在沙漠生存的野生动物有野骆驼、高鼻羚羊、旱獭、野驴、野马、盘羊等，很多都是国家级保护动物（张云雁，2015）。

4. 独特景观资源

沙漠地区由于环境条件特殊，形成了很多其他地方不可复制的特殊的自然景观，沙漠地区具有原始、苍凉、壮阔的自然景色及奇特的沙漠动植物。在这里，游客可以体验沙漠滑沙、骑骆驼、沙漠汽车越野拉力赛、沙漠探险、空中滑翔、高空索道、羊皮筏漂流等活动带来的惊险和刺激。此外，沙漠还适合开展科学考察、沙漠康复疗养。我国现已开发以沙漠为主题的旅游景区（点）近 40 个，其中国家 4A 级及重点风景名胜区 7 个，开发程度以中部地区较高。甘肃有著名的鸣沙山、月牙泉风景名胜区；内蒙古有响沙湾旅游区、恩格贝沙漠生态旅游区和月亮湖沙漠生态探险度假营地等；宁夏有著名的沙湖旅游区、中卫沙坡头旅游区；新疆有库姆塔格沙漠风景名胜区、塔里木胡杨旅游区等。

5. 水资源承载力有限

荒漠多位于西北部干旱区，该地区气候干燥、降水稀少，荒漠化地区蒸发量大，干燥度在 1.63～4.78。杨艳昭等（2008）的研究表明，内蒙古自治区在人均综合用水 700m^3 的水平下，不计呼伦贝尔市的水量，平水年内蒙古自治区水资源可承载人口 $2.779×10^7$ 人，枯水年只能承载 $2.418×10^7$ 人，水资源供需接近平衡。随着人均综合用水量的升高，平水年全区承载力接近超载临界值；偏枯水年，当人均综合用水量达到 900m^3 时，全区水资源仅能承载 1880.8 万人，超载严重；如图 6-1 所示，侯林秀等（2020）将 1998～2018 年阿拉善盟灰水足迹总量与区域水资源总量进行对比发现，1998～2002 年阿拉善盟水资源总量远大于灰水足迹，水环境状况尚且良好；而 2003 年水资源总量与灰水足迹同步发生锐减，但水资源总量变幅更大，由 $12.75×10^8m^3$ 断崖式降至 $3.43×10^8m^3$，减少 73.10%，且仅比同年灰水足迹高出 $5.7×10^7m^3$；2004 年起，阿拉善盟水资源总量不足以支撑区域灰水足迹，且水资源总量在此阶段稳定维持在 $3×10^8m^3$ 左右，而灰水足迹逐年上升，直至 2017 年才出现下降趋势，这表明区域于 2004 年起出现水质性缺水现象。

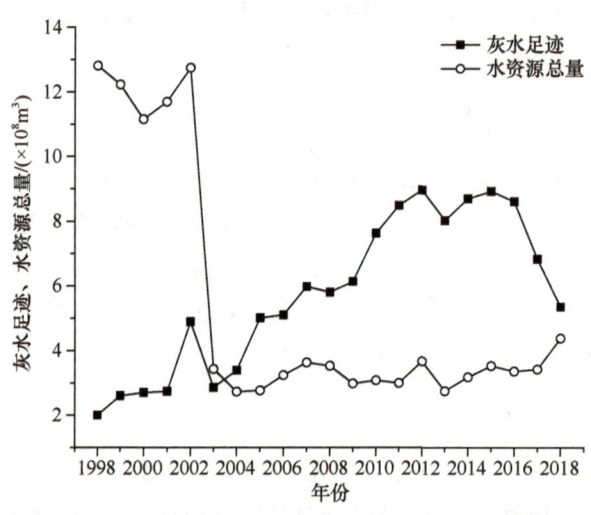

图 6-1　1998～2018 年阿拉善盟灰水足迹和水资源总量的比较

第7章
沙区生态产业转型的生态整合途径

7.1 沙区生态产业的转型升级

7.1.1 产业转型升级的概念及内涵

当前，沙区所在地经济进入高速发展期。各类产业在沙区这种特殊的生态环境中发展，不可避免地面临着资源环境和市场的双重压力。沙区产业在快速发展过程中而形成的粗放型经济增长模式，导致产业结构单一，水资源等利用效率低下，使得产业升级速度滞后于生态文明发展的要求。在"两山理论"指导下，摆脱高水资源消耗、高环境污染及低附加值的发展方式，加快产业转型升级已经成为沙区实现可持续发展的重大战略措施。

产业转型升级的主要方向即建设沙区生态产业。生态产业是按照生态经济原理和知识经济规律组织起来的基于生态系统承载能力，具有高效的生态过程及和谐的生态功能的网络型、进化型、复合型产业。通过两个或两个以上的体系或生产环节之间的系统耦合，多层分级综合利用物质、能量，化废为利，寓环境保护于经济建设的过程中。不同于传统产业的是，生态产业将生产、流通、消费、资源回收利用、生态环境保护及能力建设纵向结合，将不同行业的生产工艺横向耦合，将生产基地与周边环境纳入整个产业生态系统统一管理，谋求资源的高效利用和有害废弃物向系统外的零排放。生态产业是以企业的综合社会功能而不是单一利润作为生产目标，增加而不是减少就业机会，利用灵敏的内外信息交互网络和专家咨询网络，来适应市场及环境变化。生态产业内企业发展将多样性与优势度、开放度与自主度、力度与柔度、速度与稳度结合，使环境污染的负效益变为资源高效利用的正效益。

7.1.2 产业转型升级的目标与途径

面向循环经济的产业生态转型的目标就是要通过生产方式、生活模式和价值观念的转变，合理、系统、持续地开发、利用和保育各种生态资产，为社会提供高效、和谐的生态服务，建立一种整体、和谐、公平、持续的自然和人文生态秩序，将以追求产量、产值和利润为目标的传统产业，转变为追求经济效益、社会效益和生态效益的统一，实现经济、社会与环境和谐健康发展的生态产业。王如松等（2006）指出：产业生态转型升级的方向包括以下几个方面。

从链到环：物流的纵向闭合与横向耦合，矿物能源向可再生能源的转移，产品的产销环节管理向生命周期全过程管理转变，废弃物从污染的源转变成资源的汇。厂区将从单一产品生产的产业基地转向包括周边自然环境在内的，生产、生活及自然保育一体化的，具有独立的全代谢功能（或零排放）的复合生态基地。

从刚到柔：传统工厂的刚性机械结构将转向功能导向的柔性生态结构，其工艺结构、产业结构和产品结构将随着环境和市场的变化随时更新。主导生产过程将从简单的物理、化学、生物过程转向复杂的社会、经济和自然生态发育与进化过程。主导因子将从劳力、资金和原材料等硬资源转向内外生态耦合关系等软资源。企业具有较高灵活性、多样性，以及应变创新、开拓适应、协同进化的生命活力。

从量到序：衡量一个企业效益大小的标准不再是传统的产量、产值和利润，而是其所提供的自然、经济和社会服务功能，以及生态系统的整体性、和谐性、公平性、持续性。企业规划和发展的目标也不再是单项或多项的经济指标，而是寻求一种与社会、经济和自然环境相适应的生态进化过程。

从物到人：生态产业的核心是植入竞争、共生、再生、自生的生态活力。其经营目的对外主要不再是生产物品而是为社会提供一条龙的系统服务，研究开发、跟踪服务、咨询培训、还原再生等软件和副件产值将大大超过硬件和主件产值。对内主要不是物力的开发而是人力的建设，企业不仅是一个生产场地，也是一所学校，将提高劳动生产率和工人的技术创新能力相结合，工作将成为员工的人生需求而不只是一种谋生的手段。

传统产业的产品经济与产业生态学所倡导的功能经济的区别在于前者的经济价值来源于以物质形式存在的产品交换，而后者的经济价值来源于系统的服务和实际效果。在功能经济条件下，生产商生产的目的是满足消费者的某种功能需求，而不是提供某种包装精美的固定产品。

新一轮生态产业革命将推动沙区产业结构调整和经济转型，促进行业内企业的转轨升级，提高经济增长的效益，创造新的社会就业机会，从根本上扭转经济发展带来环境污染的被动局面，成为促进社会、经济与环境全面、和谐、可持续发展的动力。生态产业的类型多样，并无固定模式，但其具有一些共性。总结国内外各类产业转型升级成功的经验，可以将其归结为向生态产业转型的生态整合的几个途径。

纵向闭合：从链式经济走向循环经济，内部产业在企业内部形成完备的功能组合，对产品和废弃物从摇篮到坟墓的生命周期全过程实施系统管理。

横向耦合：从竞争经济走向共生经济，不同工艺流程、生产环节和生产部门之间通过横向耦合，实现废弃物交易及资源共享，变污染负效益为资源正效益。

区域联合：从厂区经济走向园区经济，厂内生产区与厂外相关的自然及人工环境构成空间一体化的产业生态复合体，逐步实现有害污染物向区域外的零排放，保障区域内生态资产的正向积累、国土生产功能和生态服务功效的正常发挥。

产业融合：产业融合是不同产业或同一产业内部不同行业之间互相渗透、互相交叉，从而逐步形成新业态的过程。

社会复合：从部门经济走向网络经济，企业将社会的生产、流通、消费、生态服务和能力建设的功能融为一体，为当地和周边居民提供就业机会和宜居环境，培育一种新型的企业和社区文化。

产业生态转型按照生态经济学与生态工程学原理，通过观念更新、科学规划、技术创新和体制改革，大力推进传统产业模式、控制污染模式向生态产业模式转型，逐步孵化、建立与扩大生态产业，加快传统产业的改造、转型、升级及新兴产业发展。在产业结构调整以及优化技术和管理的开拓、创新与发展过程中，改进与协调产业生产和消费全过程的物流、能流、货币流、信息流、人力流；增产节约，降低物耗、水耗、能耗；建立产业物流的"供给网"，进行物流的"闭路再循环"，使资源和能源得到充分利用，协调和完善产业生产从源到汇，再从汇到源的物质迁移、转化和循环机制；所有物质能在不断进行的再生、循环中得到合理和持久的利用，促使生产过程中的废物、污染物资源化、产生最小化，以至零排放；建立从取自自然环境到返回自然环境的资源全代谢过程，调整代谢过程与地球生命支持系统、生态环境之间的相互关系，达到生态整体优化；合理利用与保护水、土、气、生物多样性、景观等生态资产和生态服务功能；推进经济资产（产值、利润、GDP等）和生态资产的积累和增长；维护人体和生态系统健康，促进资源、环境与经济、社会协调发展，逐步形成具有高效的经济过程及生态功能，人与自然和谐的网络型、进化型生态产业。

沙区生态产业转型的生态整合途径的关系如图7-1所示。

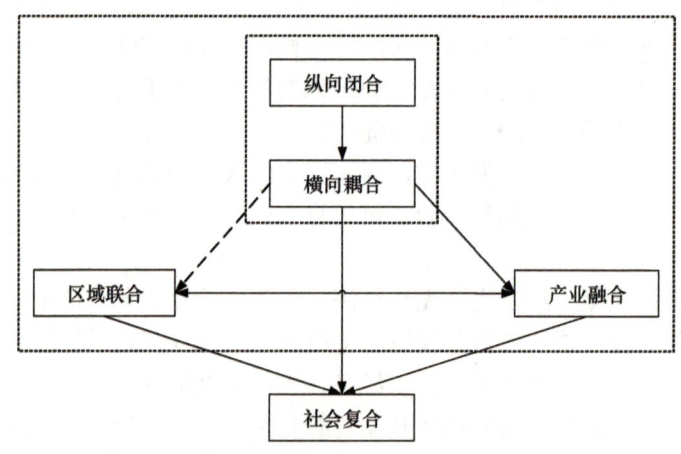

图7-1　沙区生态产业转型的生态整合途径关系

如图7-1所示，纵向闭合是横向耦合的基础和前提。纵向闭合是以物质流、能量流为联系纽带，形成一条主要的闭合回路，通过物质和能量的流动和废弃物的循环利用提高产业链的资源利用效率。在单个产业链纵向闭合的基础上，增加产业链中各生产和消费环节副产品、废弃物的利用途径，模仿自然生态系统食物链相互连接成食物网的机理，合纵连横，形成产业链与产业链之间的横向耦合。在横向耦合合纵连横的基础上，进一步将沙产业内部各产业、内部与外部产业之间的无形要素跨越沙产业内部产业边界或外部产业边界，在要素作用平台上发生作用，使得要素作用平台所在产业出现渗透、交叉与延伸，进而使得产业边界不断模糊、产业功能不断拓展，最终产生新的产业融合形式。在横向耦合产生合纵连横的产业链的基础上，区域联合作为一种表现形式，通过资源整合与优势互补，利用投资、技术合作、扶贫和生态补偿等方式，打破行政区划实现跨空间的合作，在经济欠发达地区共建产业园区并对其开发经营。区域联合是在纵向闭合和横向耦合的基础上，不同区域的经济体之间相互协作，所体现出来的区域之间的联合协作关系。与此同时，区域联合与产业融合之间是相互融合和渗透的，区域联合的同时也存在着产业融合，产业融合的同时也可以进行区域联合。经过上述纵向闭合、横向耦合、区域联合、产业融合的过程，同时将企业生产行为与市场消费、行政管理、生态服务和文化传承相结合，最终形成社会-经济-自然复合生态体，实现社会复合。

7.1.3 沙区生态产业的新业态

1. 业态的概念及内涵

"业态"一词最早出现于 20 世纪 60 年代的日本，最初是用来研究零售业的发展而使用的名词，因此也被称为零售业态。顾名思义，零售业态指零售业长期演化的过程中，商业产业形态或经营形式，例如便利店、大卖场或者 shopping mall 等商业经营方式。由此可见，狭义的产业业态仅指为满足消费者不断升级的需求，提供销售或服务的模式。

而在广义上，业态是指产业形态，是指具有相同属性的经济系统内部，同产业内各部门或各个企业在进行经济活动时形成的相互联系及其组合形态。具体而言，产业业态包含产业价值链上的各个子系统、子要素和微观主体表现形式和内容存在方式的统一。其内涵可划分为子系统、子要素和微观表现形式三个层次：第一，基于产业在国民经济中的划分层次，这里的子系统是指基于宏观层面的国民经济部门结构，具有不同的划分方法，例如国际标准产业分类法、三次产业分类法等，在我国基本以三次产业划分为准。第二，子要素是指基于中观层面上，产业价值链上产品生产技术和工艺、产品销售、服务等，借助市场活动协调地区间专业分工和满足多层次需求,并以产业内部合作作为实现形式和内容的合作载体。第三,企业作为市场的微观主体,产业业态的微观表现形式需要根据企业之间和不同企业相关部门之间的关系来界定。按照国民经济的三次产业划分标准,在第一产业和第二产业中产业业态主要是指,企业之间在竞争或合作时所形成的关系结构中,采用的具有同质性或上下游关联性的产品生产工艺或技术,以及依托于此的最终产品的具体表现形态和内容载体;在第三产业中,主要是指企业之间形成联系时所依托的销售或服务的具体模式及内容载体。本节采取第二层次的定义。

2. 新业态的表现形式

在产业内部分化、升级、融合的过程中,以及产业外部的跨界融合往往形成新的业态,由此构成了业态的新的表现形式。

1)产业分化

市场竞争和对高额利润的追求使得企业内部生产、制造、运输、销售、服务等价值链分化,形成新的业态,专业化程度更高。典型案例有手机、电脑等制造企业把零件生产这一价值生产率低的环节外包,形成代工厂;电子商务的发展使餐饮行业将配送这一环节分化出来,促进了外卖行业的崛起。

2)产业升级

产业升级沿着从劳动密集型到资本密集型,再到技术密集型转变的路径,不断形成新业态,使产业结构得到优化,一系列新行业和新产业通过产业的升级应运而生。新业态的产生和产业分化、升级是相互作用的,产业的分化与升级可以形成新业态,同时新业态的培育又促进产业的分化和升级。

3)产业内部融合

通过企业内部价值链融合和产业内部第一、第二、第三产业融合,实现新业态的培育,提高社会生产效率,已成为经济增长的新动力。以农业第一、第二、第三产业融合为例,农业发展已不仅仅局限于传统种植领域,农产品加工业、农产品采摘业都带动了农业新业态的转型发展。

4)产业外部的跨界融合

产业之间的跨界融合是培育新业态最直接、最有效的方式,不同产业在需求的驱动下,经过渗透、融合,产业边界逐渐模糊,实现新业态的生成,促进经济持续高质量发展。某手机 App 出行软件,没有出租车却可以主导中国打车市场,另一软件没有房子却在旅馆业崭露头角,原因就是互联网基础建设使通信和互联网边际成本降低，可共享的公共资源越来越多，产生了新的业态——共享经济。国家信息中心分享经济研究中心发布的《中国共享经济发展报告（2020）》显示，2019年以新就业形态出现的平台企业员工达到623万人、同比增长4.2%，平台带动的就业人数约7800万人、同比增长4%。

3. 沙区生态产业的新业态

1）沙区生态产业与互联网相结合的新业态

当前，在互联网革命引发的传统业态变革下，经济呈现出新经济形态。技术基础、经济基础、社会形态和上层建筑都在进行着一场颠覆性重塑，其共同构成了信息化时代下的经济社会大变革。旧的体系、规则、价值观和经济形态正在动摇和演化；新的体系、规则和经济形态正在重建或生成。沙区生态产业与互联网结合产生了许多新的业态。

沙区传统的特色作物种植业，尤其是苁蓉、锁阳等沙区特有的生物，在互联网条件下，订单生产、信息可追溯，沙区牧民电商成为主渠道，构成了新的农业业态。远程监控系统和移动互联网技术实现了沙区特产的生产流通全过程信息的透明化和可追溯化，将使业态发生革命性变化。消费者的沟通成本降低，电子商务逐渐成为农牧民买、卖的重要流通渠道。

沙区旅游业，阿拉善"英雄会"、沙漠探险、胡杨林体验等带动的酒店和旅游行业被互联网平台改变。移动互联网让旅游消费更加便利，满足了消费者即兴、临时的旅行需求。移动互联网创新"场景化"营销渠道，互联网开启了酒店和旅游资源线上直销渠道，新的"去中介化"的营销渠道和模式不断出现。互联网时代的信息透明化让"用户至上"成为企业生存的基本逻辑。

2）企业内部产业融合的新业态

发展沙区生态产业，往往需要建立循环经济的产业链。沙区企业为构建经济效益和生态效益、社会效益的经济体，往往需要建立起多产业联动的产业形态。

沙区太阳能丰富，主要应用光伏发电集中在光伏电池部分，都处于太阳能开发利用产业链中下游，关键技术有待提升。亿利资源集团创新集成光伏发电、光热发电和储能技术，在内蒙古库布齐沙漠、河北坝上张北地区建成了1GW规模的"发电+种树+种草+养殖+扶贫"的特色光能产业，实现了修复沙漠、节能减排和扶贫开发的多重效益。

沙区产业生物质发电是利用农作物秸秆、柠条、沙柳等生物质燃烧发电，再将废渣等可能含有有机质的物质加工成有机肥，形成生物质发电-化工循环产业，成为一种绿色能源产业。内蒙古生物质储量居全国首位，为发展生物质能产业提供了有利条件。内蒙古毛乌素生物质热电有限公司通过荒漠化治理、生物质发电、螺旋藻养殖等"三碳经济"产业，实现规模、有效、持续治理荒漠的产业化新模式。目前，年可供电 $1.4×10^8$ kW/h；建成螺旋藻养殖大棚 146 座，年产螺旋藻粉 200t；已累计治理沙漠 $2.4×10^4$ hm^2。

3）公益组织建立的沙区生态产业业态

在沙区修复治理方面，互联网革命通过变革治理体系的各项基本要素，公益组织采取新的参与方式对生态产业进行重构。环境治理主体日益多元化，治理结构趋向扁平化，治理手段日益现代化。十五年前，企业家发起了阿拉善 SEE 生态协会，这个以社会责任为己任，以企业家为主体，以保护生态为目标的社会团体，通过各种环境教育手段，推动公众环境意识的觉醒，采取新业态手段吸引公众的参与。阿拉善 SEE 最初的探索，是从荒漠化防治开始，此后逐步聚焦三大环保议题：荒漠化防治、绿色供应链与污染防治、生态保护与自然教育。2014 年，阿拉善 SEE 在内蒙古阿拉善盟启动"一亿棵梭梭"项目，与林业部门、当地农牧民、合作社等合作，计划用十年时间在阿拉善关键生态区种植一亿棵以梭梭为代表的沙生植物，恢复 $1.33×10^5$ hm^2 的荒漠植被。在阿拉善 SEE 社区发展项目中，农牧民是当地环保的主体，阿拉善 SEE 支持农牧民参与到生态保护和可持续发展项目中，农牧民积极参与生态保护和可持续发展项目，而且从中受益，成为沙区生态产业的新业态。

从 2005～2008 年，阿拉善 SEE 实施了很多社区项目，其中乌兰布和吉兰泰地区 $1.33×10^4$ hm^2 梭梭林保护计划最具典型性。该计划采取的是社区参与保护模式，阿拉善 SEE 将项目社区的牧民组织起来，以牧民为主体，自愿自主地对社区梭梭林进行保护。阿拉善 SEE 员工教牧民嫁接肉苁蓉，收获后获取收益。2007 年 1 月开始，阿拉善 SEE 项目办正式启动农牧民社区项目申报会制度，阿拉善 SEE 帮助村社农牧民以民主方式选举出项目管理委员，项目资金来自政府、阿拉善 SEE 和农牧民三方，项目管理委员会就成了村社农牧民与阿拉善 SEE 联系的纽带。2008 年，阿拉善 SEE 项目办共举办了两次农牧民项目申报会，申报成功的有 19 个项目，资助金额共 92.175 万元。秉承"种得活，留得住"的原则，根据年降雨量、地形地貌、社区参与意愿等严格的选择标准，项目组最终筛选出位于乌兰布和沙漠、腾格里沙漠、巴丹吉林沙漠作为项目实施地。阿拉善 SEE 通过邀请第三方专业机构进行实施监督和成果验收，确保实现梭梭的大规模种植成活率，并以"梭梭+肉苁蓉"模式，通过市场化的办法获得了双赢。阿拉善当地逐渐发展成为梭梭+苁蓉、白刺+锁阳和枸杞种植为主的产业格局，而其中梭梭种植具有特别重要的位置，因为梭梭除了耐旱抗沙、在荒漠成活率高的特性之外，寄生在它之上的肉苁蓉可以加工成不同类别的保健产品。2016 年，"一亿棵梭梭"项目引入互联网平台，形成了"互联网+公益"模式，每棵 10 元的梭梭开发成不同的筹款产品出现在不同的渠道，治理阿拉善成为网上热点开始进入公众视野。其中阿拉善 SEE 与蚂蚁金服旗下"蚂蚁森林"合作成为影响深远的社会公益活动。到 2017 年底，蚂蚁森林用户超过 2.8 亿人，累计捐种 54 个地块。通过互联网平台，"一亿棵梭梭"项目从一个单纯的筹款活动，变成了可持续生活方式的倡导者，最终实现了公益机构、企业和网友的三方共赢。截至 2017 年，阿拉善 SEE 基金会投入"一亿棵梭梭"项目 1208 万元，完成以梭梭为代表的沙生植物种植任务 $1.38×10^4hm^2$，累计种植梭梭林 $4.76×10^4hm^2$，合作牧民 303 户。

乌兰布和沙漠水资源缺乏，2009 年，阿拉善 SEE 引入"杂交谷子之父"赵治海培育的节水谷物，以沙漠节水小米代替传统种植的玉米等高耗水作物，"1 斤沙漠小米可以节约 1 吨绿洲地下水，亩产量却能提高 1/3"，2010 年，与阿拉善左旗政府的共同推动下，沙漠节水小米种植面积扩展到 $200hm^2$。为建立企业品牌，阿拉善 SEE 在一线支持当地种植和推广沙漠小米，阿拉善 SEE 成立社会企业负责制定产品标准和采购农户的小米进行销售。2009~2017 年，在阿拉善地区已累计推广沙漠节水小米种植 $1141.29hm^2$，共计 385 户农户参与项目，累计产量 4833t，累计总节水量 $855.92×10^4m^3$。2017 年，有 54 万人次购买消费，全年销售沙漠节水小米产品 1080.4t，销售谷子 440t，研发了三款小米衍生品——小米烤片、小米蛋糕、小米醋，并陆续进入市场。

7.2 沙区生态产业纵向闭合

7.2.1 沙区生态产业纵向闭合的概念及内涵

纵向闭合主要是指对产品系统的全生命周期，即产品的摇篮、坟墓、再生过程，从主观和客观两方面的系统化认识（王红云，2019）。纵向闭合是指产业链模仿自然生态系统的物质循环模式，转变当前人类产业生态系统的线性资源利用模式，通过生产者-消费者-分解者的完整产业链构建，尽可能利用生产过程中产生的副产品和废弃物，提高物质循环利用效率。纵向闭合就是秉承"自然界不存在真正废物"的理念，前序产业对资源经过一次生产过程后形成的副产品和废弃物，后序产业或企业将经过生产的物质再次作为原料加以利用。由此，生产过程中节省能量、原料，减少三废排放；在销售阶段，通过减量包装减少运输和仓储过程所导致的污染；在产品使用寿命结束后的处置阶段，应易于处理回收或循环再利用（鞠美庭等，2008）。

纵向闭合以物质流、能量流为联系纽带，形成一条主要的闭合回路；通过物质、能量联系的两端企业还通过信息流进行相互沟通与相互反馈行业状况、市场变化与技术创新等内容。纵向闭合既可以在一个企业内完成，也可以在一个园区不同企业之间，或者是一个区域，甚至是不同区域之间的企业中完成。如果是产业园区就是从产业形态角度形成产业集群，从地理形态表现方式上形成产业园区（简称园区），在园区内各企业不断通过系统网络平台，相互间不断学习与促进，不断细化、延伸与拓展产业生态链，充分发挥生态产业的信息优势、资源优势与创新优势，形成更加稳固的生态链与生态网，从而表现出源源不断的可持续发展能力与市场竞争优势。构建纵向闭合的产业关系是将传统线性经济进化成循环经济，在园区或者集群内部形成功能组合，产品和废弃物在其从摇篮到坟墓的生命周期全过程实施系统管理。

7.2.2 沙区生态产业纵向闭合的动因机制分析

1. 沙区生态产业纵向闭合的动因

1）内在驱动力

（1）纵向闭合产生物质能量的循环。遵循物质循环理念，企业内部各部门之间也往往是相互成为闭路循环的。企业内部的生产环节基于经济效益考虑，存在副产品循环利用；更进一步，生态产业园区的企业之间通过市场交易的方式，将各企业产生的副产品（废弃物）作为原材料投入新的生产过程，通过物质的再生循环和分层多级利用，将污染负效益变为资源正效益，从而体现出积极的生态效益和生态效率。当然，产业园区内部各企业主要存在副产品的交易循环时，就构建了一个物质和能量的"循环封闭"，进而形成生态产业集群。

（2）产生经济协作性。一般产业生态园区内各企业单元之间通常是生产商与供应商、上下游的关系，在整个的闭合循环系统中，每一个企业都扮演着供应商与生产商的角色。在这个闭合体系中，每一个企业单元分别处于合适的产业链或生态链的一个节点上，通过相互之间的密切合作，共享完全信息，共同维护整个产业链的稳态运行。

（3）追求高效率。由于产业集群具有本地根植性、柔性专业化、技术创新性等优势，集群内各企业可以很轻松地享受到知识、技术外溢等好处。集群空间内各企业家之间具有相似的社会价值认同感，互惠互信根植于他们的经营思想中，同时他们经常在一起沟通交流，相互之间容易达成默契，大大降低了企业合作的道德风险与交易费用，从而达到提高经济效益的目的（王晓春，2007）。

2）外在驱动力

（1）资源条件。资源中最为重要的是自然资源。科尔沁沙地奈曼旗建设的纳米微晶新材料项目，总体构想就是对沙区硅砂产业造链、补链、延链、强链，深度开发利用硅砂资源，总投资 21.6 亿元，新建纳米微晶新材料生产线 5 条，年产纳米微晶新材料 $1500\times10^4 m^2$。实现生态效益、社会效益和经济效益的"三效统一"。

（2）环境条件。环境包括硬环境与软环境。硬环境一般指能够物化的东西，如公路、铁路、桥梁、通讯网络等；软环境包括政策、法制、人文、风俗习惯等。硬环境与软环境的相互作用影响生态产业集群的发展，尤其对一些主要由政策优惠等外部条件诱致的生态产业集群的发展起着更大的作用。

（3）区域条件。区域条件很重要，位于循环经济园区更有利于产业的纵向闭合。

（4）产业条件。生态产业集群的形成和发展与当地的产业结构、产业状况、产业内企业与产业间企业的相互作用与相互影响有着天然的关系。沙区的特色产业多数为林草特色种植业，这类产业活动是遵循大自然的运行规律而展开的，往往更容易形成纵向闭合模式的产业集群（王晓春，2007）。

2. 沙区生态产业纵向闭合的机制

（1）高度模拟自然生物链形式，遵循物质循环的理念，形成各企业单元之间以其产品或副产品（废弃物）为联系纽带，进行产业内的关联与协作，形成封闭式的物质、能量循环，达到整个产业群的闭合回路。

（2）各企业之间主要通过副产品（废弃物）为交易对象，一企业的副产品（废弃物）作为下一企业的投入品或原材料，企业之间通过副产品（废弃物）为媒介结成比较复杂的集群系统网络（陈雪梅，2005）。

（3）集群内的企业以上游企业的副产品（废弃物）作为主要投入品，通过综合与高效利用，面向环境的生态产品设计与制造，同时充分享用集群内的知识、技术、基础设施、信息等网络资源，以获取外在规模经济与外在范围经济及生态效益与经济效益最大化的目的。同时，不断优化和提升集群内部企业单元与组织效率，进而达到集群竞争力的不断增强的目标。

7.2.3 沙区生态产业纵向闭合的应用

2009 年，内蒙古圣牧高科牧业有限公司在乌兰布和沙漠中植草兴牧，缔造了"种、养、加"一条龙的沙漠有机循环产业链模式。真正实现了有机环境—有机种植—有机养殖—有机加工—有机产品的沙漠全程有机产业链。经过 8 年奋战，圣牧将 $200 km^2$ 的沙漠改造为绿洲，种植了 9000 多万棵沙生树木，建成有机草场 $1.467\times10^4 hm^2$，有机牧场 23 座。遵循物质循环理念，企业内部各部门之间相互成为闭路循环，企业内部生产环节基于经济效益考虑，存在副产品和废弃物的循环利用，从而实现了圣牧高科种植—养殖—加工产业链纵向闭合（图 7-2）。在这个闭合体系中，企业单元分别处于合适的产业链或生态链的一个节点上，通过相互之间的密切合作，相互共享完全信息，共同维护整个产业链的稳态运行。圣牧高科牧业有限公司青贮玉米和苜蓿的种植用于喂养奶牛，奶牛所产生的粪便通过快速堆肥成为有机肥料，还田做基肥种植青贮玉米和苜蓿，从而减少了化肥和农药的使用量，实现了牛奶和酸奶生产和使用过程中节省能量、原料，减少三废排放。在奶牛养殖过程中会产生废水和粪便，废水排在氧化塘中，发酵氧化排入农田可再次利用，粪便经过晾晒、翻粪和发酵，然后还田成为青贮玉米和苜蓿的肥料，模仿自然生态系统的物质循环模式，尽可能利用生产过程中产生的副产品和废弃物，提高物质循环利用效率，实现了圣牧高科种植-养殖-加工产业链的纵向闭合。在以产业生态观念为指导下的纵向闭合模式中，通过高度模拟生态链的物质、能量动态循环特征，将奶牛的粪便资源化和循环利用，追求生态效益、经济效益和社会效益的帕累托最优，使得产业链每一环节高效配合、协作分工，强化企业之间的绿色生产与提供绿色服务，以及生态产业链的全程闭合、梯级层次循环、效率利用与零的生态负债。

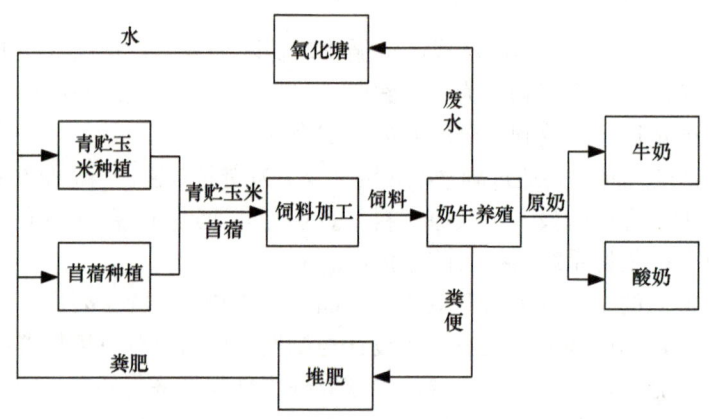

图 7-2　种植—养殖—加工产业链纵向闭合图

7.3　沙区生态产业横向耦合

7.3.1　沙区生态产业横向耦合的概念及内涵

横向耦合是指在产业链纵向闭合的基础上，增加产业链中各生产和消费环节副产品、废弃物的利用途径，模仿自然生态系统食物链相互连接成食物网的机理，合纵连横，进一步增强产业链的多样性、稳定性和资源利用效率。横向耦合是对不同工艺流程、生产环节和生产部门或行业，依照食物链的形式进行横向结合，从而形成集生产、流通、消费、回收、环境保护及能力建设为一体的产业链网（刘晶茹和王如松，2011），实现资源共享，变污染负效益为资源正效益；为废弃物找到下游的"分解者",使企业产生的各种废物在不同行业、企业之间相互利用,建立物质的多层分级利用网络和物质闭路循环,优化行业、企业之间的功能组合,疏通物流、能流、货币流、信息流、人力流的流通渠道,使之更为高效合理。在实施此类耦合时,还应注意无害化,即生产、废物处理与其利用过程和处理结果,对人体与生态系统健康无害;并促进产业化过程,形成产业或成为产业中的有机组分;还要系统化,将耦合的几个环节相互联系,相生、相克形成系统,使之社会化,而非割裂地、孤立地仅仅使用某一环节、措施或技术。目前,已设计并部分实施的生态产业园及现在一些地方的某些农、工、商一条龙的综合企业,即属于横向耦合(颜京松等,2003)。

7.3.2 沙区生态产业横向耦合的动因机制分析

1. 沙区生态产业横向耦合的动因

1)内在驱动力

产业和产业耦合发展的动因首先来自产业发展的内部规律。产业发展的核心在于提高产业竞争力,而产业耦合使得产业与产业的边界模糊,对实现产业发展目的,拉动经济增长提供了必要条件和内在支撑。产业内部的技术创新、组织创新、管理创新等创新机制的形成,同样为各大产业的良性耦合发展提供内在动力源泉(许秦强,2017)。

2)外在驱动力

产业与产业耦合发展的外在推动力主要表现为两个方面:市场需求改变和政策推动。一方面,如果说技术革新是产业耦合发展的原动力的话,那么市场需求的变化则是两大产业耦合发展的关键因素。产业与产业的耦合发展从某种程度上讲规避了各自产业发展的劣势,市场需求的变化成为产业与产业耦合发展的重要推动因素之一。另一方面,产业与产业的耦合发展离不开稳定的外部政策环境。政府实施的产业政策,作为"无形的手",在产业与产业耦合发展的过程中发挥着统筹全局、规划指导和协调有序的重要作用。稳定宽松的产业政策是促进产业与产业耦合的必要条件,各大产业的发展势必会受到产业政策的直接或者间接影响(许秦强,2017)。

2. 沙区生态产业横向耦合的机制

1)产业传导机制

产业传导机制是指构成耦合系统的各个子系统之间,在信息、物质和能量传输的过程中所体现出来的相互作用的内在机理。产业耦合的产业传导主要是通过发达的信息网络、资金网络、人才网络、技术网络等实现信息流、资金流、人才流、技术流等要素流的交换，进一步优化产业和产业之间的资源配置和产业布局，同时也加强了产业与产业之间的必要联系（许秦强，2017）。

2）产业融合机制

产业的融合机制是指产业与产业横向耦合形成的产业链的共生发展，实现相互融合的状态。产业融合一般出现在产业耦合的中后期阶段。产业主要通过产业要素、产业结构、产业布局和产业制度 4 个方面的耦合，在价值创造的过程中，各个产业子系统之间相互协同发展，通过产业互动，形成以最终产品开发为主、相关衍生产品为辅的综合性项目规划，拓宽并且延伸产业链（许秦强，2017）。

3）产业联动机制

产业耦合的联动机制是指产业与产业在时间和空间上保持协调一致，主要作用于产业耦合的初期发展阶段和中后期阶段。要素资源在区域内的合理流动，进一步改善产业与产业的分工不均，拓宽产业链的延伸空间（许秦强，2017）。

4）政府推动机制

除了市场规律以外，政府的调控和推动对产业和产业的耦合发展也起着不可或缺的作用。政府不仅可以给产业提供必要的基础设施和公共服务设施，还可以营造宽松的产业政策环境，进一步降低耦合的壁垒。政府的推动作用实际上扮演着一个有效的激励和约束机制，主要在产业耦合的成长阶段发挥作用（许秦强，2017）。

5）叠加放大机制

产业耦合的叠加放大机制是指对于产业和产业内部产业链上的某一环节或者产业群中的某一企业，当其收益增加时，会引起产业链上的其他环节或者产业群中的其他企业收益的增加，从而使产业链和产业集群的整体收益呈现叠加放大和倍增的效应。叠加放大机制主要作用于具有一定产业耦合基础的产业耦合成长阶段和初期发展阶段（许秦强，2017）。

7.3.3 沙区生态产业横向耦合的应用

没有资源就没有市场，沙区有丰富的劳动力资源和独特的自然环境资源，自然物质资源为旅游市场的开拓提供了优越的发展条件。农业产业向旅游业延伸，为旅游产业带去了大量的优质客源。旅游产业是吃、住、行、游、购、娱产业的集群，其中吃与购两大产业的根本基础元素就是来自农业产业中的加工产品，所以从产品的角度出发，二者的耦合是必然的，这也是两个产业耦合的主要途径之一，其横向耦合路径如图 7-3 所示（林巧，2017）。

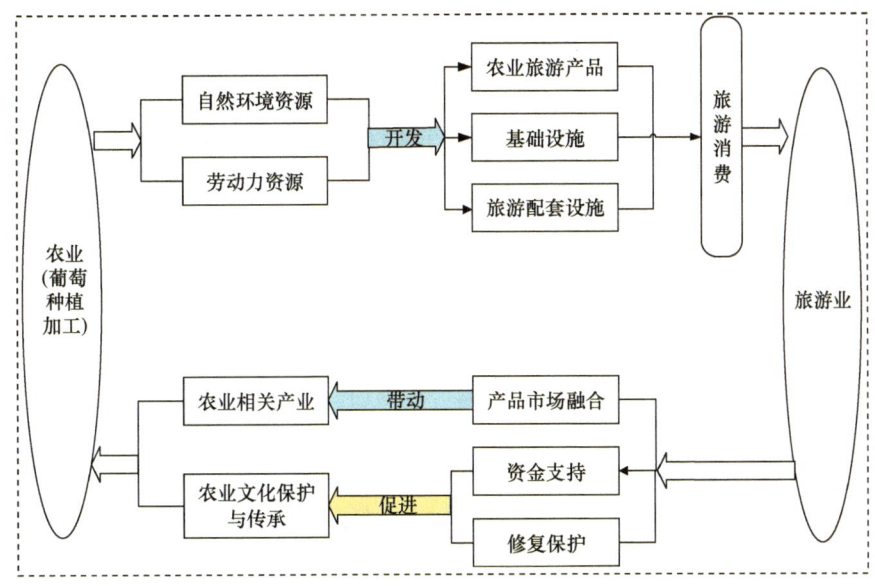

图 7-3　农业产业与旅游业横向耦合路径图

乌兰布和沙漠中某生态集团公司自 2005 年以来，以土地流转、企业投资的形式从事生态治沙产业。旗下的葡萄酒庄园，以葡萄种植资源为基础，并将其与旅游业结合进行发展。葡萄产业和旅游行业运用产业之间的横向耦合关系增强了产业合作的基础，扩大了各自的发展优势，并进一步提升了种植业和旅游产业的市场竞争力。

7.4　沙区生态产业区域联合

7.4.1　沙区生态产业区域联合的内涵

沙区生态产业的区域联合是借鉴自然生态系统的运行模式，协调产业区与区外自然环境与人工环境之间的关系，形成优势互补、互利共生；在物质能量代谢、空间配置格局等方面进行优化，实现内部资源、能源高效利用，最大可能地降低生产过程对沙区生态环境的不利影响；实现人工产业链与自然生态链的有机结合，促进经济、社会与资源、环境的协调发展。

区域联合的实质是多个独立行政区的经济体，通过资源整合与优势互补，打破行政区划壁垒，实施跨空间经济合作，在经济欠发达地区共建产业园区并对其开发经营的合作模式（胡俊峰，2014）。

产业生态学不仅仅研究产业系统，更关注产业系统与自然系统之间的兼容和协调关系，目的就是在自然系统的承载能力之内，充分利用自然资源，通过对一定地域空间内不同产业、企业之间，以及企业、居民和自然生态系统之间的物质、能量的输入与输出进行优化，通过在该地域内对物质与能量进行综合平衡与集成优化，形成内部资源、能量的高效利用，外部废物最小化排放的可持续的地域综合体。具体来说，产业生态学中的生态产业园就是指通过企业之间、企业与社区之间的密切合作，合理、有效地利用当地资源（信息、物质、水、能量、基础设施和自然栖息地）以达到经济获利、环境质量改善和人力资源提升的目的（王如松等，2006）。

生态系统具有不同的组织层次，不能分割开来孤立地存在；生态系统中的生物在不同的环境各有分工，沿着食物链传递和流动，体现了生态系统的统一整体性。生态系统中各种生物之间相互依存、密切相关，同时也相互制衡、此消彼长，维持着整个系统的和谐与稳定。生态系统的各种因素、各个部分在系统相互作用中重新创造价值，其价值在生态系统层次上表现出来。沙区无疑具有广阔的空间资源优势，在特定区域构成产业生态系统或复合生态体，可以实现生态功能增效和经济价值增益的双赢局面。沙区生态产业健康可持续发展与自然、社会、经济、生活和文化等方面息息相关，仅靠某项单一政策、技术、措施、小规模示范等并不能达到理想的状态，需要统筹规划、顶层设计和科学管理相结合，通过区域联合，将优势资源整合、能源高效利用、跨区域产业互利共生，实现经济、社会和环境的协调发展（赵吉，2020）。产业生态系统理想的空间尺度与生态系统相似，越小越好，因为远距离的资源获取需要消耗大量的能量，而且由于政治局势和资源储量等制约因素的影响，资源的长期供应具有很大的不确定性。但是如果质量特性和价格等因素综合起来可以接受的话，产业组织可以在全球范围内考虑资源供应，并且在大范围内获取资源，而这在自然生态系统中一般无法做到，所以在进行区域联合时，距离应当作为重要因素（Graedel，2002）。

7.4.2 沙区生态产业区域联合的动因机制分析

1. 沙区生态产业区域联合的动因

1）经济发展的梯度作用

不同区域之间存在着经济发展梯度，推动区域联合发展。经济发达地区，拥有技术、资金、管理、人才等方面的优势，但面临转型升级的压力，急需产业转移的内在驱动力；沙区拥有土地、自然环境等资源优势，内外驱动力的共同作用，使合作两地的利益趋同性增强，在合作中谋求双方利益的最大化（胡俊峰，2014）。

2）构建更有竞争力的产业链

在经济全球化的今天，个人、企业，甚至是城市、城市群都是全球价值链中的一个环节，通过研发、生产、营销等经济活动，实现商品和服务在不同经济主体之间的流转，构成价值链。非沙区的企业将产业链条，如资源开发、生产加工的环节放置在沙区，或者沙区企业将品牌塑造、产品营销等环节放置在其他地区，都属于跨地区的产业区域联合。沙区在引入外资地区外资金发展模式下，基于垄断和人力资源配置，这类公司倾向于控制核心技术和渠道品牌资源，将沙区作为资源输出地。在这样的产业发展模式下，沙区经济将居于价值链的低端环节，部分产业链甚至将高能耗、高污染、高排放等的生产流程放置在沙区。"腾格里沙漠污染"事件就是这样的产业发展层次与价值创造的错配，这与发展沙区生态产业目的背道而驰，是不属于沙区生态产业范畴的。

3）生态产业补偿

具有强正外部性特征的生态产品往往市场自发供给存在不足。沙区本身是生态脆弱地区，只有通过生态补偿才能解决生态产品供给不足问题，实现生态产品价值的可持续。在生态产品价值实现过程中，发展沙区经济，首先以满足当地农牧民的生存与发展为基础，其次要与生态获益地区联合，比如生态产品价值实现与扶贫结合，形成生态保护与居民脱贫、福祉提高互动，生态价值输出地与输入地之间的利益平衡，由此加强区域合作也是生态补偿的机制和途径之一。

2. 沙区生态产业区域联合的机制

区域融合是跨区域，也就是区域和区域之间利用各自优势进行互补，不仅具备区域联合的一般结果即减少资源损耗，增加资源利用率，也具备该区域联合的特殊结果即沙漠化防治等生态环境的改善。

不同地区的经济体之间实现战略合作关系，合作机制基于以下两个方面：

1）政府主导的合作

在沙区生态产业的区域合作中，包含多重行为主体。政府间、企业间、政府与企业利益交织，构成合作的有机整体。政府是地方整体利益的代表和相对独立的行为主体，特别是在现行"垂直控制、财政分权、地方问责"的制度框架中，政府促进区域合作主要是构建区域间的基础设施建设、生态环境保护和制度、政策、法规制定方面，努力实现区域利益最大化。通过推动区域合作，扫清制度障碍、市场障碍、区域障碍、交通障碍，促进合作。

2）市场主导的合作

资源互补是区域间的合作基础和前提。合作的本质是追求更大规模和更高层次的分享效应、匹配效应和学习效应，让生产要素在更广阔的空间实现优化配置。而企业之间的合作关系则更多地表现为产业内部价值链条上的合作关系，主要表现为企业规模或产权关系的扩张。企业作为主体行为，是区域合作的执行者，企业间的合作是区域合作顺利进行的重要保证。企业与政府之间相互配合中发挥主导作用，共同搭建区域合作平台，实现多方利益共赢。

7.4.3　沙区生态产业区域联合的应用

通过区域联合，不仅可以促进生态产业园内的物质循环、能量流动和信息传递，还可以在实现资源、能源高效利用，减少浪费，形成产业链或产业网，将废物转化为原料，实现整个体系向系统外的污染排放最小化，实现物质循环和能量的分层多级利用，从而在实现经济效益增长的同时减小污染，为可持续发展贡献力量。

沙区产业大力促进区域融合转变为生态产业园区，在园区内进行物质能量的内部循环，并将废物转化为原料，使产业园内产业链互利共生，实现生态价值，从而达到节约资源、降低成本、增加经济效益、沙漠防治等多重目标。

科尔沁沙地的风力发电和光伏发电与科尔沁沙地的饲草种植—肉牛养殖—加工产业链和中草药种植加工产业链相结合，形成实体改造型园区和虚拟型园区相结合的复合型园区，通过系统之间产品或废物的交换形成工业生产链。

7.5　沙区生态产业融合发展模式

7.5.1　沙区生态产业融合的内涵

产业融合是不同产业或同一产业内部不同行业之间互相渗透、互相交叉，从而逐步形成新业态的过程（周振华，2003），是产业发展的重要新趋势。钱学森提出"沙产业"概念以来，国内各个沙区进行了很多沙产业建设，并取得了长足的发展，生态效益与经济效益显著。

根据沙产业的定义、融合发展现状及其动因，基于产业的视角将沙产业融合定义为：为适应沙区经济发展与生态保护需求，在充分运用现代技术的基础上，使沙产业内部各产业、内部与外部产业之间的无形要素跨越沙产业内部产业边界或外部产业边界,在要素作用平台发生作用,使得要素作用平台所在产业出现渗透、交叉与延伸,进而使得产业边界不断模糊、产业功能不断拓展,从而产生新业态的一种产业融合形式(刘璐等,2020)。此外,产业融合动力因素的不同会使得产业融合发展模式选择及融合结果产生不同(朱海艳,2014),沙产业融合发展的动力因素来源于产业规律、政策支持、生态改善、技术推动等,可见其具备技术推动与管制放松等方面的一般产业融合动力因素,也包含沙产业融合发展的特殊动力因素,使得其产业融合不仅体现出产业融合的本质,也展现出区别一般产业融合的特殊性。

7.5.2 沙产业融合动因与机制分析

1. 沙产业融合发展动因

沙产业融合发展的因素是多维的,归结起来主要有以下几个方面的原因。

1)沙产业发展的内在规律

沙产业是指在荒漠及半荒漠化地区,借助现代科学技术,在充分利用包含沙区土壤、太阳能、生物资源等在内的沙区资源所形成的,以保护生态环境为前提、农业型经济发展为重点、可持续发展为目的、知识密集型的综合产业体系。①太阳能、沙土等沙区自然资源的直接转化与利用,包括沙生植物的种植、旅游资源的开发与能源产业的发展;②种养结合,实现植物蛋白向动物蛋白的转化,拓宽产品门类;③经过技术改造,实现种养产品高精深化,打造沙产业产品;④通过商业运营实现沙产业产品市场化。沙产业发展的内在规律可总结为:直接开发与间接利用齐发、价值转化与价值增值并举、单个产业的自我发展与多个产业的融合推进(王岳等,2019)。

因此,沙产业产业链延伸与价值链发展过程中必然伴随着产业内部、产业之间或产业外部的渗透、重组与拓展,出现产业边界的模糊与消失,进而发生产业融合,如图7-4所示(刘璐等,2020)。

2)沙区生存发展的现实需要

截至目前,国内沙区生态环境已有较大幅度的改善,沙区人民积累了丰富的环境保护与土地荒漠化防治的经验。但总体形势依然不容乐观,土地荒漠化每年仍以较快的速度拓展。要从根本上扭转土地沙漠化的趋势,就必须发展适宜的经济,真正发挥沙漠土黄金的作用。而沙产业是以沙区天然资源为依托、以保护生态环境为前提、以发展农业型经济为重点的、以科学知识与先进技术为保障、以可持续发展为目的的综合产业体系,其发展不仅能实现生态改善修复,还能创造经济效益。所以,沙产业的发展也是沙区人民生存发展的现实需要(刘璐等,2020)。

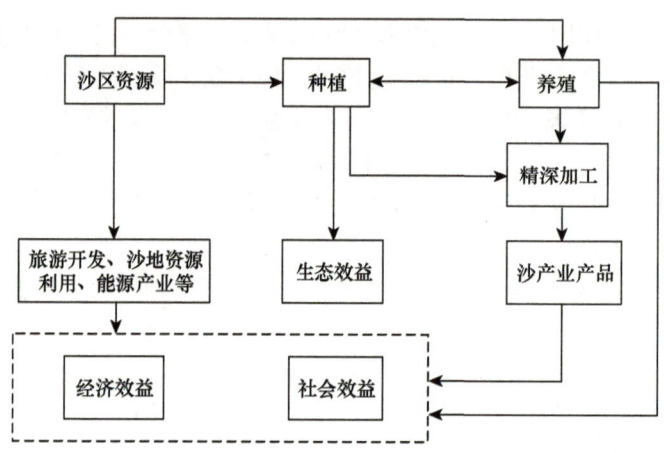

图 7-4　沙产业产业链延伸与价值增值过程（刘璐等，2020）

3）技术创新的核心推动

农业技术促进了沙生植物的培育、大棚种植、林果种植等；生物技术如奶牛性别控制与品种改良等在相关奶牛养殖方面发挥了极为重要的作用；新材料技术在沙土资源的开发利用过程中生产出如同圆渗水砖等创新性产品；新能源技术在光伏产业、风力发电及沼气利用等方面有所创新，为沙区资源的转化利用提供了技术支撑；管理技术如利用大数据与物联网的草原生态大数据平台提供了智能化管理与研究沙产业发展的新途径。因此，技术创新是沙产业发展的核心动力。技术创新和技术融合则是当今产业融合发展的催化剂，在技术创新和技术融合基础上产生的产业融合是"对传统产业体系的根本性改变，是新产业革命的历史性标志"，成为产业发展及经济增长的新动力（刘璐等，2020）。

4）多方面政策的积极引导

产业界限的分明根源于产业壁垒的存在，而产业壁垒的差异性来源于政府在经济领域的管制力度的不均衡性（陈柳钦，2007）。政府放松对于某一产业的管制促使该产业的进入壁垒降低，增加其他产业的进入机会，进而为不同产业交叉提供环境，从而逐渐走向产业融合。沙产业融合的动力因素不仅在于政府的经济性管制放松，更在于国家、自治区及其他地方政府等的政策性引导，主要体现在税收优惠政策、信贷支持政策及规范管理制度的确立与实施方面。

5）生态改善的大势所趋

联合国于 1992 年推出的《21 世纪议程》明确指出各国走可持续发展道路的必要性，中国积极践行联合国可持续发展的要求，并确立了发展计划、方针及对策。在中国，防治土地荒漠化是实现可持续发展战略的重中之重。而作为中国重要的生态屏障,沙区的生态改善不仅对当地环境改善、人民生存、经济发展具有重要的现实意义,而且对东部、华北、西北乃至整个国家的发展都具有重要的战略意义。因此,沙产业融合发展在一定程度上受到国际、国内形势所驱使(刘璐等,2020)。

6)多元化市场的需求驱动

由于社会的发展,人们的需求也在不断提升,人的需求不仅局限于简单的吃饱穿暖,更加追求生活的品质。我国沙区具有丰富的沙漠旅游资源和众多有机健康产品,受到了国内外消费者的追捧。我们主要从沙漠旅游与沙产业加工类产品这两个角度出发,分析市场的多元化走向对沙产业融合发展的驱动影响(刘璐等,2020)。

2. 主要沙产业融合发展机制

沙产业融合模型的构建如图 7-5 所示,并从原因、过程和结果这 3 个方面对该模型进行解析。产业融合理论中对融合本质原因的界定是跨越产业边界的无形要素。与一般产业融合相比,沙产业融合过程中的无形要素内容更为丰富,来源更加广泛。

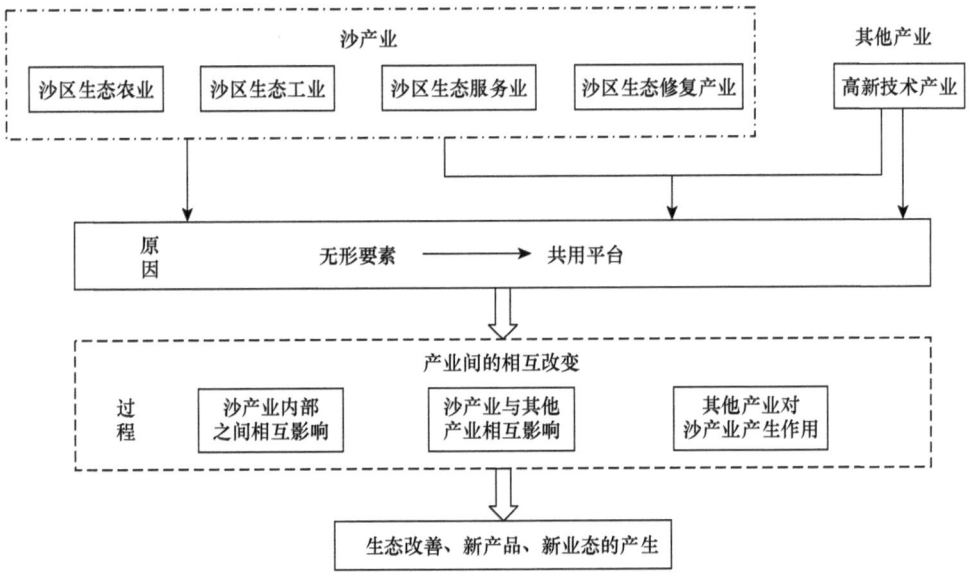

图 7-5 沙产业融合机制(刘璐等,2020)

沙产业融合的过程可分为以下两个方面:第一为沙产业内部某产业的无形要素跨越产业边界,基于产业间的共同平台,从而对另一产业的产业链发生作用,表现出主动、被动及互动的作用方式。而以高新技术产业为代表的其他产业中的无形要素,主动跨越二者的产业边界体现了该产业对沙产业链的改变过程。同时,在沙产业产业内部之间、内部产业与其他产业之间、其他产业对沙产业内部产业都形成了产业融合。一般产业融合的结果是新产品、新业态的产生，沙产业融合作为产业融合的一种特殊形式，不仅具备产业融合的一般结果即产生新业态，也具备该产业融合的特殊结果即沙漠化防治等生态环境的改善（刘璐等，2020）。

7.5.3 沙区生态产业融合的应用

沙区生态产业融合体系是基于可持续发展、沙产业等理论，严守沙区生态保护红线、符合沙区资源承载力和环境容量所建立起来的资源高效利用、废弃物最小化产出的融合型、持续型生态产业融合体系，如图7-6所示。沙区生态产业融合具体表现为4部分的融合，包括沙区生态农业、沙区生态工业、沙区生态服务业和沙区生态修复产业，具体表现为沙区生态农业与沙区生态工业相融合，农业生产的产物进行制造业的加工，达到资源利用最大化；沙区生态农业和沙区生态服务业相结合，既满足了人们的需求，又能充分利用沙区资源，达到经济效益和社会效益相结合的作用；沙区生态农业、沙区生态工业和沙区生态服务业与沙区生态修复产业相结合，既能促进产业的发展、满足人们的需求和促进文化的发展，又能对沙区生态环境进行污染防治、资源再生利用和荒漠化治理，达到生态效益、环境效益、经济效益和社会效益的统一，促进沙产业可持续发展。

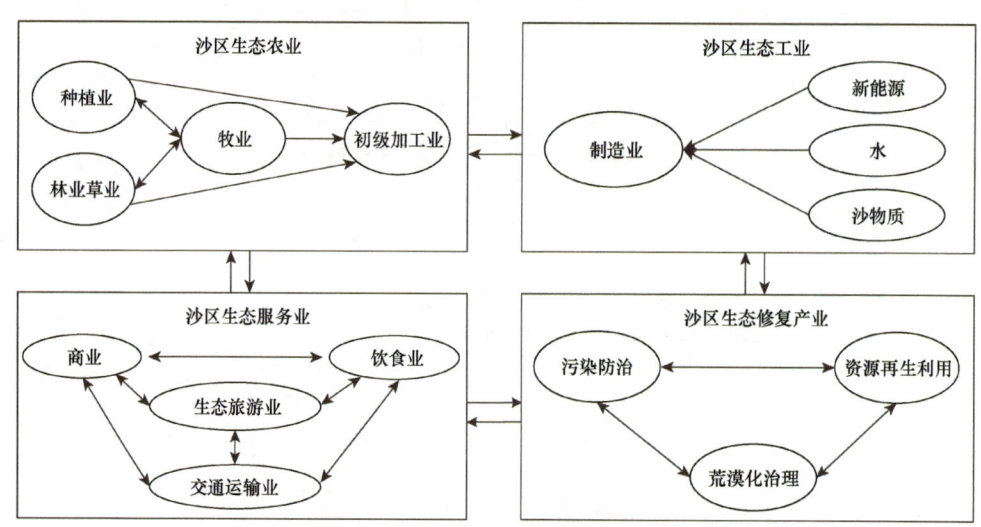

图7-6 沙区生态产业融合体系

在乌兰布和沙漠和科尔沁沙地的相关的产业链中都体现着产业融合的实践与意义。沙产业种植繁育业与沙产业加工业本身相关性较强，加工业的发展依赖于种植繁育业的发展成果，而沙产业的产业价值再塑造取决于加工业的参与程度，在沙产业种植繁育业的下游阶段与加工业的上游阶段融合，形成新的价值链，使得产品附加值有了大幅度的提升。沙产业种植繁育业与沙产业加工业融合可以实现物质能量的再循环，从而减小生产成本，增加经济效益。乌兰布和沙漠的葡萄种植—加工—酿造产业链中，内蒙古某有限公司以葡萄酒加工为核心，打造了多个葡萄种植基地和沙漠精品酒庄，形成以葡萄种植，葡萄酒加工销售于一体的新型产业链，使得产品附加值有了大幅度的提升。阿拉善盟内蒙古曼德拉沙产业开发有限公司成立初期以肉苁蓉的种植、销售为主，后将加工制作过程引入到肉苁蓉产业链中，形成了以肉苁蓉的培育、种植、加工、销售于一体的新型产业链，大大提高了物质利用效率和资源生产力。鄂尔多斯市獭兔养殖加工产业链以饲料加工—獭兔养殖—獭兔加工为主要环节，形成了沙产业种植繁育业与沙产业加工业为一体的发展模式，在整个过程中进行物质循环、能量梯次开发利用的产业链条。饲草种植—奶牛养殖—加工产业链中，巴彦淖尔市磴口县某奶业有限责任公司更是将有机种植、有机养殖和有机奶制品加工相结合，形成了一个完整的融种植—养殖—加工为一体的产业链，从而提高了资源利用率和产业附加值。

鄂尔多斯市饲料加工—獭兔养殖—獭兔加工产业链中形成了"生态+种植+养殖+有机+扶贫+旅游"六位一体的循环产业链，其沙产业发展以产业链延伸型融合发展模式为主，最为典型的是獭兔养殖。在整个产业链中涉及饲草种植、獭兔养殖、屠宰加工、兔肉制品生产等多个环节。与传统养殖产业不同的是，整个獭兔养殖产业链虽然细分领域较多，但参与主体较少，主要是农户和企业，企业负责设施提供、种兔培育、饲料生产、防疫防护及后期的销售流通，农户通过少量投资于种兔与兔笼的购买便可参与到獭兔养殖中。该产业链相对完善，但也存在一些问题，例如沙区生态农业和沙区生态工业产业融合度较高，而沙区生态工业与沙区生态服务业、沙区生态农业与沙区生态服务业的融合程度相对较低，表现为流通体系不完善、信息化发展水平较低、营销渠道相对单一等。同样在阿拉善盟骆驼养殖—驼肉干/驼绒加工产业链、饲草种植—肉牛养殖—加工产业链、中草药种植—加工产业链也存在着同样的问题，在上述产业链中，在骆驼养殖—驼肉干/驼绒加工产业链骆驼养殖阶段、饲草种植—肉牛养殖—加工产业链的饲草种植和肉牛养殖阶段、中草药种植—加工产业链的中草药种植阶段，大部分是农户和合作社进行参与，而作为沙产业种植养殖环节主体的农牧民因其组织性较弱、所获信息不足，在沙产业产业链中处于利益分享的弱势群体，但如果能够通过沙产业产业链延伸型发展，以沙区种养殖业发展为依托，传统的种养模式不断接轨农牧资供应部门和产品加工销售与观光体验等，促成"产+供+销"、"农+工+贸"，增加产业链附加值，进而可以提高农牧民收入水平（刘璐等，2020）。

沙产业与高新技术产业的融合更多地体现在高新技术产业对沙产业的渗透性融合，即将原属于高新技术产业的价值链活动环节，渗透到沙产业中，彼此互相磨合，逐步构建出新型产业体系。沙产业与高新技术的融合不仅具备产业融合的一般结果即产生新业态，也具备该产业融合的特殊结果即沙漠化防治等生态环境的改善（刘璐等，2020）。以乌兰布和沙漠的光伏发电新能源产业链为例：阿拉善盟某光伏有限公司专门从事板下种植、板间养殖、太阳能光伏发电、光伏扶贫项目建设及现代化农牧业咨询服务，充分利用沙区资源进行产业融合发展的模式进行生产。板下种植为板间养殖提供牲畜食料；板间养殖产生的牲畜粪便为板下种植提供肥料；板上发电为整个产业链提供电能；板下种植、板间养殖和板上发电复合体系为观光旅游提供环境条件，并且能产出沙产业产品，同时与该产业链中包含的对扶贫项目的资助，对现代农牧业提供咨询服务融合，实现社会效益、经济效益和生态效益的共同发展。该产业链展现出"板上发电、板下种植、板间养殖、治沙改土、产业扶贫"的多层次产业融合体系。该产业链将沙产业与高新技术产业融合，从而达到节约资源、降低成本、增加经济效益、沙漠防治的多重目标，如图7-7所示。

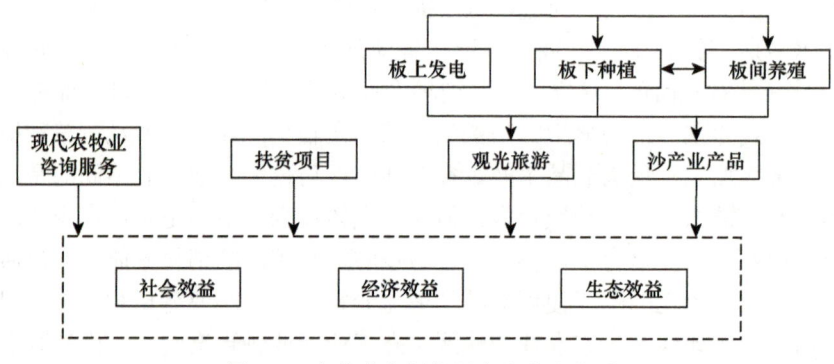

图7-7 光伏发电新能源产业融合体系

沙产业发展至今，虽然已经取得了明显的沙漠化治理效果，但产业发展相对滞后，难以实现区域经济增长与居民收入增加的双重效果。可见，产业融合发展不仅是现实选择，更是必然趋势（刘璐等，2020）。因此，通过探究沙产业主要融合发展模式，分析其融合机理及融合过程中存在的主要问题，以期完善沙产业融合理论研究，为各企业决策者建立沙产业创新体系、各政策制定者制定初步配套的科学技术服务与政策提供依据。

7.6 沙区生态产业的社会复合

7.6.1 沙区生态产业社会复合的内涵

沙区生态产业的社会复合，是指从企业生产行为走向与市场消费、行政 管理、生态服务和文化传承相结合的多主体循环型社会。循环经济的实现需要生产、流通、消费、还原和调控五大环节的密切配合有赖于政府、企业、民众和全社会的共同努力。循环经济被称为循环型社会。实际上是一个企业生产行为、市场终端消费、行政监督管理、自然生态服务和历史文化传承相结合的多主体社会-经济-自然复合生态体,通过法制的规范、生态的响应、消费的反馈和文化的制约等多维生态措施来促成(冯云,2006)。

7.6.2 沙区生态产业社会复合的动因机制分析

1. 沙区生态产业社会复合的动因

在以"整体、协调、循环、自生"为核心的生态控制论原理的基础上,提出了"社会-经济-自然复合生态系统理论"和时(届际、代际、世际)、空(地域、流域、区域)、量(各种物质、能量代谢过程)、构(产业、体制、景观格局)及序(竞争、共生与自生序)的生态关联及调控方法,认为人类社会是以人类行为为主导、自然环境为依托、资源流动为命脉、社会体制为经络的复合生态系统。可持续发展问题的实质是以人为主体的生命与其栖息劳作环境、物质生产环境及社会文化环境之间关系的协调发展。

2. 沙区生态产业社会复合的机制

1)政府大力推动

实现沙区生态产业区域联合的根本保障是完备的立法和严格的执法,政府大力推动和大力宣传,将沙产业与社会紧密结合,沙产业推动着社会的发展,同时社会的发展进步也促进着沙产业的发展。政府需要设立必要的经济支持和鼓励优惠政策,给予沙产业发展空间,让沙产业更好地适应社会的发展。建立生态产业园区,发展静脉产业是典型示范。以政府绿色采购来启动和引导市场需求,提高沙产业的竞争力。政府相关部门管理职能需要强化,职责需要明晰。加强科学研究,发挥公众和中介组织的作用是其重要措施。

2)产业积极响应

沙产业需要积极地响应政府的号召,需要打出自己的品牌,增加品牌的信誉度,让社会更好地认知和容纳沙产业。

3)国民全体参与

政府大力宣传沙产业,让社会公众对沙产业更加了解,设立沙产业博物馆,提高国民对沙产业的参与度。

7.6.3 沙区生态产业社会复合的应用

沙区生态产业社会复合是基于利益相关者与沙产业相关企业共同创造价值的结果，已经成为沙产业相关企业构建战略资本和塑造核心竞争力的全新取向。个体与组织之间的合作主要源于对彼此资源的需要，而且相关资源只有通过合作才可能获取并加以利用。沙区生态产业的发展势必追求满足各方利益相关主体需求的包括生态、经济、社会在内的综合价值创造，最终实现社会复合。鉴于此，沙区生态产业必须联合消费者、农牧民、合作伙伴、科研院所、政府部门等各方利益相关者，形成利益联结机制，在共同参与价值创造、价值传递、价值分配、价值获得等全过程活动的基础上，展开价值共创，形成沙产业的社会复合，如图 7-8 所示。沙产业基本建设和产业运行投资大，见效周期缓慢，无论是防沙、治沙还是使沙漠生金，都需要各方参与并付诸艰难的努力。企业在沙产业发展过程中具有无可替代的重要作用，是产品研发、产业发展、经济进步的重要参与者。截至目前，我国沙区以沙产业发展为主的企业数量不断增加，先后涌现出一批龙头企业，已有沙产业加工企业超过万家，实现了企业发展、农牧民增收与生态环境改善的高效统一。消费者、农牧民、合作伙伴、科研院所、政府部门及以沙产业为主的企业，鉴于对彼此资源的需要，通过合作获得相关资源，形成利益联结机制，使各方联系紧密，形成社会复合。龙头企业的形成很好地促进了沙产业的社会复合，企业的名誉在社会上立足，社会认可企业，将达到互利共赢的局面。位于乌兰布和沙漠的某集团通过在沙产业方面的努力，实现了沙产业的社会复合。

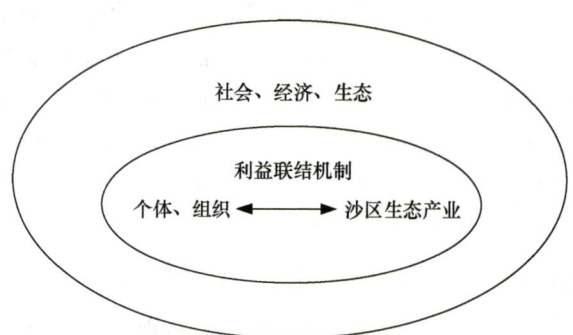

图 7-8 沙区生态产业的社会复合

第 8 章

沙区生态产业调控体系

8.1 沙区生态产业调控必要性

8.1.1 沙区生态产业调控体系

沙区生态问题是长期不恰当的经济活动及环境治理失误的结果，也是未来重要的地区发展机会。就单个企业而言，沙区产业生态化的过程及现有企业将生产过程转变为落实绿色发展观，履行环境责任，这需要进行生产经营活动外的投入，这与企业短期利益直接相悖；而长期内产业生态化或者发展生态产业会提升企业价值，如果没有绿色发展机制，企业不能看到经营效果，市场化运作的企业发展生态产业的积极性通常不高。如何通过一系列制度设计，构建能够激励企业积极主动发展生态产业的体制，推动形成企业自发保护环境的良好氛围，已成为一项具有重要现实意义的命题。

尽管经济学或宏观经济管理中尚未有调控体系的准确概念，但宏观调控的两大核心要素已得到一致共识。成熟市场经济国家的宏观调控只注重经济总量的间接调控，中国宏观调控的目标既有经济总量的间接调控，也有经济结构调整的直接调控；西方发达国家宏观调控只注重货币政策和财政政策的宏观政策，中国宏观调控体系当中既有货币政策、财政政策等宏观调控，也有产业政策、信贷控制、窗口指导等行政手段。沙区生态产业属于中观经济范畴，因此调控目标首先在于弥补市场失灵，尤其是避免"公共地悲剧"，其次是使用产业政策的中观措施，从而发挥调控经济宏观总量的间接作用，以引导市场机制的恢复而不是取代或者直接干预市场。

沙区产业的生态化或者生态资源产业化都需要企业的参与，为鼓励企业承担环境责任，发挥生态功能，需要宏观调控的政策与措施。

8.1.2 对沙区产业的生态化进行调控

现有的沙区企业并非都能够承担环境责任，如高耗水的水稻种植农业、污染腾格里沙漠的化工企业，这些企业若要以"环境友好型"为导向，转变为生态产业就需要有强力的调控体系。现有企业的生态化包括提高水资源利用效率，采用节水设备、升级环保设备以减少对沙区的污染物排放，升级生产工艺以降低环境负面影响，缴纳相关税费以分担社会成本，为提高社会福祉对社区居民进行生态补偿，出资参与环境保护活动等多项内容和多种形式。

从外部性理论的视角来看，沙区企业从事生产活动肯定会对沙区环境产生影响，通常是负面影响，既形成生产者对生产者的外部效应（例如，污染物排放影响产业园区内其他企业入驻或者降低园区环境质量），也形成生产者对消费者的外部效应（例如，企业造成环境问题影响沙区居民生活质量，也间接造成消费者的权益损害）。就全社会而言，企业产生的环境负面影响既是对受害企业和消费者直接利益的损害，也是对社会总体福利的降低。外部属性极易导致市场失灵。企业需要综合考虑生态化过程中的成本和预期回报，如企业品牌提升、获得更多正面评价带来的长期价值提高等，以及所可能引发的损失，如行政处罚、诉讼索赔、企业声誉损失等。为保障社会公平，这一损失应当由企业通过将生产过程生态化降低损失或者进行弥补。短期而言，企业会承担生态化的成本而对承担相关责任存在不确定性。因此行政管理部门和社会有责任采取措施监督、推动企业保护环境和生态，降低生态环境被作为公共产品属性而导致的市场失灵，实现社会公平。

8.1.3 对沙区生态产业的企业分类调控

沙区生态产业的特征首先是生物生产性和人类生产性并存，该生产过程将人类的生产过程与生态资源的保护、恢复与经营结合起来，具有持续性。其次是环境收益性和人类收益性并存，例如，在水资源允许的条件下，在沙区种植沙生植物可以生态固碳、改善气候，也可以提供发电用生物质、林下畜产品等物质产品，即维持生态功能的同时，对经济发展和人类福祉也会产生直接或间接的效益。

按照生态服务的价值形态和来源，沙区生态产业可以分为3类。

1. 供给性生态服务业

按照生态服务的价值形态和来源，可以将供给性生态服务业分为三类。第一类是提供生物和能量产品的沙区服务业，以公共基础建设为主，主要采取生态修复措施，既有自然修复措施，如封沙造林等封禁保护措施，也有采取人工造林的修复措施。例如，在沙漠治理中规划实施的一系列国家级和区域重大治理工程，最近40年先后建设的沙化土地封禁保护区试点项目、"三北"防护林工程、全国防沙治沙规划、京津风沙源治理工程和退耕还林还草工程等一系列国家级生态治理工程，以年均GDP0.024%的投入，治理和修复了大约20%的荒漠化土地。2017年《关于完善主体功能区战略和制度的若干意见》中提出，加大重点生态功能区转移支付力度，落实重点生态功能区建设的投资政策。对于纯生态产品这类社会福利的公共产品，其价值实现就是政府通过功能区转移支付、采取"生态补偿"等方式购买这类地区提供的生态产品。

2. 融合性生态服务业

融合是指像熔化那样融为一体，合二为一。合性生态修复产业是在生态修复产业发展过程中生态系统与经济系统相互作用、相互融合，两个系统通过人类劳动过程不断进行物质循环、能量流动和信息传递，相互耦合为一体。人类必须通过自己的经济活动持续不断地为生态系统输入、输出物质和能量，调整自身的生态经济行为，以激活与增强生态环境的自我更新能力，以维持生态系统的动态平衡和持续生产力。这类产业需要科学评估生态产品价值，培育生态产品交易市场，创新绿色金融工具，吸引社会资本发展绿色生态经济。该产业通过提供生态产品，维系生态安全，保障生态调节功能，提供良好人居环境的自然要素。例如，在沙区还草还林之后再发展林下经济或发展旅游，所提供的产出一般也有两种，其无形产出主要包括吸收二氧化碳、制造氧气、涵养水源、净化水质、保持水土、防风固沙、降低噪声、调节气候、吸附粉尘、生态疗养等，主要具有生态性，有形产出主要指林草产品，兼具生态性和商品性，二者往往同时产出。创立于 1988 年的某生态修复公司，围绕土地修复、水环境修复和大气治理发展了生态、清洁能源核心业务及其他辅助业务，探索出一条"治沙、生态、产业、扶贫"平衡驱动可持续发展模式。经联合国环境规划署评估，某沙产业集团共创造生态财富 5000 多亿元，该生态修复公司目前拥有自主研究的种植技术。高寒高海拔地区的种植、气流法种植、胡杨林移植法、甘草平移法，植物固氮治沙改土技术，无人机植树，解决了沙漠种树难、种树贵的问题，30 多年培育了 1000 多种耐寒耐旱的植物种子，自主创新"水气法种植技术""甘草平移治沙改土""螺旋打孔种植"等 106 项专利中多以沙漠地域修复难的种植技术和方法为主。例如，利用毛乌素沙地上植物平茬材料燃烧发电的生物质能源产业虽不能生产农产品，但其生产空间在沙漠地区，为治沙而造林，促进具有萌蘖效应的植物生长，能发电的同时减排二氧化碳，达到了生态效益和经济效益的统一。

严格意义上讲，生态修复产业和融合性生态修复业均是政策导向性产业，传统环保行业以公共基础设施建设为主，融合性生态修复业较少地依赖政府财政补贴，具有更加开放的边界，让不同企业作为生态服务主体参与其中，往往采取 PPP 模式。

3. 经营性生态服务业

该产业是指利用沙地、荒漠半荒漠地区的独特优势进行经济开发，由社会投资并实现自我循环的经济运行活动。利用沙区的独特资源，可以生产有形产品，如中草药、葡萄酒、保健药品等农林牧初级及加工产品，也可以提供无形产品，如展览展示、观光旅游、健康休养、科考探险、生态教育、生态文化等等服务类产品。这类产业无需获得政府的生态补贴，主要通过与市场的交换获得价值的实现（图 8-1）。某集团以修复后的库布齐沙漠土地建议光伏电站。据测算，1GW 生态光伏每年可发电 $5.27×10^8$kW/h，节约标准煤 $44.2×10^4$t，减排二氧化碳 $117×10^4$t，防风固沙面积可达 4000hm^2；通过在沙漠地区种植甘草、肉苁蓉等植物进行加工和销售，形成甘草系列产业；库布齐沙漠已被打造成国家沙漠公园，是国家级 4A 旅游景区，年均游客达百万人次，被生态环境部授予"杭锦旗库布齐沙漠亿利生态示范区"、"绿水青山就是金山银山"实践创新基地。某生物质热电公司在毛乌素沙漠中种植生态能源林 24012hm^2，利用沙柳发电售电，转让碳排放权。沙柳不仅是防风固沙的本土植被，也是优质的发电燃料，其低拉热值均在 $1.7×10^7$J 以上，相当于褐煤的发热量，每年向 4 个国家的碳基金组织转让 $15×10^4$t 二氧化碳排放权，年经济价值 130 多万欧元。

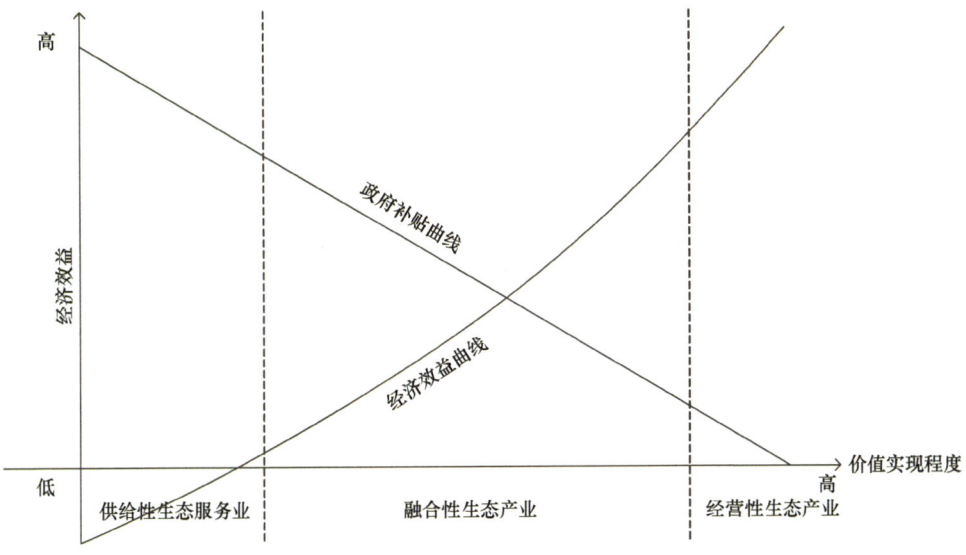

图 8-1　沙区生态服务业示意图

这三类生态服务业因生态系统服务的类型不同，影响到与市场交易的难易程度、人类消费的功能、终端产品价值测量及价值实现不同（表 8-1）。

表 8-1　沙区生态服务业分类列表

生态系统服务类型	产品形式	市场交易	产品价值测量	人类消费	价值实现
供给性生态服务业	自然环境产品	无法交易	难以测量价值	生态功能	政府购买
融合性生态服务业	混合类型	部分可交易	部分可测量	生态和产品功能	中间类型
经营性生态服务业	人类生产产品	全部交易	容易测量	主要消费产品功能	市场实现

资料来源：作者整理。

8.1.4 沙区生态产业调控政策体系

1. 产业调控体系

在中国经济发展过程中,产业政策有效推动了产业发展,主要体现在某一涉及国计民生或者国家核心竞争力的产业中,产业政策推动了该产业的技术进步、生产效率、国际市场竞争力和内在动力等方面。当然产业政策也受到一些批评,如如何评价产业政策制定者的前瞻性,政府在选择支持产业的过程中是首先"挑选赢者",即本身具有竞争优势的产业等。

新近的实证研究表明,产业政策在企业层面可能提高生产效率,投资补贴对投资和就业具有正面效应,而且现有的产业政策通常不再针对特定行业,并鼓励产业间的竞争。当前的产业更多采用混合政策及"竞争政策",不再仅对某些特定行业进行支持,转而为这些部门创造一个有利的竞争环境,取到了较好的政策。

2. 区域政策调控

区域政策调控能够在支持企业向生态产业发展和促进企业集群发展、形成循环经济模式、构建生态产业园区方面发挥积极作用。从产业地理学和产业生态学的角度,对沙区高污染行业进行限制发展,采取排污税、提高排放标准等方式进行强制性要求,可以迫使部分技术落后企业退出,倒逼企业开展技术改造升级,高效提高企业绿色化、节约化和可持续性水平,同时鼓励企业转型升级,促进沙区传统产业企业加快产业转型、加大环保投资等方式,生产高附加值的生态绿色产品。

区域政策中还要建立生态补偿机制。按照"界定产权、科学计价、更好地实现与增加生态价值"的思路,精准定位行业性质,通过跨区域的生态补偿机制,为从事生态修复的企业实现其生态服务价值。

3. 经济调控体系

通过财政补贴政策引导沙区企业向生态化转变,控制污染排放,促进企业进行环保投资。财政补贴类政策是最直接和有效的绿色发展引导政策。企业获得财政补贴的基础是要在生态环境改善中卓有成效,或者具有良好的环境保护投入规模和记录,因此往往是企业在相当长的时间内履行好环境责任后才能获得财政补贴,其次财政补贴能够直接提升企业经营生态化的能力和意愿。现有监督补贴资金使用机制促使企业直接将资金用于环保设备购置、生产技术改造或创新,最后补贴政策具有示范性，有助于引导其他企业向生态环保产业转型。因此财政补贴政策能够在较大范围、较长时间内显著提升企业生态化发展的积极性。

金融机构的信贷决策能够影响经济增长质量，发展绿色金融是支持经济高质量发展的重要手段。沙区生态产业需要较大的投资、高科学技术投入和长期的行业经验，例如，沙生植物的开发利用产业化过程中，如沙柳、柠条、梭梭、沙棘、沙枣、甘草、麻黄、肉苁蓉、紫穗槐这些植物部分是自然野生，多数需要人工在沙地种植，投资大，成长期长，品牌塑造期长。相关企业往往需要金融机构的支持，而银行等金融机构以信贷资源配置定向支持沙区生态产业企业，采取更低成本的资金、扩大绿色信贷、发行绿色债券等方式，扩大绿色金融供给规模和影响范围，惠及沙区生态产业中的企业，从而影响企业的生态化决策。

区域品牌政策也是经济政策之一。沙区生态农业在改善自然环境的同时，创造了经济效益。企业在改良沙漠土壤质量方面，除了种植林草防风固沙外，还探索种植适合当地土壤条件的经济作物和具备一定市场价值的农畜牧作物。在沙区甘草、梭梭、沙棘、沙柳、肉苁蓉、甘草、沙漠葡萄、沙地西瓜、紫苜蓿、油沙豆作物等特色农业还在积极探索价值转化的道路。由于距离市场远，产品被消费认可需要较长的时间，企业往往需要同时涉足多个产业来进行利润互补，制约发展的因素较多。区域公共品牌是根据某个区域内的长期稳定优势产业形成的一种以地理标志为主的品牌标识，表现形式通常为以区域名称+优势产业为主的品牌标识，具有非排他性、外部性和区域性3大特点。建立区域公共品牌往往需要包括政府、行业组织、企业、科研机构在内多方努力。政府可以利用规划指导地理标志、推进地理标志商标申报注册、发展地理标准品牌建设等方式培育区域公共品牌，提升沙区企业的市场竞争力。

4. 生态文明教育调控体系

影响沙区生态企业承担社会责任、践行绿色发展理念的调控措施还有非经济层面的因素，即构建生态文明教育调控体系。

该体系包括构建全社会的绿色文化氛围，建立社会道德标准监督机制，加强企业环境信息披露，为新闻媒体、行业协会、社会公众社会监督提供条件，进行生态文明教育、促进绿色消费等措施，使绿色发展理念成为沙区的社会共识。

8.2 沙区生态产业调控机制

8.2.1 共生理论在沙产业分类中运用

共生理论最早来源于生物学。1969年，Scott在《植物共生学》中提出共生是两个或多个生物,在生理上相互依存程度达到平衡的状态,是生物种群生态学种间关系分析的方法论。随后这一理论逐步运用到农业(衡霞,2008)、工业(Karlsson and Wolf,2004)、企业管理(Ehrenfeld,2004)、金融业(Frosch and Gallopoulos,1989)等多个行业。共生理论与农业生态经济理论具有高度的契合性。朱鹏颐和黄新焕(2017)首次把共生理论引入农业生态经济研究中,把经济共生单元与生态共生单元作为共存于农业生态经济中的两个独立异质共生单元,按照两个共生单元通过共生界面接触之后产生的能量分配不同,分为寄生共生模式、偏利经济共生模式、偏利生态共生模式及互惠共生模式。沙产业不仅是沙漠治理过程,也是创造经济价值过程,只有两者融合,沙区生态治理才能持续稳定。共生理论就是解决沙产业经济与生态融合问题的理论基础。

共生过程产生新能量是共生重要本质特征之一,通过对共生能量分析,可以判断共生模式类型及共生模式对共生单元影响。按照共生单元之间相互作用方式、强度及能量交换不同,可将其分为互惠共生、偏利共生、寄生共生和偏害共生4种模式。如图8-2所示,基于公共物品及共生理论,按照沙产业中经济共生单元和生态共生单元相互作用所产生的经济效益和生态效益高低,把沙产业分为4种类型:经济效益好、生态效益高的沙产业属于互惠共生模式,叫作互惠型沙产业;经济效益差、生态效益高的沙产业,属于寄生(偏利)共生模式,叫作生态型沙产业;经济效益好、生态效益低的沙产业,属于寄生(偏利)共生模式,叫作经济型沙产业;经济效益差、生态效益低的沙产业,属于偏害共生模式,叫作偏害型沙产业。由于偏害型沙产业既不能产生经济效益也不能产生生态效益,是要限制产业发展,政府通过相应的规制政策限制该产业的发展,同时由于产业经济效益低,在市场机制作用下,其会退出市场。

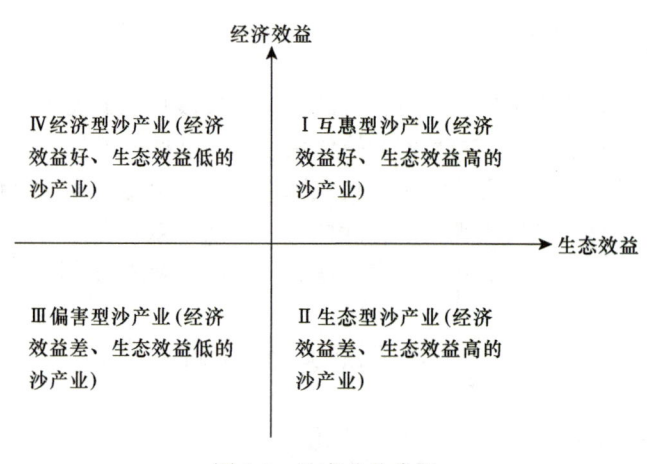

图8-2 沙产业分类图

8.2.2 沙产业类型

1. 互惠型沙产业

互惠型沙产业一般指在相互作用中双方都收益，与双赢结果相吻合。互惠型沙产业是沙产业发展的最终目标。沙区动物资源利用业和沙区植物资源开发利用业通过产业链条拉动上游沙区现代农牧业发展；沙漠旅游业通过农家乐、沙漠公园等形式带动沙区农牧业产品的生产和销售；沙漠能源业与农牧业进行复合经营，实现板上发电、板间种植、板下养殖的立体发展模式。如表 8-2 所示，沙区现代农牧业、沙区动物资源利用业、沙区植物资源利用业、沙漠新能源业、沙漠生态旅游业都属于互惠型沙产业。

表 8-2 沙产业分类体系

沙产业分类	细分领域	解释
互惠型沙产业	沙区现代农牧业	利用沙区光、热等自然资源，运用现代节水技术、种养殖技术进行沙区特色动植物生产
	沙区动物资源利用业	针对白羊绒、骆驼等沙区特有动物资源，利用现代生物技术进行功能性组分提取、保健品研制及新食品开发等
	沙区植物资源利用业	针对肉苁蓉、梭梭、白刺、沙柳等沙区特有的且具有药食同源及生态保护功能的植物资源，进行功能组分提取、新药研制及新产品开发
	沙漠新能源业	对沙区风力、光热、生物质燃料资源进行开发利用，并与沙区农牧业进行复合经营
	沙漠生态旅游业	利用沙漠景观、文化等资源优势，发展沙漠生态旅游产业。通过农家乐、沙漠公园等形式有效带动沙区农牧业产品的生产和销售
生态型沙产业	沙漠化治理产业	在沙漠地区开展植树造林种草等沙漠化治理的生产活动
经济型沙产业	沙区硅砂开发利用业	利用硅砂资源，在石油、建筑、农业等领域开展关键材料生产

2. 生态型沙产业

中华人民共和国成立以来，我国逐渐重视边疆地区沙漠化日益严重的问题，进行沙漠化治理。1978 年开始人工造林，其中规模较大的就是"三北"防护林工程和京津风沙源治理工程两大工程，覆盖了我国 85% 的沙化土地。近几年，国家又在沙区实施退耕还林还草工程。据第五次全国沙漠化和沙化公报显示，截至 2014 年底，全国荒漠化土地面积减少了 12120 km^2，沙化土地面积减少了 9902 km^2，全国沙尘天气减少了 20.3%。如表 8-2 所示，在沙漠地区开展植树造林种草等沙漠化治理产业属于生态型沙产业。由于生态型沙产业正外部性难以内部化，政府是生态型沙产业主要提供者，沙区生态建设动力不足。

3. 经济型沙产业

为了追求经济的增长，沙区硅砂资源生产企业加大对沙地不合理开发利用，破坏森林植被，导致土地承载力减弱，土地退化沙化严重，同时向大气及水体中等排放废水、废气、粉尘等污染物，废物排放能力超过了生态承载能力，沙区生态环境遭到破坏。如表 8-2 所示，利用硅砂资源，进行石油、建筑、农业等领域关键材料生产的硅砂资源开发利用业，属于经济型沙产业。

8.3 沙区生态产业调控政策

沙产业分类是比较重要的，不同类型沙产业对政策需求不同，生态效应强的沙产业需要政府政策性投入，而经济效应强则需要按照市场原则扶植发展。为了贯彻"绿水青山就是金山银山"发展理念，发展沙产业关键是将生态文明建设内化到市场经济运行机制中（张文明和张孝德，2019），实现生态资源资本化，获取沙区生态产业可持续发展的经济成本，才能构建沙区生态建设的经济基础。互惠型沙产业是沙产业发展演进的最终目标，通过市场或者政府政策扶持，促使经济型沙产业和生态型沙产业向互惠型沙产业转变。

8.3.1 互惠型沙产业政策需求

随着人们收入水平的不断提高及环保理念和健康意识的增强，对生态产品的需求越来越多，使生态产品市场需求空间扩大，沙区生态产品的价格提高。市场机制能发挥决定性作用的根本在于，供求者能在均衡价格与自身生产成本或愿意支付的购买价格之间寻找到获利空间，这种获利空间是市场引导行为主体进行市场活动以及创新的最原始、最主要的产业激励机制（张超和刘志彪，2014）。基于市场机制的作用，企业获利空间加大，生产沙产业产品的积极性提高。互惠型沙产业可以产生较高的经济效益，可以通过市场对其进行引导。但是，由于互惠型沙产业建设周期长、见效慢，在投资初期，为了提高企业及农民参与沙区生态建设的积极性，需要通过补贴及制定优惠政策对企业及农民进行扶持。产业形成后期，政府通过加入食药物质目录、发展绿色认证、培育龙头企业等措施对企业予以引导和必要的支持，促进互惠型沙产业形成产业化，通过市场机制引导，实现经济效益和生态效益的双赢。

8.3.2 生态型沙产业政策需求

生态型沙产业具有较强的正外部性，成本和利润分离，很难产生经济效益，导致生态型沙产业提供者动力不足，政府是生态型沙产业的主要提供者。因此，协调相关者之间的利益平衡，提高企业或者农民参与生态型沙产业的积极性，对于实现沙区生态和经济的可持续发展是十分必要的。生态补偿作为一种综合的经济政策措施或利益补偿机制，通过构建标准体系来实现环境保护中不同经济主体的利益平衡（Curran et al.，2016；Wunder，2015），对生态服务提供者给予补偿，激励这些提供者主动提供优良的生态服务，实现经济效益和生态效益双赢（毛显强等，2002）。对生态型沙产业进行生态补偿时，确定合理生态补偿标准是关键，提供生态服务实际机会成本是最有效率的生态补偿标准（王会，2019）。由于不同沙区资源禀赋、环境承载力、补偿成本存在差异，补偿标准应该因地制宜，避免"一刀切"政策。为了确保生态建设成果的高质量和持久性，对于参与生态型沙产业的企业及农民实行分期补偿，达到验收标准的才可以得到补偿。党的十九大报告指出要"建立市场化、多元化的生态补偿机制"。2018 年 12 月 28 日，国家发改委、财政部、自然资源部等九部门联合印发《建立市场化、多元化生态保护补偿机制行动计划》。由于沙区生态系统服务供给和受益主体存在空间异质性和多尺度效应，生态系统服务提供者和受益者的地理位置不一定相同，产生生态效益会使全社会受益（李达净等，2018）。根据"受益者付费"原则，应该由所有受益者共同承担生态补偿费用，建立生态产品供求双方交易机制，实行市场化补偿机制，通过发展森林生态旅游、林下经济及碳汇交易等多种市场化生态补偿形式，实现补偿主体的多元化。可见，确定合理的生态补偿标准及合理补偿方式，提供多种市场化生态补偿形式可以促进生态型沙产业向互惠型沙产业转变，实现经济效益和生态效益的双赢。

8.3.3　经济型沙产业政策需求

经济型沙产业，由于能够产生经济效益，在市场机制的拉动下，在利润的驱动下，企业会生产大量沙产业产品，但是会加大对生态环境的损害。为了减少经济型沙产业对生态环境的损害，需要政府对企业进行环境规制。从短期静态角度来看，在生产要素、技术和消费者需求固定的前提下，企业已经实现资源最优配置，环境规制增加企业的成本负担，降低了企业的利润。从长期动态角度来看，合理的环境规制能够刺激被规制企业进一步优化资源配置效率和改进技术水平，刺激出企业的"创新补偿"效应，从而在部分乃至全部抵消企业"遵循成本"的同时，还能提高其生产率，提高经济效益，实现经济效益和生态效益的双赢。首先，政府要提高规制的强度。较高的环境规制迫使经济型沙产业企业一方面进行治理技术创新，让企业在更高技术下对沙地进行治理；另一方面进行生产技术创新，提高企业资源利用效率及减少污染物排放。其次，政府要优化规制的形式。

强制性手段直接规定经济型沙产业企业治理技术水平，而经济型手段却能对经济型沙产业企业治理创新产生长效的经济激励机制，使企业更愿意进行治理创新。另外，经济规制手段可以提高资源配置效率和促进企业寻找便宜的治理技术。因此，完善生态资源核算机制，灵活运用资源税、排放权交易、生态环境治理恢复保证金等多种经济规制手段，让企业能够以更经济的方法实现环境规制要求。可见，政府应该确定适度的环境规制强度和合理的规制手段，促进经济型沙产业向互惠型沙产业转变，实现经济效益和生态效益的双赢。

参考文献

白靖宇, 张伟峰, 万威武. 2004. 国内外产业群聚理论研究进展综述. 当代经济科学, 26(3): 14-18.
曹红军, 2005. 浅评 DPSIR 模型. 环境科学与技术, (S1): 110-111, 126.
曹燕丽, 崔向慧, 卢琦, 等, 2006. 荒漠生态系统定位观测方法与指标体系探讨. 中国沙漠, 26(4): 619-624.
常兆丰, 1997. 我国荒漠生态系统定位研究的现状与基本思路. 干旱区资源与环境, (3): 53-57.
陈昌笃, 林文棋, 2009. 建设生态文明要加强严格化生态学的基础研究. 中国绿色时报.
陈恩久, 1962. 新疆的沙漠气候//中国地理学会. 1960 年全国地理学术会议论文选集(自然地理). 北京: 科学出版社. 149-162.
陈亮, 胡涵锦, 2017. 钱学森沙、草产业的理论及其实践. 草业科学, 34(1): 194-202.
陈柳钦, 2007. 产业融合的发展动因、演进方式及其效益分析. 西华大学学报(哲学社会科学版), (4): 69-73.
陈雪梅, 冯云, 2005. 产业集群生态可持续发展的对策. 生态经济, (8): 85-87.
陈亚宁, 2009. 干旱荒漠区生态系统与可持续管理. 北京: 科学出版社.
陈有真, 段龙龙, 2014. 产业生态与产业共生——产业可持续发展的新路径. 理论视野, (2): 78-80.
陈仲新, 张新时, 2000. 中国生态系统效益的价值. 科学通报, (1): 17-22, 113.
邓南圣, 王小兵, 2003. 生命周期评价. 北京: 化学工业出版社.
邓南圣, 吴峰, 2002. 工业生态学——理论与应用. 北京: 化学工业出版社.
邓祥征, 黄季焜, Scott Rozelle, 2005. 中国耕地变化及其对生物生产力的影响——兼谈中国的粮食安全. 中国软科学, (5): 65-70.
丁生喜, 2018. 区域经济学通论. 北京: 中国经济出版社.
董飞, 刘晓波, 彭文启, 等, 2014. 地表水水环境容量计算方法回顾与展望. 水科学进展, 25(3): 451-463.
董治宝, 1998. 建立小流域风蚀量统计模型初探. 水土保持通报, (5): 3-5.
樊胜岳, 李斌, 1999. 沙产业理论内涵探讨. 中国沙漠, (3): 59-63.
樊圣君, 张旭亮, 张振宇. 2001. 论区域集群的独特社会资本优势及对区域和国家持续竞争优势的意义. 经济评论, (4): 65-68.
方创琳, 鲍超, 张传国, 2003. 干旱地区生态-生产-生活承载力变化情势与演变情景分析. 生态学报, (9): 1915-1923.
方大春, 2017. 区域经济学——理论与方法. 上海: 上海财经大学出版社.
方秦华, 张珞平, 王佩儿, 等, 2004. 象山港海域环境容量的二步分配法. 厦门大学学报(自然科学版), (S1): 217-220.
封志明, 杨艳昭, 张晶, 等, 2007. 从栅格到县域: 中国粮食生产的资源潜力区域差异分析. 自然资源学报, 22(5): 747-755, 854.
冯达, 胡理乐, 陈建成, 2020. 基于生态价值评价的北京自然保护地保护空缺分析. 生态学杂志, 39(12): 4233-4240.
冯云, 2006. 生态视角下产业集群的可持续发展研究. 广州: 暨南大学.
傅国华, 许能锐, 2014. 生态经济学. 2 版. 北京: 经济科学出版社.
盖力强, 谢高地, 陈龙, 等, 2012. 基于水足迹的中国水生态功能分区. 资源科学, 34(9): 1622-1628.
高德占, 2011. 对沙产业理论内涵及发展方向的几点认识. 林业经济, (1): 13-17.
高吉喜, 2001. 可持续发展理论探索——生态承载力理论、方法与应用. 北京: 中国环境科学出版社.
高吉喜. 2014. 国家生态保护红线体系建设构想. 环境保护, 42(Z1): 18-21.

高进田. 2007. 区位的经济学分析. 上海：上海人民出版社.
高敏. 2011. 可持续性科学的发展历史与核心问题. 科技资讯, (15): 237.
高新生. 2017. 新疆沙产业的发展历程和前景分析. 吉林农业, (11): 107.
官甲义, 于海嫒, 孙坚. 2014. 吉林省沙产业发展存在的主要问题及对策与建议. 吉林林业科技, 43(1): 51-53.
郭峰. 2005. 产业集群可持续成长的战略选择. 河北大学学报(哲学社会科学版), 30(5): 108-111.
郭剑英, 王乃昂. 2004. 旅游资源的旅游价值评估——以敦煌为例. 自然资源学报, (6): 811-817.
郭剑英, 王乃昂. 2005. 敦煌旅游资源非使用价值评估. 资源科学, (5): 187-192.
郭守前, 1992. 四川省土地承载力研究的系统动力学仿真模型. 中国人口·资源与环境, (4): 25-30.
郭秀锐, 杨居荣, 毛显强. 2003. 城市生态足迹计算与分析——以广州为例. 地理研究, 22(5): 654-662.
国家林业和草原局, 2015. 中国荒漠化和沙化状况公报. http://www.forestry.gov.cn/main/69/content-831684.html.
国家林业和草原局, 2020. 社会投资青睐沙产业. http://www.forestry.gov.cn/main/5251/content-993479.html.
国土资源部. 2009. 宁夏回族自治区(1997—2010年)土地利用通体规划.
韩飞, 2019. 内蒙古科尔沁沙地变化原因及治理建议. 内蒙古林业调查设计, 42(1): 45-47.
衡霞, 2008. 基于共生理论的现代农业经营模式研究. 经济研究导刊, (17): 42-44.
侯林秀, 温璐, 赵吉, 等, 2020. 基于水足迹法的阿拉善地区水资源利用评价与分析. 干旱区资源与环境, 34(12): 35-41.
胡俊峰, 2014. 长三角地区跨区域联合开发区管理机制研究. 南通大学学报(社会科学版), 30(5): 14-22.
荒漠生态系统服务功能监测与评估技术研究项目组. 2014. 荒漠生态系统功能评估与服务价值研究. 北京：科学出版社.
黄晨熹, 2009. 社会福利. 上海：上海人民出版社.
黄芳, 2014. 京冀地区水资源补偿的制度、实践与理论研究——从卡尔多—希克斯效率到帕累托改进. 河北经贸大学学报, 35(2): 110-114.
黄敬军, 姜素, 张丽, 等, 2015. 城市规划区资源环境承载力评价指标体系构建——以徐州市为例. 中国人口·资源与环境, 25(S2): 204-208.
黄青, 任志远, 2004. 论生态承载力与生态安全. 干旱区资源与环境, (2): 11-17.
黄贤金, 周艳, 2018. 资源环境承载力研究方法综述. 中国环境管理. 10(6): 36-42, 54.
黄湘, 李卫红, 2006. 荒漠生态系统服务功能及其价值研究. 环境科学与管理, 31(7): 64-70.
黄振辉, 2010. 多案例与单案例研究的差异与进路安排——理论探讨与实例分析. 管理案例研究与评论, 3(2): 183-188.
惠泱河, 蒋晓辉, 黄强, 等, 2001. 二元模式下水资源承载力系统动态仿真模型研究. 地理研究, (2): 191-198.
季昆森, 2001. 安徽省发展生态经济实施可持续发展战略的思考与对策. 生态经济, (4): 1-3.
贾铁飞, 银山, 何雨, 等, 2003. 乌兰布和沙漠东海子湖全新世湖相沉积结构分析及其环境意义. 中国沙漠, 23(2): 165-170.
蒋大林, 曹晓峰, 匡鸿海, 等, 2015. 生态保护红线及其划定关键问题浅析. 资源科学, 37(9): 1755-1764.

蒋高明, 2017. 荒漠生态系统. 绿色中国, (4): 52-55.
蒋高明, 2018. 社会-经济-自然复合生态系统. 绿色中国, (12): 52-55.
鞠美庭, 盛连喜, 2008. 产业生态学. 北京: 高等教育出版社.
孔令锋, 向志强, 2007. 论政府能力与可持续发展. 中国人口·资源与环境. 17(2): 36-39.
劳爱乐, 耿勇, 2003. 工业生态学和生态工业园. 北京: 化学工业出版社.
雷勋平, 邱广华, 2016. 基于熵权 TOPSIS 模型的区域资源环境承载力评价实证研究. 环境科学学报, 36(1): 314-323.
李秉毅, 1999. 城镇系统规划. 武汉: 湖北人民出版社.
李博, 周万福, 李文生, 1962. 内蒙古库布齐沙漠考察//中国科学院治沙队. 治沙研究(第 3 号).北京: 科学出版社, 136-143.
李长洪, 邵超峰, 于敬磊, 等, 2010. 产业生态学的技术方法研究及应用. 环境保护与循环济, 30(4): 70-72.
李达净, 许端阳, 王子玉, 等, 2018. 沙漠化治理中的生态补偿研究综述(英文). Journal of Geographical Sciences, 28(3): 367-384.
李发明, 张莹花, 贺访印, 等, 2012. 沙产业的发展历程和前景分析. 中国沙漠, 32(6): 1765-1772.
李富荣, 塔娜, 2010. 内蒙古沙产业与生态环境建设. 北方经济, (17): 35-37.
李干杰, 2014. "生态保护红线"——确保国家生态安全的生命线. 求是, (2): 44-46.
李海涛, 2017. 宁夏哈巴湖保护区生态服务价值与生态补偿研究. 北京: 北京林业大学.
李井锋, 2011. 生态工业共生网络系统的投入产出分析研究. 天津: 天津理工大学.
李丽平, 田春秀, 国冬梅, 2000. 生态效率——OECD 全新环境管理经验. 环境科学动态, (1): 33-36.
李青, 王娇, 李博, 等, 2016. 荒漠生态系统服务功能货币化评估——以塔里木河干流胡杨林为例. 干旱区资源与环境, 30(7): 47-52.
李秋洋, 蔡志伟, 2018. 景观可持续性与景观可持续性科学. 时代报告, (9): 211.
李素芹, 苍大强, 李宏, 2007. 工业生态学. 北京: 冶金工业出版社.
李小建, 1999. 经济地理学. 北京: 高等教育出版社.
李晓南, 2020. 提升大美青海绿色颜值. http://www.greentimes.com/green/news/yaowen/zhxw/content/2020-09/18/content_464681.htm.
李琰, 李双成, 高阳, 等, 2013. 连接多层次人类福祉的生态系统服务分类框架. 地理学报, 68(8): 1038-1047.
李幽竹, 2018. 郊区住房需求层次研究. 成都: 四川大学出版社.
李毓民, 2018. 探索研究沙产业开发的思路、举措与途径. 农业开发与装备, (9): 58-59.
李泽红, 董锁成, 李宇, 等, 2013. 武威绿洲农业水足迹变化及其驱动机制研究. 自然资源学报, 28(3): 410-416.
李振基, 陈小麟, 郑海雷, 2004. 生态学. 2 版. 北京: 科学出版社.
李忠武, 叶芳毅, 李裕元, 等, 2010. 基于逐级递减法的洞庭湖区晚稻生产潜力模拟与预测.地理研究, 29(11): 2017-2025.
林年丰, 汤洁, 2001. 中国干旱半干旱区的环境演变与荒漠化成因. 地理科学, 21(1): 24-29.
林巧, 2017. 区域旅游业与农业的耦合关系研究. 成都: 四川农业大学.
刘博, 2014. 我国荒漠生态系统生物多样性保育价值评估. 北京: 北京林业大学.
刘峰, 杨光, 韩雪莹, 等, 2020. 科尔沁沙地生态环境质量遥感动态监测——以奈曼旗为例.水土保持研究, 27(5): 244-249, 258.

刘晶茹, 王如松, 2011. 大力推进农工复合型虚拟生态产业园区建设. 前进论坛, (8): 56-57.
刘璐, 钱福樑, 钱贵霞, 2020. 沙产业融合发展模式. 中国沙漠, 40(3): 67-76.
刘钦普, 林振山, 2009. 江苏省耕地利用可持续性动态分析及预测. 自然资源学报, 24(4): 594-601.
刘恕, 2003. 我对钱学森沙产业理论的理解. 科学管理研究, (2): 1-3.
刘恕, 2005. 对沙产业科学内涵的认识——纪念钱学森沙产业论述发表 20 周年. 西安交通大学学报(社会科学版), (1): 57-61.
刘文政, 朱瑾, 2017. 资源环境承载力研究进展: 基于地理学综合研究的视角. 中国人口·资源与环境, 27(6): 75-86.
刘亚萍, 2008. 生态旅游区游憩资源经济价值评价研究. 北京: 中国林业出版社.
刘再兴, 1996. 区域经济理论与方法. 北京: 中国物价出版社.
柳冬青, 张金茜, 巩杰, 等, 2019. 陇中黄土丘陵区土地利用强度—生态系统服务—人类福祉时空关系研究——以安定区为例. 生态学报, 39(2): 637-648.
卢周扬帆, 2019. 阿拉善盟 2000—2015 年土地利用变化与生态系统服务价值的评估. 北京: 中国地质大学.
陆钟武, 2010. 工业生态学基础. 北京: 科学出版社.
罗榜圣, 2001. 面向环境的设计内容、系统、技术和方法. 陕西工学院学报, (3): 20-24.
罗宏, 2002. 生态工业园区的国内外实践. 中国环境报.
罗宏, 孟伟, 冉圣宏, 2004. 生态工业园区–理论与实证. 北京: 化学工业出版社. 117-119.
马刚, 2005. 产业集群演进机制和竞争优势研究述评. 科学研究, 23(2): 188-196.
马会瑶, 2019. 北方农牧交错带生态环境变化遥感评估. 呼和浩特: 内蒙古大学.
马慧, 李钢铁, 梁田雨, 等, 2020. 内蒙古沙产业可持续发展 SWOT 分析. 内蒙古林业调查设计, 43(1): 46-49, 59.
马克思, 恩格斯, 2012. 马克思恩格斯选集第 2 卷. 2 版. 北京: 人民出版社, 239.
马世骏, 王如松, 1984. 社会-经济-自然复合生态系统. 生态学报, (1): 1-9.
马歇尔, 1981. 经济学原理. 陈良璧译. 北京: 商务印书馆.
毛汉英, 余丹林, 2001a. 区域承载力定量研究方法探讨. 地球科学进展. 16(4): 549-555.
毛汉英, 余丹林, 2001b. 环渤海地区区域承载力研究. 地理学报, (3): 363-371.
毛显强, 钟瑜, 张胜, 2002. 生态补偿的理论探讨. 中国人口·资源与环境, (4): 40-43.
闵庆文, 李云, 成升魁, 等, 2005. 中等城市居民生活消费生态系统占用的比较分析——以泰州、商丘、铜川、锡林郭勒为例. 自然资源学报, (2): 286-292.
内蒙古沙草产业协会, 2011. 钱学森论第六次产业革命专题摘编. 西安: 西安交通大学出版社: 157.
宁钟. 2001. 创新、企业集群与经济发展研究. 武汉: 武汉大学.
欧阳志云, 王如松, 赵景柱, 1999. 生态系统服务功能及其生态经济价值评价. 应用生态学报, (5): 635-640.
欧阳志云, 赵同谦, 王效科, 等, 2004. 水生态服务功能分析及其间接价值评价. 生态学报, 24(10): 2091-2099.
帕茹克·吾斯曼江, 阿依吐尔逊·沙木西, 刘新平, 等, 2019. 尉犁县土地利用/覆被变化的区域生态系统服务价值变化. 水土保持研究, 26(3): 325-330, 338.
潘影, 甄霖, 杨莉, 等, 2012. 宁夏固原市生态保育对农民福祉的影响初探. 干旱区研究, 29(3): 553-560.
彭保华, 刘维忠, 2016. 新疆沙漠产业与沙漠化治理协同发展中存在的问题及对策建议. 农村经济与科技, 27(6): 12-14.

齐晶晶, 陈芳, 2016. 创新型经济圈研究. 长沙: 湖南科学技术出版社.

钱学森, 1985. 创建农业型的知识密集产业—农业、林业、草业、海业和沙业. 农业系统科学与综合研究, (1): 1-7.

钱学森, 2000. 西部开发要以农业发展为基础. 国土经济, (4): 10-11.

仇保兴, 2001. 简论小企业集群与工业产业结构优化的关系. 金华职业技术学院学报, 1(1): 2-7.

饶胜, 张强, 牟雪洁, 2012. 划定生态红线, 创新生态系统管理. 环境经济, 102: 57-60.

任鸿昌, 孙景梅, 祝令辉, 等, 2007. 西部地区荒漠生态系统服务功能价值评估. 林业资源管理, (6): 67-69, 95.

任守德, 付强, 王凯, 2011. 基于宏微观尺度的三江平原区域农业水土资源承载力. 农业工程学报, 27(2): 8-14.

任晓旭, 2012. 荒漠生态系统服务功能监测与评估方法学研究. 北京: 中国林业科学研究院.

佘波, 2006. 产业共生体的生成机理与实证研究. 上海: 上海社会科学院.

申进忠, 2006. 产品导向环境政策: 当代环境政策的新发展. 武汉大学学报(哲学社会科学版), (6): 842-846.

石磊, 陈伟强, 2016. 中国产业生态学发展的回顾与展望. 生态学报, 36(22): 7158-7167.

侍昊, 李旭文, 牛志春, 等, 2015. 浅谈生态保护红线区生态系统管理研究概念框架. 环境监控与预警, 7(6): 6-9.

施雅风, 曲耀光, 1992. 乌鲁木齐和流域水资源承载力及其合理利用. 北京: 科学出版社.

苏隆嘎, 2017. 磴口县肉牛产业发展的思考. 当代畜禽养殖业, (10): 63-64.

孙炳彦, 黄秉禾, 1981. 某市不同地区大气环境容量、允许排放量的初算及其应用. 环境科学, (4): 44-45, 79.

孙海红, 王殿金, 吴德东, 等, 2009. 辽宁省沙产业发展现状及发展趋势. 防护林科技, (4): 93-95.

孙培善, 孙德钦, 1964. 内蒙古高原西部水文地质初步研究//中国科学院治沙队. 治沙研究(第6号). 北京: 科学出版社, 245-317.

孙学娟, 2013. 渤海石油烃污染扩散数值模拟及环境容量研究. 青岛: 中国海洋大学.

孙衍芹, 2009. 河北省生态足迹研究. 保定: 河北大学.

唐智军, 2019. 畜牧业生态健康养殖与可持续发展初探. 中国畜禽种业, 15(12): 31.

土尔逊托合提·买土送, 阿依古丽·克力毛拉, 2013. 新疆的沙产业及其发展对策研究. 和田师范专科学校学报, 32(4): 59-62.

万军, 于雷, 张培培, 等, 2015. 城市生态保护红线划定方法与实践. 环境保护科学, 41(1): 6-11.

王博杰, 唐海萍, 2016. 人类福祉及其在生态学研究中的应用与展望. 生态与农村环境学报, 32(5): 697-702.

王长友, 2008. 东海 Cu、Pb、Zn、Cd 重金属环境生态效应评价及环境容量估算研究. 青岛: 中国海洋大学.

王大尚, 李屹峰, 郑华, 等, 2014. 密云水库上游流域生态系统服务功能空间特征及其与居民福祉的关系. 生态学报, 34(1): 70-81.

王东杰, 姜学民, 杨传林, 1999. 论生态经济学与环境经济学的区别与联系. 生态经济, (4): 3-5.

王发明, 2005. 基于产业生态: 企业集群的发展趋势. 改革, (4): 25-30.

王凤歌, 2019. 乌兰布和沙漠生态系统服务时空动态与权衡分析. 呼和浩特: 内蒙古大学.

王贵明, 2007. 产业生态学研究进展. 生产力研究, (5): 102-105.
王红云, 2019. 基于产业生态和生态产业转型研究. 产业科技创新, 1(31): 16-18.
王会, 2019. 森林生态补偿理论与实践思考. 中国国土资源经济, 32(7): 25-33, 51
王缉慈, 2001. 创新的空间: 企业集群与区域发展. 北京: 北京大学出版社.
王家骥, 姚小红, 李京荣, 等, 2000. 黑河流域生态承载力估测. 环境科学研究. 13(2): 44-48.
王金红, 2007. 案例研究法及其相关学术规范. 同济大学学报(社会科学版), (3): 87-95, 124.
王开运, 邹春静, 孔正红, 等, 2005. 生态承载力与崇明岛生态建设. 应用生态学报, (12): 2247-2453.
王奎峰, 李娜, 于学峰, 等, 2014. 基于 P-S-R 概念模型的生态环境承载力评价指标体系研究——以山东半岛为例. 环境科学学报, 34(8): 2133-2139.
王如松, 欧阳志云, 2012. 社会-经济-自然复合生态系统与可持续发展. 中国科学院院刊, 27(3): 337-345, 403-404, 254.
王如松, 杨建新, 2000. 产业生态学和生态产业转型. 世界科技研究与发展, (5): 24-33.
王如松, 周涛, 陈亮, 等, 2006. 产业生态学基础. 北京: 新华出版社.
王寿兵, 吴峰, 刘晶茹, 2005. 产业生态学. 北京: 化学工业出版社.
王书华, 毛汉英, 2001. 土地综合承载力指标体系设计及评价——中国东部沿海地区案例研究. 自然资源学报, 16(3): 248-254.
王松霈, 1992. 优化城市生态经济结构. 生态经济, (5): 14-20.
王薇薇, 李仕良, 2006. 产业生态学文献综述. 引进与咨询, (4): 5-6.
王文彪. 2014. 沙漠承包应像农村土地一样最长至百年. 中国经济.
王晓春. 2007. 基于产业生态视角的集群模式研究. 广州: 暨南大学.
王雪芹, 王涛, 蒋进, 等, 2004. 古尔班通古特沙漠南部沙面稳定性研究. 中国科学(D 辑), 34(8): 763-768.
王莹莹, 何刚, 阮君. 2020. 生态产业化与产业生态化协同度研究——以安徽省为例. 安徽理工大学学报(社会科学版), 22(5): 19-23.
王永芳, 张继权, 马齐云, 等, 2016. 21 世纪初科尔沁沙地沙漠化对区域气候变化的响应.农业工程学报, 32(S2): 177-185.
王宇峰. 2005. 城市生态系统承载力综合评价与分析. 杭州: 浙江大学.
王岳, 刘学敏, 哈斯额尔敦, 等, 2019. 中国沙产业研究评述. 中国沙漠, 39(4): 27-34.
王兆华, 武春友, 2002a. 基于工业生态学的工业共生模式比较研究. 科学与科学技术管理, (2): 66-69.
王兆华, 武春友, 2002b. 基于交易费用理论的生态工业园中企业共生机理研究. 科学学与科学技术管理, (8): 9-13.
王兆华, 武春友, 王国红, 2002. 生态工业园中两种工业共生模式比较研究. 软科学, 16(2): 11-14, 18.
魏守华, 王缉慈, 赵雅沁. 2002. 产业集群: 新型区域经济发展理论. 经济经纬, (2): 18-21.
温璐, 宋洁, 张慧超, 等, 2020. 近 30 年乌兰布和沙漠生态系统服务价值评估. 干旱区资源与环境, 34(12): 57-64.
邬建国, 郭晓川, 杨劼, 等, 2014. 什么是可持续性科学. 应用生态学报, 25(1): 1-11.
吴柏海, 余琦殷, 林浩然, 2016. 生态安全的基本概念和理论体系. 林业经济, 38(7): 19-26.
吴迪, 杜子华, 钱福樑, 2020. 基于 CiteSpace 的中国沙产业研究现状与趋势展望. 农业展望, 16(3): 66-73.
吴琼, 2010. 鄂尔多斯沙产业对区域生态环境和经济增长的影响研究. 兰州: 兰州大学.

吴正, 1962. 准噶尔盆地沙漠地貌发育的基本特征//中国地理学会. 1960 年全国地理学术会议论文选集(地貌). 北京: 科学出版社, 196-220.

吴正, 2009. 中国沙漠及其治理. 北京: 科学出版社.

夏军, 2002. 华北地区水循环与水资源安全: 问题与挑战. 地理科学进展, (6): 517-526.

夏泽义, 刘英姿. 2017. 广西北部湾经济区产业空间结构研究. 成都: 西南交通大学出版社.

肖平, 2009. 从全球变化科学到可持续性科学: 探索可持续性转变. 华中师范大学学报(自然科学版), 43(1): 136-141.

谢高地, 曹淑艳, 鲁春霞, 等, 2010. 中国的生态服务消费与生态债务研究. 自然资源学报, 25(1): 43-51.

谢高地, 鲁春霞, 冷允法, 等, 2003. 青藏高原生态资产的价值评估. 自然资源学报, 3(2): 189-196.

谢高地, 张彩霞, 张雷明, 等, 2015. 基于单位面积价值当量因子的生态系统服务价值化方法改进. 自然资源学报, 30(8): 1243-1254.

谢增武, 2013. 宁夏地区治沙产业生态经济分析. 北京: 北京林业大学.

辛爱民, 2014. 甘肃河西走廊沙产业及可持续发展. 甘肃科技, 30(24): 1-3.

辛娟, 2010. 陕西省防沙治沙工程建设成效与发展对策研究. 杨凌: 西北农林科技大学.

信忠保, 谢志仁, 王文, 2005. 宁夏降水变化及其与 ENSO 事件的关系. 地理科学, 25(5): 567-572.

徐康宁. 2001. 开放经济中的产业集群与竞争力. 中国工业经济, (11): 22-27.

徐先英, 2019. 甘肃治沙研究 60 年回顾与展望. 甘肃林业, (4): 9-21.

徐治立, 徐舸, 2019. 可持续性科学的发展状况、内涵特征及其社会意义. 今日科苑, (12): 25-32.

徐中民, 张志强, 程国栋, 2000. 甘肃省 1998 年生态足迹计算与分析. 地理学报, 55(5): 607-616.

徐中民, 张志强, 程国栋, 等, 2003. 中国 1999 年生态足迹计算与发展能力分析. 应用生态学报, (2): 280-285.

许端阳, 2019. 创新驱动沙区生态产业发展若干问题研究. 中国软科学, (9): 31-36.

许可, 1981. 大气环境容量的理论探讨. 湖北环境保护, (1): 14-20.

许秦强, 2017. 长三角地区旅游产业与文化产业的耦合关系研究. 南京: 南京财经大学.

许学强, 姚华松, 2009. 百年来中国城市地理学研究回顾与展望. 经济地理, 29(9): 1412-1420.

许有鹏, 1993. 干旱区水资源承载能力综合评价研究——以新疆和田河流域为例. 自然资源学报, (3): 229-237.

薛言祯, 2016. 我国引入产品导向环境政策的必要性和可行性分析. 科技视界, (10): 233.

薛卓彬, 2017. 基于 InVEST 模型的延河流域生态系统服务功能评估. 西安: 西北大学.

闫峰, 丛日春, 2015. 中国沙地分类进展及编目体系. 地理研究, 34(3): 455-465.

闫峰, 吴波, 2013. 近 40a 毛乌素沙地荒漠化过程研究. 干旱区地理, 36(6): 987-996.

闫庆武, 2017. 地理学基础教程. 徐州: 中国矿业大学出版社.

严茂超, Odum H T. 1998. 西藏生态经济系统的能值分析与可持续发展研究. 自然资源学报, (2): 3-5.

颜京松, 王如松, 蒋菊生, 等, 2003. 产业转型的生态系统工程. 农村生态环境, (1): 1-7.

杨超, 2020. 磴口县荒漠化治理产业业态及地区承载力研究. 呼和浩特: 内蒙古农业大学.

杨国璋, 金哲, 姚永抗, 等, 1985. 当代新学科手册. 上海: 上海人民出版社.

杨建新, 徐成, 王如松, 2002. 产品生命周期评价方法及应用. 北京: 气象出版社.

杨锐, 1996. 风景区环境容量初探——建立风景区环境容量概念体系. 城市规划汇刊, (6): 12-15, 32-64.

杨吾扬. 1989. 区位论原理. 兰州: 甘肃人民出版社.
杨吾扬, 梁进社. 1997. 高等经济地理学. 北京: 北京大学出版社.
杨贤智. 1990. 环境管理学. 北京: 高等教育出版社.
杨艳昭, 张伟科, 刘登伟. 2008. 内蒙古水土资源平衡及其水资源承载能力. 干旱区地理, (3): 436-441.
叶建亮. 2001. 知识溢出与企业集群. 经济科学, (3): 23-30.
尤南山, 蒙吉军, 李枫, 等, 2017. 1980—2017 年中国土地资源学发展研究. 中国土地科学, 31(11): 4-15.
于广华, 孙才志, 2015. 环渤海沿海地区土地承载力时空分异特征. 生态学报, 35(14): 4860-4870.
于守忠, 李博, 蔡蔚棋, 等, 1962. 内蒙古西部戈壁及巴丹吉林沙漠考察//中国科学院治沙队. 治沙研究(第 3 号). 北京: 科学出版社, 96-108.
于秀娟, 2003. 产业与生态. 北京: 化学工业出版社.
余丹林, 毛汉英, 高群, 2003. 状态空间衡量区域承载状况初探——以环渤海地区为例. 地理研究, 22(2): 201-210.
袁纯清, 1998. 共生理论——兼论小型经济. 北京: 经济科学出版社.
袁国映, 2003. 北非撒哈拉沙漠腹地地理环境特征——与塔克拉玛干沙漠对比. 干旱区研究, 20(3): 235-239.
袁华斌, 岑国璋, 2017. 经济地理学. 成都: 电子科技大学出版社.
袁增伟, 毕军, 2010. 产业生态学. 北京: 科学出版社.
张超, 刘志彪, 2014. 市场机制倒逼产业结构调整的经济学分析. 社会科学, (2): 47-55.
张凤臣, 杨晓阳, 2007. 青海柴达木盆地发展沙产业的前景分析. 生态经济, (3): 111-115.
张恒玮, 2016. 基于 InVEST 模型的石羊河流域生态系统服务评估. 兰州: 西北师范大学.
张红丽, 李平衡, 2015. 新疆沙产业发展问题与对策. 新疆农垦经济, (7): 74-78.
张可盈, 吴淑丽, 陈钧华, 2003. 台湾地区水田外部效益评估之研究假想市场价格评估法之应用分析. 台湾土地金融季刊, 40(1): 43-63
张明军, 孙美平, 周立华, 2006. 对生态经济学若干问题的思考. 国土与自然资源研究, (2): 49-50.
张鹏飞, 薛旺, 姜明基, 等, 2019. 乌兰布和生态沙产业示范区气候变化特征分析. 现代农业, (5): 4-6.
张鹏飞, 张虎生, 刘云飞, 等, 2019. 乌兰布和沙漠生态产业促进旅游业发展的思路研究. 现代农业, (1): 72-75.
张庆琼, 李国萍, 伊敏, 等, 2001. 从磴口县生态环境建设与移民工程看乌兰布和沙漠的治理与开发. 内蒙古农业大学学报, 22(4): 61-65.
张睿蕾, 2016. 内蒙古沙产业内涵探究. 当代畜禽养殖业, (4): 57-58.
张文明, 张孝德, 2019. 生态资源资本化: 一个框架性阐述. 改革, (1): 122-130.
张晓娅, 杜凤莲. 阿拉善左旗沙区居民生态补偿支付意愿及其影响因素. 中国沙漠, (2): 1-8.
张旭光, 孙志宏, 贾云洁, 等, 2020. 内蒙古沙区生态产业技术发展测度与影响因素分析. 干旱区资源与环境, 34(12): 17-24.
张雪花, 李建, 张宏伟, 2011. 基于能值-生态足迹整合模型的城市生态性评价方法研究——以天津市为例. 北京大学学报(自然科学版), 47(2): 344-352.
张友君, 张力文, 李建峰, 2013. 乌兰布和沙漠东北缘沙产业发展思路研究. 内蒙古林业调查设计, 36(6): 136-138, 129.

张云雁, 2015. 西部地区沙漠资源开发与保护法律研究. 前沿, (10): 19-22, 40.
张志良, 范小琴, 1992. 宁夏土地承载力系统动力学方法的应用. 干旱区地理, (6): 31-41.
张志强, 徐中民, 程国栋, 等, 2001. 中国西部12省(区市)的生态足迹. 地理学报, 56(5): 599-610.
章铮, 2008. 环境与自然资源经济学. 北京: 高等教育出版社.
赵成美, 2014. 生态保护红线的理论基础、实践意义与管控体系构建. 成都: 中国环境科学学会学术年会(第三章): 1-5.
赵哈林, 2012. 沙漠生态学. 北京: 科学出版社.
赵哈林, 赵学勇, 张铜会, 等, 2003. 科尔沁沙地沙漠化过程及其恢复机理. 北京: 海洋出版社.
赵吉, 钱贵霞, 杨志坚, 等, 2020. 沙区生态产业理论体系与实践模式. 干旱区资源与环境, 34(12): 1-8.
赵景柱, 肖寒, 吴刚, 2000. 生态系统服务的物质量与价值量评价方法的比较分析. 应用生态学报, (2): 290-292.
赵渺希, 2018. 同济博士论丛经济全球化进程中长三角区域城市体系的演化. 上海: 同济大学出版社.
赵敏敏, 周立华, 王思源, 2017. 生态政策对库布齐沙漠土地利用格局及生态系统服务价值的影响. 水土保持研究, 24(2): 252-258.
赵同谦, 欧阳志云, 王效科, 等, 2003. 中国陆地地表水生态系统服务功能及其生态经济价值评价. 自然资源学报, (4): 443-452.
赵运昌, 1964. 准噶尔盆地的地下水//中国科学院治沙队. 治沙研究(第6号). 北京: 科学出版社, 66-130.
赵子壮, 周毅, 2011. 产业生态学与循环经济的比较分析. 再生资源与循环经济, 4(4): 16-18, 22.
郑婧伶, 徐炳全, 2020. 绿色发展理念下我国绿色消费的应然路径. 商业经济研究, (23): 61-63.
钟海燕, 2013. 中国少数民族地区构建新型城镇化战略格局研究. 北京: 中国经济出版社.
周兵兵, 马群, 邬建国, 等, 2019. 再论可持续性科学: 新形势与新机遇. 应用生态学报, 30(1): 325-336.
周国梅, 彭昊, 曹凤中, 2003. 循环经济和工业生态效率指标体系. 城市环境与城市生态, (6): 201-203.
周洪, 邹慧君, 1998. 面向环境的产品设计. 机械设计与研究, (2): 12-14, 3.
周建东, 2009. 城市风景名胜公园环境容量研究. 南京: 南京林业大学.
周晓, 任志远, 李柏延, 等, 2017. 银川盆地生态系统服务权衡与协同关系. 陕西师范大学学报(自然科学版), 45(1): 104-109.
周炎妍, 万荣荣, 2019. 生态系统服务评估方法研究进展. 生态科学, 38(5): 210-219.
周义才, 刘向晖, 孙艳梅, 等, 2015. 新疆沙产业发展区域差异性及其相关影响的研究——基于多元统计的实证分析. 林业资源管理, (1): 31-37.
周瀛, 2005. 吉林省西部沙地经济模式研究. 长春: 东北师范大学.
周振华, 2003. 产业融合: 产业发展及经济增长的新动力. 中国工业经济, (4): 46-52.
朱蓓, 肖军, 2015. 国内外产业生态学研究进展述评. 安全与环境工程, 22(6): 7-10.
朱海艳, 2014. 旅游产业融合发展模式研究. 西安: 西北大学.
朱华友, 2005. 新经济地理学经济活动空间集聚的机制过程及其意义. 经济地理, (6): 753-756, 760.
朱俊凤, 2003. 沙产业理论概念及其内涵的探讨. 中国水土保持科学, 1(3): 79-84.

参 考 文 献

朱康对, 1999. 经济转型期的产业群落演进——温州区域经济发展初探. 农村经济观察, (3): 37-43.

朱孟娜, 2017. 科尔沁沙地沙丘砂的来源分析. 长沙: 湖南师范大学.

朱鹏颐, 黄新焕, 2017. 共生理论视角下创新农业生态经济研究范式. 生态学报, 37(20): 6945-6952.

朱一中, 夏军, 谈戈, 2002. 关于水资源承载力理论与方法的研究. 地理科学进展, 21(2): 180-188.

朱震达, 吴正, 刘恕, 1980. 中国沙漠概论. 北京: 科学出版社.

朱宗元, 梁存柱, 王炜, 等, 2000. 阿拉善荒漠区的景观生态分区. 干旱区资源与环境, 14(4): 37-48.

诸大建, 2015. 重构城市可持续发展理论模型——自然资本新经济与中国发展C模式. 探索与争鸣, (6): 18-21.

诸大建, 2016. 可持续性科学: 基于对象—过程—主体的分析模型. 中国人口·资源与环境, 26(7): 1-9.

祝萍, 刘鑫, 郑瑜晗, 等, 2020. 北方重点生态功能区生态系统服务权衡与协同. 生态学报, 40(23): 8694-8706.

祝秀芝, 李宪文, 贾克敬, 等, 2014. 上海市土地综合承载力的系统动力学研究. 中国土地科学, (2): 90-96.

Abunge C, Coulthard S, Daw T M, 2013. Connecting marine ecosystem services to human well-being: insights from participatory well-being assessment in Kenya. Ambio, 42: 1010-1021.

Allenby B, 2006. The ontologies of industrial ecology. Progress in Industrial Ecology, An International Journal, 3(1-2): 28-40.

Bettencourt L M A, Kaur J, 2011. Evolution and structure of sustainability science. Proceedings of the National Academy of Sciences, 108: 19540-19545.

Bruce, N., Harris R G, 1982. Cost-benefit criteria and the compensation principle in evaluating small Projects. Journal of Political Economy, 90(4): 755-776.

Campbell D E, 1998. Emergy analysis of human carrying capacity and regional sustainability: an example using the state of Maine. Environmental monitoring and assessment, 51: 531-569.

Carson R, 2002. Silent spring. Boston: Houghton Mifflin Harcourt.

Clark W, Kates R, Corell R, et al., 2001. Environment and development. Sustainability Science. Science. 292: 641-642.

Costanza R, d'Arge R, de Groot R S, et al., 1997. The value of the world's ecosystem services and natural capital. Nature, 387: 253-260.

Curran M, Kiteme B, Wünscher T, et al., 2016. Pay the farmer, or buy the land?—Cost-effectiveness of payments for ecosystem services versus land purchases or easements in Central Kenya. Ecological Economics, 127: 59-67.

Daily G C, 1997. Nature's Services: Societal Dependence On Natural Ecosystems. Washington: Island Press.

Dodds S, 1997. Towards a "science of sustainability": improving the way ecological economics understands human well-being. Ecological Economics, 23: 95-111.

Drummond I, Marsden T, 1999. The Condition of Sustainability. London: Psychology Press.

Ehrenfeld J, 2004. Industrial ecology: a new field or only a metaphor. Journal of Cleaner Production, 12(8-10): 825-831.

Falkenmark M, Lundqvst J, 1998. Toward water security: political determination and human adaptation crucial. Natural Resources Forum, 21(1): 37-51.

Fang X, Zhou B, Tu X, et al., 2018. "What kind of a science is sustainability science?" An evidence-based reexamination. Sustainability, 10: 1478.

FAO, 1996. Agro-Ecological Zoning Guidelines. http://www.fao.org/docrep/W2962E/w2962e-02.htm. [2020-6-10].

Frosch R A, 1992. Industrial ecology: a philosophical introduction. Proceedings of the National Academy of Sciences, 89(3): 800-803.

Frosch R A, Gallopoulos N E, 1989. Strategies for manufacturing. Scientific American, 261(3): 144-152.

Gollop F M, Roberts M J, 1983. Environmental regulations and productivity growth: the case of fossil-fueled electric power generation. Journal of political Economy, 91(4): 654-674.

Graedel T E, 2002. Industrial ecology, 2/e. The International Journal of Life Cycle Assessment, 7(5): 314.

Graedel T E, Allenby B R, 2002. Industrial Ecology. 2nd ed. New Jersey: Prentice Hall.

Gray W B, 1987. The cost of regulation: OSHA, EPA and the productivity slow down. American Economic Review, 77(77): 998-1006.

Green K, Randles S, 2006. Industrial ecology and space of innovation. Cheltenham: Edward Elgar.

Haberl H, Erb K-H, Krausmann F, 2001. How to calculate and interpret ecological footprints for long periods of time: the case of Austria 1926-1995. Ecological Economics, 38: 25-45.

Han F, Li W F, Yu F, et al., 2014. Industrial metabolism of chlorine: a case study of a chlor-alkai industrial chain. Environmental Science and Pollution Research, 21(9): 5810-5817.

Heeres R R, ermeulen W J V V, de Walle F B, 2004. Eco-industrial park initiatives in the USA and the Netherlands: first lessons. Journal of Cleaner Production, (12): 985-986.

Helliwell D R, 1969. Valuation of wild life resources. Regional Studies, 3(1): 41-49.

Hicks J R, 1939. The foundations of welfare economics. Economic Journal, 49(196): 696-712.

Higgins G M, Kassam A H, Naiken L, et al., 1982. Potential population supporting capacities of lands in the developing world. Roma: FAO.

Hoekstra A Y, 2003. Virtual water trade: An Introduction. Virtual water trade: Proceedings of the International Expert Meeting on Virtual Water Trade.

Hou Y, Zhou S, Burkhard B, et al., 2014. Socioeconomic influences on biodiversity, ecosystem services and human well-being: a quantitative application of the DPSIR model in Jiangsu, China. Science of The Total Environment, 490: 1012-1028.

Hudak A T, 1999. Rangeland mismanagement in South Africa: failure to apply ecological knowledge. Human Ecology, 27: 55-78.

Jia Z, Cai Y, Chen Y, et al., 2018. Regionalization of water environmental carrying capacity for supporting the sustainable water resources management and development in China. Resources, Conservation and Recycling, 134: 282-293.

Kaldor N, 1939. Welfare Propositions of economics and interpersonal comparisons of utility. The Economic Journal, 49(195): 549.

Karlsson M, Wolf F, 2008. Using an optimization model to evaluate the economic benefits of industrial symbiosis in the forest industry. Journal of Cleaner Production, 16(14): 1536-1544.

Kates R W, 2011. What kind of a science is sustainability science. Proceedings of the National Academy of Sciences, 108: 19449-19450.

Kates R W, Clark W C, Corell R, et al., 2001. Sustainability science. Science, 292: 641-642.

King R T, 1996. Wildlife and man. New York Conservationist, 20(6): 8-11.

Krutilla K, 2005. Using the Kaldor-Hicks tableau format for cost-benefit analysis and policy evaluation. Journal of Policy Analysis and Management, 24(4): 864-875.

Lancaster K J, 1966. A new approach to consumer theory. Journal of Political Economy, 74(2): 132-157.

Levin S A, Clark W, 2010. Toward a science of sustainability: report from toward a science of sustainability conference. Cambridge: CID Working Paper Series.

Mathieson A, Wall G, 1982. Tourism: Economic, Physical and Social Impacts. London: Longman.

McIntyre G, 1993. Sustainable Tourism Development: Guide for Local Planners. Madrid: World Tourism Organization.

McNicoll G, 2001. Our common journey: a transition toward sustainability. Population and Development Review, 27: 199-199.

Meadows D H, Meadows D L, Randers J, et al., 1972. The Limits to Growth: A Report for the Club of Rome's Project on the Predicament of Mankind. New York: Universe Books.

Meadows D H, Randers J, Meadows D L, 2004. Limits to Growth: The 30-year Update. Chelsea: Chelsea Green Publishing.

Milano M, Ruelland D, Dezetter A, et al., 2013. Modeling the current and future capacity of water resources to meet water demands in the Ebro basin. Journal of Hydrology, 500(11):114-126.

Millington R, Gifford R, et al., 1973. Energy and how we live. Australian UNESCO Seminar, Committee for Man and the Biosphere: 12-15.

Mourad K A, Alshihabi O, 2016. Assessment of future Syrian water resources supply and demand by the WEAP model. Hydrological Sciences Journal, 61: 393-401.

Nam J, Chang W, Kang D, 2010. Carrying capacity of an uninhabited island off the southwestern coast of Korea. Ecological Modelling, 221: 2102-2107.

Ngana J O, Nwalyosi R B B, Yanda P, et al., 2004. Strategic development plan for integrated water resources management in Lake Manyara sub-basin, North-Eastern Tanzania. Physics & Chemistry of the Earth, 29(15/18): 1219-1224.

NRC (Committee on Global Change Research of the US National Research Council), 1999. Our common jaurney: a transition toward sustainability. Washington D C: National Academy Press.

Odum H T, Odum E C, Frankel E, 1977. Energy basis for man and nature. American Journal of Physics, 45: 226.

Oh D S, Kim K B, Jeong S K, 2005. Eco-industrial park design: a daedeok techneralley case study. Habitat International, 29(2): 269-284.

Park R E, Burgess E W, 1921. Introduction to the science of sociology. Chicago: University of Chicago Press.

Peh K S-H, Balmford A, Bradbury R B, et al., 2013. TESSA: a toolkit for rapid assessment of ecosystem services at sites of biodiversity conservation importance. Ecosystem Services, 5: 51-57.

Pereira E, Queiroz C, Pereira H M, et al., 2005. Ecosystem services and human well-being: a participatory study in a mountain community in Portugal. Ecology and Society, 10: 14.

Pierce J T, 1992. Progress and the biosphere: the dialectics of sustainable development. Canadian Geographer/Le Géographe canadien, 36: 306-320.

Polonsky M J, 1995. A stakeholder theory approach to designing environmental marketing strategy. Journal of Bussiness & Industrial Marketing, 10(3): 29-46.

Postel S, Bawa K, Kaufman L, et al., 2012. Nature's Services: Societal Dependence on Natural Ecosystems. Island Press.

Rees W, Wackernagel M, 2008. Urban ecological footprints: why cities cannot be sustainable—and why they are a key to sustainability. Springer Urban Ecology, 537-555.

Rees W E, 1992. Ecological footprints and appropriated carrying capacity: what urban economics leaves out. Environment and Urbanization, 4(2): 121-130.

Rees W E, 1996. Ecological footprint—revisiting carrying capacity: area-based indicators of sustainability. Population and Environment, 17(3).

Robert K W, Parris T M, Leiserowitz A A, 2005. What is sustainable development? Goals, indicators, values, and practice. Environment Science and Policy for Sustainable Development, 47(3): 8-21.

Robertson G P, Swinton S M, 2005. Reconciling agricultural productivity and environmental integrity: a grand challenge for agriculture. Frontiers in Ecology and the Environment, 3: 38-46.

Schumpeter J A, Opie R, Hansen A H, 1934. The theory of economics development. Journal of Political Economy, 1(2): 170-172.

Shapley L S, 1953. A value for n-person games. Annals of Mathematics Studies, (28): 307-318.

Sharp R, Tallis H, Ricketts T, et al., 2015. In VEST version 3.2. 0 User's Guide. The Natural Capital Project.

Sherrouse B C, Clement J M, Semmens D J, 2011. A GIS application for assessing, mapping, and quantifying the social values of ecosystem services. Applied geography, 31: 748-760.

Slesser M, 1990. Enhancement of carrying capacity options-ECCO. The Resource Use Institute, 24(8).

Smaal A, Prins T, Dankers N, et al., 1997. Minimum requirements for modelling bivalve carrying capacity. Aquatic Ecology, 31: 423-428.

Stankey G H, Manning R E, 1986. A literature review: carrying capacity of recreational settings. President's Commission on Americans Outdoors, 47-56.

Summers J K, Smith L M, Case J, et al., 2012. A review of the elements of human well-being with an emphasis on the contribution of ecosystem services. Ambio, 41: 327-340.

Taylor N T, Davis K M, Abad H, et al., 2017. Ecosystem services of the Big Bend region of the Chihuahuan Desert. Ecosystem Services, 27: 48-57.

Tichy G, 1998. Cluster: less dispensable and more risky than ever.//Steiner M. (ed.) Cluster and Regional Specialization. London: Pion Limited.

UNESCO, FAO, 1985. Carrying capacity assessment with a pilot study of Kenya: a resource accounting methodology for exploring national options for sustainable development. Paris and Rome.

van Vuuren D P, Smeets E M, 2000. Ecological footprints of benin, bhutan, costa rica and the netherlands. Ecological Economics, 34: 115-130.

Veehoven R, 2000. The four qualities of life: ordering concepts and measures of the good life. Journal of Happiness Studies, 1: 1-39

Vemuri A W, Costanza R, 2006. The role of human, social, built, and natural capital in explaining life satisfaction at the country level: Toward a National Well-Being Index (NWI). Ecological Economics, 58: 119-133.

William R, 1996. Urban ecological footprints: Why cities cannot be sustainable—and why they are a key to sustainability. Environmental Impact Assessment Review, 16(4): 223-248.

Wunder S, 2015. Revisiting the concept of payments for environmental services. Ecological Economics, 117: 234-243.

Yanarella E J, Levine R S, 1992. Does sustainable development lead to sustainability. Futures, 24: 759-774.

后 记

2017 年国家重点研发计划项目"沙区生态产业技术推广模式及政策研究"获批，其中课题一"沙区生态产业理论体系研究与构建"由内蒙古大学联合北京师范大学共同承担，《沙区生态产业理论体系研究与构建》是该课题的成果。

课题组成员专业结构跨度大，课题研究者既有经济学、管理学领域的师生，也有生态学、环境科学领域的师生。从课题组成立那一天开始，成员们就怀揣着理论为实践服务的梦想，带着服务于沙区生态产业的热情，投入到紧张而激动人心的调研中。在乌兰布和沙漠，感受"大漠沙如雪，燕山月似钩"美景；在科尔沁沙地，感慨"昔来沙海风渺茫，今喜坨甸添新绿"的山川变迁。每当调研结束后，合作团队秉烛夜谈，相互交流、虚心学习跨专业知识，学科交叉、联合攻关、共同提高。三年间，研究团队利用寒暑假和节假日，多次深入大漠深处、产业园区，访农户、走企业、做数据；多次邀请同行专家和项目领导提出意见、指正思路；在成书阶段，课题组成员更是放弃休息时间，在分工协作的同时，每周确定固定时间集中研讨、交流撰写、相互修改、力求完善。前辈的提醒、同行的砥砺、团队的切磋给大家留下了难忘的记忆。

沙区生态产业理论体系的构建不仅需要有扎实的田野调查数据和一手资料，而且需要有前瞻性的理论把握和全局性的思维框架。"理论来源于实践，最终又指导实践"。我们的思路是先根据项目设计和实地调查确定研究问题，这也是一个寻找研究缝隙的过程。在确定了研究问题——如何将沙区产业生态化，进而发展沙区生态产业以后，通过阅读文献，再进行系统的理论整理和文献筛选，得到与所研究领域最相关、对其最有帮助的资料，阅读并总结之后，展开学术对话，进而提出理论基础和研究架构。首先厘清了概念的内涵与外延，接着回顾总结了沙区生态产业的理论和研究方法，在确定沙区生态产业发展的前提条件的基础上，创新性地提出沙区生态产业转型的生态整合途径和政策调控体系。

当然，设计一个产业的理论体系是具有挑战性的任务，作者的学术视野和主观认知不可避免地限制了理论的体系设计，并烙上自己的印记，尤其是生态产业作为新兴的产业还有着无限的延展性，让本书存在着诸多遗憾。但所幸的是，从1984 年钱学森院士提出"沙产业"到今天党和国家强调"山水林田湖草沙"的生态系统治理，无数沙区生态产业的参与者都在漫漫沙漠中勇敢起步、执着前行，也在盛世中华的时代中取得了不菲的业绩。我们能跻身其中，尽管诚惶诚恐，却感到"与有荣焉"。

杜凤莲、贾志斌、杨伟民等
2020 年 2 月